IGREJA ESSENCIAL

uma eclesiologia wesleyana

Diane Leclerc
&
Mark A. Maddix
Editores

Direitos Autorais © 2022
The Foundry Publishing
Kansas City, MO 64141

Publicado originalmente em inglês sob o título
Essential Church por Mark A. Maddix & Diane Leclerc
Publicado por The Foundry Publishing

Esta edição foi publicada
por Literatura Nazarena Portuguesa (Lisboa)
e Global Nazarene Publications (Lenexa, KS USA)
pelo acordo com a The Foundry Publishing.

Todos os direitos reservados

ISBN 978-1-56344-079-3

Nenhuma parte desta publicação pode ser reproduzida, armazenada num sistema de recuperação ou transmitida de qualquer forma ou por qualquer meio sem a permissão prévia por escrito do editor, por exemplo, digitalização, fotocópia e gravação. Exceptuam-se as breves citações em revisões impressas.

Design da Capa: Matt Johnson

Design do Interior: Sharon Page

Tradução para o português europeu (pré-AO90) por: Priscila Guevara, Paulo de Melo Duarte, Susana Reis Gomes.

Salvo indicação em contrário, todas as citações das Escrituras são da versão João Ferreira de Almeida Revista e Corrigida (ARC).

Os endereços da Internet neste livro eram precisos no momento da publicação do mesmo, mas podem não estar disponíveis em todos os idiomas. Esses links são fornecidos como um recurso. O editor não os confirma nem garante o seu conteúdo ou permanência.

PARA

Timothy Thomas, que apresentou Mark à Igreja do Nazareno,
e Steve Seamands, que lhe ensinou as teologias históricas da igreja
e
Rob L. Staples, um exemplo para Diane de como ser
um verdadeiro teólogo da igreja,
e Floyd T. Cunningham, meu irmão e meu
exemplo de verdadeira devoção à igreja

ÍNDICE

Colaboradores
9

1. Introdução: Eclesiologia Wesleyana
Diane Leclerc e Mark A. Maddix
13

PARTE I: A IGREJA NO SEU ÂMAGO
25

2. A Igreja: O Evento do Reino de Deus
Eric Severson
27

3. Identidade Trinitária: O Verdadeiro Fundamento da Igreja
Henry W. Spaulding II e Henry W. Spaulding III
37

4. Colocar Cristo no Seu Lugar:
Eclesiologia e Cristologia na Tradição Nazarena
Mark H. Mann
49

5. Missão Possível:
A Importância do Espírito na Eclesiologia Wesleyana
Diane Leclerc
63

6. Tradição no Seu Melhor: As Marcas Clássicas da Igreja
Tim J. Crutcher
77

7. Correlação Cultural: As Marcas "Pós-modernas" da Igreja
Deirdre Brower Latz
87

Parte 2: As Funções Essenciais da Igreja
99

8. A Igreja na Adoração
Jeffrey T. Barker
101

9. Os Sacramentos da Igreja
Brent Peterson
113

10. A Proclamação da Igreja
James N. Fitzgerald
123

11. A Igreja como Educadora Confessional:
Uma Abordagem Catequética da Educação Cristã
Mark A. Maddix
133

12. A Igreja como Comunhão Formacional
Dean G. Blevins
149

13. A Igreja como Libertadora Igualitária
Kristina LaCelle-Peterson
159

14. A Igreja da Compaixão e da Justiça
Stephen Riley
169

15. A Igreja como uma Comunidade que Testemunha
David A. Busic
181

PARTE 3: A Igreja como Organismo Organizado
191

16. O Corpo de Cristo: Uma Teologia das Relações Eclesiásticas
Richard P. Thompson
193

17. O Sacerdócio de Todos os Crentes: Uma Teologia do Laicato
Rebecca Laird
203

18. Unificar a Igreja:
Uma Compreensão Teológica da Ordenação
Brent Peterson
215

19. O "Leitor Designado":
Uma Metáfora Eclesiológica para a Liderança Pastoral
Jeff Crosno
227

20. Pastorear Pastores: Uma Teologia Funcional da Superintendência
Jeren Rowell
237

Notas
249

COLABORADORES

Jeffrey T. Barker, D.Min. (Candidato), Professor Associado de Teologia Prática, Eastern Nazarene College, Quincy, Massachusetts; Pastor, Igreja do Nazareno Bethel, Quincy, Massachusetts
Jeffrey Barker serve actualmente como pastor da igreja local e é professor associado de teologia prática no Eastern Nazarene College. Ele possui diplomas do Eastern Nazarene College (B.A.), do Nazarene Theological Seminary (M. Div.) e da Boston University (STM).

Dean G. Blevins, Ph.D., Professor de Teologia Prática e Discipulado Cristão, Nazarene Theological Seminary, Kansas City, Missouri
Blevins serviu como presidente da Associação de Educação Religiosa e professor de educação cristã na Trevecca Nazarene University. Ele possui um Doutoramento em teologia e personalidade da Claremont School of Theology. Com mais de vinte anos de ensino em educação cristã e teologia prática, Blevins actua como editor do *Didache: Faithful Teaching* e coordena a educação do clero para a Igreja do Nazareno nos Estados Unidos e no Canadá.

David Busic, D. D. S., Superintendente Geral, Igreja do Nazareno, Lenexa, Kansas
David Busic serviu como pastor principal de três igrejas. A sua igreja mais recente foi Bethany First Church of the Nazarene, Bethany, Oklahoma. Em 2011 tornou-se o nono presidente do Seminário Teológico Nazareno. Durante a Vigésima Oitava Assembleia Geral da Igreja do Nazareno, em 2013, foi eleito para ser o quadragésimo superintendente geral. Ele e a sua esposa, Christi, têm três filhos adultos: Megan e o marido, Joel Cantwell; Benjamin e a sua esposa Alicia; e Madison.

Jeff Crosno, D.Min., Pastor, Igreja do Nazareno de Spokane Valley, Spokane, Washington
Jeff Crosno anteriormente serviu grandes congregações nas áreas metropolitanas de Kansas City, Portland, Pasadena e Chicago e obteve o doutoramento no Nazarene Theological Seminary e no Princeton Theological Seminary.

Tim J. Crutcher, Ph.D., Professor Associado de Teologia e História da Igreja, Southern Nazarene University, Bethany, Oklahoma
Tim Crutcher dá aulas na Southern Nazarene University há dez anos, tendo antes leccionado na Africa Nazarene University. É formado pelo Nazarene Theological Seminary e pela Catholic University of Louvain e é o autor do *The Crucible of Life: The Role of Experience in John Wesley's Theological Method*.

James N. Fitzgerald, Ph.D., Pastor, Igreja do Nazareno da Trindade, Duncanville, Texas
James Fitzgerald é pastor principal da Igreja do Nazareno da Trindade em Duncanville, Texas. Recebeu o seu Ph.D. em homilética pela Vanderbilt University e leccionou na Trevecca Nazarene University, na Southern Nazarene University, na Northwest Nazarene University (online) e no Nazarene Theological Seminary.

Rebecca Laird, D.Min., Professora Associada de Ministério Cristão, Point Loma Nazarene University, San Diego, Califórnia
Rebecca Laird é professora associada de ministério e prática cristãos na Point Loma Nazarene University em San Diego, Califórnia. Ela é co-editora com Michael Christensen de uma trilogia de escritos de Henri Nouwen: *Spiritual Direction: Wisdom for the Long Walk of Faith*, *Spiritual Formation: Following the Movements of the Spirit*, and *Discernment: Reading the Signs of Daily Life*. Ela é autora de *Ordained Women in the Church of the Nazarene: The First Generation*.

Deirdre Brower Latz, Ph.D., Reitora, Nazarene Theological College, Manchester, Reino Unido
Deirdre Brower Latz está envolvida no ministério pastoral desde 1993 e na educação teológica desde 2000. Ela tem pastoreado igrejas em Bristol e Manchester, Reino Unido. O seu Ph.D. de Manchester é em teologia prática e explorar questões de como a igreja se envolve com a pobreza urbana e a justiça social de uma perspectiva wesleyana continua a ser uma área de grande interesse. Paralelamente, continua a reflectir sobre como a igreja responde ao seu contexto.

Diane Leclerc, Ph.D., Professora de Teologia Histórica, Northwest Nazarene University, Nampa, Idaho
Diane Leclerc publicou muitos artigos e seis livros, incluindo *Descobrindo a Santidade Cristã: O Âmago da Teologia Wesleyana da Santidade* (2010) e *Spiritual Formation: A Wesleyan Paradigm* com Mark Maddix (2011). Serviu como presidente da Wesleyan Theological Society e é membro da Wesleyan-Holiness Women Clergy Society. Ela pastoreou uma congregação nazarena em Maine e serviu como pastora principal de uma nova igreja em Boise, Idaho. É casada e tem um filho adolescente.

Mark A. Maddix, Ph.D., Professor de Teologia Prática e Discipulado Cristão; Reitor, School of Theology and Christian Ministries, Northwest Nazarene University, Nampa, Idaho
Mark Maddix serviu em ministérios pastorais durante doze anos e no ministério de ensino durante os últimos quinze anos. Também actuou como presidente do North American Professors of Christian Education (NAPCE). Publicou muitos artigos e foi co-autor de cinco livros, incluindo *Discovering Discipleship: Dynamics of Christian Education* (2010) e *Spiritual Formation:*

A Wesleyan Paradigm (2011). Mark é um orador frequente de temas como o discipulado cristão, formação espiritual e educação online. Ele é casado com Sherri e têm dois filhos adultos, Adrienne Maddix Meier e Nathan Maddix.

Mark H. Mann, Ph.D., Professor Associado de Teologia, Director do Centro Wesleyan, Point Loma Nazarene University, San Diego, Califórnia
Mark Mann é um ministro ordenado na Igreja do Nazareno e, além das suas responsabilidades no PLNU, serve como pastor associado na Peace River Christian Fellowship (Nazarene), uma comunidade que aspira ser uma expressão autêntica do corpo de Cristo em Ocean Beach, Califórnia.

Brent D. Peterson, Ph.D., Professor Associado de Teologia, Northwest Nazarene University, Nampa, Idaho
Brent Peterson tem mais de quinze anos de experiência pastoral em Kansas City e Chicago e também completou o seu sexto ano na NNU. Brent dá aulas na área da teologia, concentra-se especificamente em eclesiologia, adoração e sacramentos e também é professor de uma classe de escola dominical na Primeira Igreja do Nazareno de Nampa.

Kristina LaCelle-Peterson, Ph.D., Professora Associada de Religião, Houghton College, Houghton, Nova York
Kristina LaCelle-Peterson ensina história da igreja no Houghton College, bem como cursos que lidam com concepções cristãs e práticas de justiça. Ela fez o seu doutoramento na Drew University em estudos teológicos e religiosos, com ênfase no reavivamento do século XIX e nos movimentos da reforma radical. Antes de começar a leccionar na faculdade, ela pastoreava uma igreja em Rochester, Nova York. O seu primeiro livro é *Liberating Tradition: Women's Identity and Vocation in Christian Perspective.*

Stephen Riley, Ph.D. (Candidato), Professor Assistente de Antigo Testamento, Northwest Nazarene University, Nampa, Idaho
Stephen Riley está actualmente a viver o seu sonho de dar aulas sobre o Antigo Testamento na Northwest Nazarene University enquanto termina a sua dissertação na Southern Methodist University. Antes de ir para a NNU, ele e a sua esposa, Sarah, serviram em designações de ministério em Oklahoma e Texas depois de se graduar na Southern Nazarene University. Juntos, têm quatro meninos.

Jeren Rowell, Ed.D., Superintendente Distrital, Igreja do Nazareno do Distrito de Kansas City
Jeren Rowell serviu como pastor durante vinte e seis anos em congregações locais e nos últimos oito anos no ministério da superintendência. Também é professor adjunto do Nazarene Theological Seminary em Kansas City.

Eric Severson, Ph.D., Professor Adjunto, Eastern Nazarene College e
Professor Afiliado de Filosofia, Nazarene Theological Seminary
   Eric Severson ensina no Eastern Nazarene College e no Nazarene Theological
   Seminary. Também é o director executivo do Center for Responsibility
   and Justice e serviu como pastor na Igreja do Nazareno de Grandview em
   Missouri. Ele recebeu o seu Ph.D. da Boston University, escreveu e editou
   vários livros, incluindo *Levinas's Philosophy of Time* (Duquesne University
   Press, 2013), *Scandalous Obligation* (Beacon Hill Press de Kansas City, 2011)
   e *I More than Others: Responses to Evil and Suffering* (Cambridge Scholars
   Publishing, 2010).

Henry W. Spaulding II, Ph.D., Presidente, Mount Vernon Nazarene
University, Mount Vernon, Ohio
   Henry Spaulding II é actualmente o presidente da Mount Vernon Nazarene
   University. Ele fez parte do corpo docente e serviu em designações
   administrativas no Eastern Nazarene College, na Trevecca Nazarene University
   e no Nazarene Theological Seminary. Serviu também em duas congregações da
   Igreja do Nazareno como pastor principal e tem um doutoramento obtido na
   Florida State University.

Henry W. Spaulding III, Estudante de Ph.D., Garrett Evangelical
Theological Seminary, Chicago, Illinois
   Henry Spaulding III está actualmente a fazer um doutoramento a tempo
   inteiro em ética cristã no Garrett Evangelical Theological Seminary. Ele fez
   a sua licenciatura na Trevecca Nazarene University e tem um MTS da Duke
   Divinity School.

Richard P. Thompson, Ph.D., Professor do Novo Testamento, Presidente,
Departamento de Religião, Northwest Nazarene University, Nampa, Idaho
   Richard Thompson leccionou durante vinte anos em universidades cristãs
   em Illinois, Michigan e Idaho e também serviu no ministério pastoral em
   Nova Iorque, Maryland e Texas. Ele recebeu o seu doutorado na Southern
   Methodist University em Dallas, Texas e é o autor do volume de Actos da série
   New Beacon Bible Commentary.

Introdução
ECLESIOLOGIA WESLEYANA

Diane Leclerc e Mark A. Maddix

Numa recente reunião de pastores e professores, rapidamente se tornou aparente que uma preocupação comum do grupo ali reunido era a falta de uma eclesiologia adequada na Igreja do Nazareno. Esta preocupação não é nova. Foi adicionado um Artigo de Fé sobre a igreja às nossas declarações doutrinárias há relativamente pouco tempo na nossa história, que procurou resolver esse vácuo. Embora a adição tenha sido um passo na direcção certa, por causa da sua brevidade e do seu tom mais funcional (vs. teológico), ela não deve, certamente, ser considerada como uma "palavra final". O objectivo da recente reunião no Colorado era continuar uma conversa que tinha começado anos atrás a respeito da preparação do clero na denominação, mas que tinha sido interrompida depois de alguns objectivos terem sido alcançados. Na primeira de uma série de reuniões para renovar a conversa, parecia que essa pronunciada falta de eclesiologia bloqueou parte do trabalho porque a eclesiologia é um pré-requisito óbvio para compreender o propósito, função e preparação educacional do clero.

Tendo estado na reunião, perguntamo-nos se um livro sobre o assunto poderia levar-nos a dar mais um passo no nosso processo de desenvolvimento de uma eclesiologia denominacionalmente. No mesmo espírito e estrutura dos dois livros anteriores que co-editámos - *Spiritual Formation: A Wesleyan Paradigm* and *Pastoral Practices: A Wesleyan Paradigm* - propusemos um terceiro da série, *Essential Church: A Wesleyan Paradigm*. Como aconteceu nos outros livros, um tema principal aqui é a articulação do porquê e como é que a teologia, particularmente wesleyana, contribui para uma teologia da igreja. O livro vai conter três secções principais. A primeira procura responder à pergunta sobre o que exactamente é a Igreja - a sua natureza e propósito, particularmente em relação ao Deus trino. A segunda secção concentra-se mais naquilo que a Igreja faz - as suas funções primárias interna e externamente (dentro da igreja e fora, no mundo). A terceira secção procura abordar como a Igreja está organizada - a teologia por detrás da sua estrutura, em relação ao clero, superintendência e leigos.

É importante para nós que o público veja este livro não como uma palavra definitiva, nem como uma voz singular que vai encerrar a discussão, mas como algo que tenta avançar com o debate. À luz disso, incluímos escritores de muitas das nossas universidades/seminários. Também incluímos propositadamente pessoas de diferentes disciplinas, incluindo estudiosos bíblicos, teólogos sistemáticos, teólogos práticos, historiadores, filósofos e pastores. Neste ponto, vemos este livro como um "livro de teologia" usado em ambientes educacionais, mas também é dirigido a qualquer pessoa, pastor ou leigo, que queira compreender melhor a função, significado e propósito da Igreja.

* * *

"Raramente se encontra na língua inglesa uma palavra mais ambígua do que esta: *Igreja*"[1], disse João Wesley e nós concordamos com ele. Embora cada doutrina tenha as suas complexidades, a eclesiologia parece mais nebulosa em alguns aspectos. Talvez seja porque não há nenhuma afirmação ortodoxa, como acontece com, por exemplo, a cristologia. Ou talvez seja porque a igreja se dividiu tantas vezes que o número real de denominações e opções eclesiásticas é impressionante.[2] Isto leva à questão de *qual* igreja? Qual é a que demonstra o significado, propósito, funções e política correctos da verdadeira igreja? Será que nós que seguimos um paradigma wesleyano temos uma directriz a seguir ao construir as nossas eclesiologias teológicas, práticas e funcionais? Sim e não. *Existe* um "ethos" wesleyano determinável que pode actuar como uma bússola. Por outro lado, podem ser usados elementos específicos do pensamento de Wesley para apoiar várias eclesiologias. Enquanto o próprio Wesley diz que "igreja" é um termo ambíguo, podemos ir além disso, dizendo que a sua própria eclesiologia também é um tanto ambígua. Pelo menos na forma como é utilizada. De acordo com Gwang Seok Oh:

> Muitos trabalhos interpretativos tentaram redescobrir a eclesiologia

de Wesley e aplicar os seus princípios e formas às expressões modernas da Igreja. No entanto, o Wesley multifacetado e a complexidade da situação em torno das origens do Metodismo dão garantia para qualquer número de perspectivas divergentes sobre a Igreja. Aqueles que vêem a vida da Igreja na dinâmica espiritual de pequenos grupos podem apontar para a reunião de classes e a organização não estruturada das sociedades metodistas de Wesley para seu modelo de igreja. Aqueles que têm mais preocupações institucionais e ecuménicas podem enfatizar a lealdade de Wesley ao longo da vida à Igreja de Inglaterra e vê-lo como o campeão da conciliação e reforma *dentro* das estruturas eclesiásticas. Alguns podem apontar para as políticas conservadoras de Wesley a respeito da administração dos sacramentos e do uso de formas litúrgicas nas suas críticas ao estilo livre de culto em muitas igrejas contemporâneas. Outros podem enfatizar a sua disposição de descartar as práticas da igreja estabelecida para a flexibilidade da pregação de campo e orações extemporâneas... Parece que a natureza ecléctica do pensamento e das acções de Wesley cria o mesmo problema para a eclesiologia que também incomoda aqueles que se empenham em encontrar alguma chave hermenêutica para a sua teologia sistemática.[3]

Então, o que é que pode ser dito da eclesiologia de Wesley? Existem facetas que são características da sua teologia como um todo? Nós proporíamos três temas principais que podem ser considerados característicos de um paradigma wesleyano em relação à igreja. Isto não quer dizer que esses três temas não sejam encontrados noutras tradições teológicas. Mas estamos a afirmar que esses aspectos da igreja vêm à tona no pensamento de Wesley e caracterizam o esquema de teologia que leva o seu nome. Eles são encontrados no sermão de Wesley "Of the Church" ("Da Igreja").

Primeiro, a igreja é onde Deus é devidamente adorado, a Palavra é correctamente pregada e os sacramentos são devidamente praticados. Wesley di-lo especificamente no seu sermão sobre a igreja. "A definição de uma Igreja [é o lugar] em que a pura palavra de Deus é pregada e os sacramentos devidamente administrados".[4] Não há dúvidas de que Wesley tinha uma grande estima por formas bastante elevadas de adoração. Ele até afirmou que "de acordo com esta definição, aquelas congregações nas quais a pura Palavra de Deus (uma expressão forte) não é pregada não fazem parte da

Igreja de Inglaterra ou da Igreja católica; assim como as igrejas onde os sacramentos não são devidamente administrados".[5] Este é o ideal de Wesley, seguindo a declaração do artigo da Igreja de Inglaterra.

Ele prossegue dizendo que pode haver congregações legítimas que não praticam os sacramentos. Mas atribui essa situação a uma teologia errada e nunca implica que os sacramentos são opcionais. Da mesma forma, "não ouso excluir da Igreja católica todas as congregações onde são pregadas quaisquer doutrinas que não são apoiadas na Bíblia, que não podem ser afirmadas como a 'pura palavra de Deus' - às vezes até frequentemente."[6] O que ele faz para gerir isto é apontar para um padrão ainda mais alto de uma verdadeira igreja: Eu consigo facilmente suportar as opiniões erradas de qualquer um que tenha 'um Espírito, uma esperança, um Senhor, uma fé, um Deus e Pai de todos'".[7] Por outras palavras, esta forma primitiva de confissão ou de credo liga as pessoas à igreja católica, mesmo quando o ideal não é alcançado.

A verdadeira questão é se Deus está a receber a adoração completa da Igreja. Está implícito que ser de "um Espírito, uma esperança, um Senhor, uma fé e um Deus" é atribuir a Deus o louvor do qual Ele é realmente digno. Um dos piores pecados para Wesley é o pecado da idolatria. Colocar qualquer coisa no lugar de Deus afecta não apenas a nossa capacidade de adorar, mas também a nossa capacidade de sermos totalmente humanos.[8] Uma eclesiologia wesleyana, se quiser alcançar o ideal, deve incluir adoração, pregação, sacramentos e confissão do credo. O Espírito Santo toma estas práticas e une os congregantes em perfeita unidade.

Em segundo lugar, a Igreja é uma reunião onde o seu povo está intencionalmente presente um para o outro. A Igreja é uma comunidade de cura, um lugar de profunda aceitação, um lugar de compaixão, bondade, humildade, gentileza, paciência, tolerância, perdão e amor.[9] É uma comunidade do Espírito que mostra o Seu fruto, até ao ponto em que Ele capacita cada um a mostrar os seus dons ao corpo. Cada parte é igualmente valiosa e todas elas são interdependentes umas das outras. E as partes mostram empatia como uma expressão de amor mútuo. De acordo com Wesley, a Igreja é chamada no seu todo para "andar dignamente da vocação pela qual somos chamados".[10] Este andar juntos é "com toda a humildade", pois estamos vestidos com humildade e experimentamos a purificação de Deus e o

Seu poder.11 É também uma caminhada de "longanimidade" e "tolerância mútua no amor".

Isto parece significar, não só o não ter ressentimentos, não se vingar; não só o não ferir, não magoar ou causar sofrimento uns aos outros, seja por palavras ou acções; mas também o levar os fardos uns dos outros; e diminuindo-os por todos os meios ao nosso alcance. Implica simpatizar com eles nas suas tristezas, aflições e enfermidades; suportá-los quando estariam sujeitos, caso não tivessem a nossa ajuda, a afundar-se nos seus fardos; o esforço para erguer a cabeça que está a cair e fortalecer os joelhos fracos... os verdadeiros membros da Igreja de Cristo "esforçam-se" com toda a diligência possível... para "guardar a unidade do Espírito pelo vínculo da paz".[12]

Wesley tinha meios e mecanismos para viver este tipo de vida mútua. As suas classes e bandas ainda hoje servem como modelos para viver em conjunto. Nelas, as pessoas não apenas se sustentavam, mas também se desafiavam e eram mutuamente responsáveis umas pelas outras. Simplificando, eram comunidades confessionais. E onde há confissão, há cura.[13] Este é um lugar onde faríamos bem em revitalizar a confissão mútua para o nosso benefício comum. A adoração é um elemento-chave da Igreja. A vida partilhada é um elemento-chave da Igreja e ela nunca teve a intenção de se isolar, mesmo que as suas funções internas sejam realmente boas. O povo da Igreja deve sair para o mundo. Há um ritmo para a vida cristã - reunimo-nos para levarmos o sopro de Deus para fora.

Terceiro, a igreja está comprometida com a missão do mundo, oferecendo hospitalidade, justiça, libertação e proclamação do reino de Deus. A vida em conjunto dá o que precisamos, individual e corporativamente, para viver no mundo como faróis de luz. Somos fortalecidos uns pelos outros através do Espírito, para que possamos encontrar o mundo como representantes de Cristo. E o que representamos? O amor de Deus, a salvação através de Cristo, a vida no Espírito. Mas também devemos ser agentes de mudança, para acolher o estrangeiro, levar justiça aos desamparados, oferecer libertação aos oprimidos e viver como cidadãos do reino de Deus.

Nos capítulos seguintes, o leitor encontrará várias expressões da chamada da Igreja para adorar, viver em conjunto e mudar o mundo.

Parte 1: A Igreja no Seu Âmago

A primeira seção do livro procura responder à questão da natureza e propósito da Igreja, particularmente em relação ao Deus trino. O capítulo de Eric Severson propõe que o reino de Deus é um *evento*, ao invés de uma instituição. Ele argumenta que o objectivo da eclesiologia deve ser atender ao tipo de eventos que trazem as marcas deste reino indescritível. O evento da Igreja é algo que acontece além, fora e às vezes até *apesar* dos nossos esforços organizacionais. Portanto, a doutrina da igreja não é tanto sobre um conjunto especial de ideias, mas sobre posicionar as nossas vidas em conjunto, de tal forma que possamos participar de *algo* de Deus que está a *acontecer*. Severson afirma que o evento da igreja é a aparência escandalosamente particular da vida de Jesus Cristo nas relações face a face entre as vidas humanas. A Igreja acontece não quando algum guião é seguido até ao último detalhe, mas quando a história do amor cruciforme de Jesus de Nazaré é contada no meio de uma comunidade.

Henry Spaulding II e III, uma dupla de pai e filho, fornecem uma eclesiologia trinitária enraizada na história da igreja. Eles ilustram que a igreja é uma expressão da vida trina da Divindade. Isto é tanto uma afirmação como um convite para que toda a humanidade se una na unidade harmónica da vida trina. A igreja existe na intersecção da ordem divina e humana. Sendo assim, ela surge de Deus para a humanidade à medida que a identidade trina recebe o eco de louvor daqueles que foram redimidos. A Igreja é formada somente por Deus e, como tal, é identificada no tempo através da vida trina de Deus. Também não separa a missão da sua agenda, pois missão é o que Deus chama a Igreja a ser no mundo.

O capítulo de Mark Mann baseia-se nesta eclesiologia trinitária, focando-se no papel central que a cristologia desempenha na igreja. Ele é rápido em afirmar a teologia trinitária não é cristocêntrica, mas que, por definição, ela requer que a cristologia esteja no centro da nossa compreensão de quem é Deus e o que Deus está a fazer e, portanto, é fundamental para todas as dimensões da reflexão teológica. Ele também mostra que a cristologia está intimamente ligada à obra do Espírito Santo, uma vez que Ele é a presença vivificante de Deus no mundo, dando vida, propósito e missão à Igreja.

Com base no capítulo de Mark Mann sobre cristologia e a obra do Espírito Santo, o capítulo de Diane Leclerc sobre a pneumatologia, a obra do Espírito Santo, fornece uma base teológica de como a Igreja é iniciada, sustentada e um canal da missão de Deus no mundo, *missio Dei*. A Igreja depende da obra do Espírito Santo e, sem ela, Deus não estaria prestes a realizar propósitos divinos e eternos. Deus chamou a Igreja para agir de forma sinérgica com o Espírito para transmitir os Seus propósitos. Leclerc desenvolve uma fenomenologia wesleyana, mostrando que o Espírito está activo para despertar as pessoas dos seus pecados, para dar perdão, cura e santificação aos crentes.

Tim Crutcher mostra como a Igreja foi formada e representada por Lucas na narrativa de Lucas-Actos. Estes primeiros seguidores de Jesus começaram a descobrir quem eram e, durante os séculos seguintes, vários escritores e pensadores cristãos reflectiram sobre a natureza da Igreja. Ao longo das suas lutas, tanto internas como externas, emergiu um tema consistente e cristalizou-se em quatro atributos da igreja no Credo Niceno: "Cremos numa Igreja, Santa, Católica e Apostólica". Crutcher expõe o significado de cada aspecto do credo e lembra-nos que, quando recitamos o credo, afirmamos a obra do Espírito Santo que historicamente nos liga aos seguidores originais de Jesus à medida que continuamos a missão deles no mundo.

O último capítulo da secção dos fundamentos básicos foi escrito por Deirdre Brower Latz. Ela desenvolve uma compreensão wesleyana da relação da Igreja com a cultura e dá ênfase às marcas pós-modernas da Igreja. Uma postura wesleyana em relação à cultura não é a rejeição, nem a assimilação dentro dela, mas é profundamente esperançosa em relação a ela como um tipo de via do meio. Com a teologia wesleyana como ponto de partida, ela afirma que a correlação cultural que os wesleyanos empreendem é um envolvimento com a cultura. Ela afirma que a Igreja na tradição wesleyana se deve envolver com elementos pós-modernos, o que resultará no enriquecimento e na revitalização como participantes capazes e agentes de mudança por amor a Cristo no século XXI.

Parte 2: As Funções Essenciais da Igreja

A segunda secção do livro aborda as funções primárias internas (na igreja) e externas (fora, no mundo) da Igreja. Jeffrey Barker começa a discussão focando a adoração como uma função primária da igreja que molda a nossa compreensão de eclesiologia. Ele afirma que, na adoração, o povo de Deus reúne-se para lembrar o âmbito cósmico da salvação de Deus e a sua recepção pessoal desta dádiva graciosa. A cada semana na adoração, a eclésia participa novamente e dá testemunho da salvação de Deus de forma cósmica. A adoração cristã proclama a salvação de Deus através da pessoa e obra de Jesus, o Cristo, testemunhado pelo Espírito. Barker articula uma abordagem wesleyana de adoração que honra Deus, transforma o adorador e o compele a actos de amor e serviço no mundo. Para os wesleyanos, o *telos* da adoração é a honra de Deus e a edificação da igreja.

Um aspecto central de uma abordagem wesleyana da adoração inclui os sacramentos. O capítulo de Brent Peterson ilustra a estreita interacção de João e Carlos Wesley entre a Igreja (eclesiologia) e a cura soteriológica encontrada nos sacramentos do baptismo e da Santa Ceia. Peterson desenvolve mais plenamente o papel dos sacramentos do baptismo e da Santa Ceia como as ocasiões principais onde Deus dá crescimento (baptismo) e sustenta (a Santa Ceia) a igreja, mesmo que a sua cura e santificação precipitem a redenção posterior do mundo. Peterson vê os sacramentos como um "meio de graça" através do qual Deus oferece cura às pessoas à medida que elas respondem ao Seu convite para a cura.

Uma visão wesleyana da eclesiologia inclui o povo de Deus reunido à volta da Palavra e da Mesa. Juntamente com o foco de Peterson na Eucaristia, o capítulo de James Fitzgerald inclui a proclamação das Escrituras. Este capítulo ilustra a importância da pregação e a função essencial que a Igreja desempenha na proclamação das boas novas do Evangelho a todo o mundo. Ele articula que embora Wesley tivesse enfatizado o papel da pregação, tanto para o clero como para a pregação de campo, ele não estava disposto a separar isso do âmbito mais amplo da vida e da obra da igreja. Ele sempre considerou a importância de *ambas* as propriedades da igreja - a pregação da Palavra e a administração dos sacramentos.

O capítulo de Mark Maddix oferece uma abordagem wesleyana holística da educação cristã através da catequese. Central para este processo catequético é a visão de Wesley dos "meios da graça". Ao ver as categorias de Wesley dos meios instituídos e providenciais da graça, juntamente com os actos de misericórdia, uma forma sugestiva de ordenar as práticas educacionais em três abordagens complementares à educação cristã inclui *formação, discernimento* e *transformação*. Maddix desenvolve cada uma dessas práticas educacionais como caminhos que ajudam as pessoas a crescerem em santidade de coração e vida.

O sucesso do Metodismo pode ser atribuído ao desenvolvimento de comunidades formativas que nutriam o crescimento e o desenvolvimento entre os crentes. Dean Blevins desenvolve a abordagem de Wesley à comunidade por meio do seu sistema dos pequenos grupos. Estes grupos davam espaço a uma cura espiritual mais profunda e fortalecimento. Blevins articula que, para Wesley, a comunidade cristã forneceu o contexto e os meios para a formação espiritual através de um discipulado responsável, ancorado na história partilhada, nas práticas partilhadas e nos laços relacionais. A formação wesleyana ocorre principalmente através da comunidade, seja na comunidade de adoração ou por meio de comunidades menores de discipulado disciplinado; comunhões onde as pessoas fazem aliança numa história cristã comum para praticarem diferentes meios da graça e serem mutuamente e amorosamente responsáveis uns pelos outros através de relacionamentos transparentes, mas disciplinados.

O capítulo de Kristina LaCelle-Peterson sobre a Igreja como libertadora fornece uma abordagem wesleyana para a libertação igualitária de todas as classes sociais, com foco particular na libertação das mulheres. Visto que todas as pessoas são consideradas recipientes igualmente dignos da graça de Deus, a partir de Deus, consequentemente todos são bem-vindos a participarem da comunidade redimida. O igualitarismo radical foi uma característica do ministério dos pequenos grupos de João e Carlos Wesley e do reavivamento durante o século XVIII e foi predominante no início do Metodismo Americano. Uma eclesiologia wesleyana hoje inclui uma visão igualitária de liderança, incluindo todas as classes sociais da sociedade.

O capítulo de Stephen Riley sobre a Igreja inclui actos de compaixão e justiça que ilustram a sua missão central como a proclamação das boas novas e a redenção de toda a criação. Quando a Igreja é fiel à sua missão central, as vidas são transformadas e o relacionamento correcto com Deus é restaurado. Riley, um professor de Antigo Testamento, argumenta que o conceito "shalom" abrange as boas novas de integridade, justiça, compaixão e rectidão. Ele mostra que na vida de Israel com Deus, o exemplo mais claro do que significa viver em *"shalom"* é encontrado na vida, morte e ressurreição de Jesus Cristo. Isto ocorre por meio de actos de justiça e compaixão.

O capítulo final da secção dois é a Igreja como comunidade de testemunho. David Busic desenvolve esta ideia a partir de Actos 2 e da vinda do Espírito Santo. Ele diz que a Igreja nasceu para levar as boas novas de Jesus, para ser testemunha e que nós somos capacitados por Ele para sermos testemunhas de Deus no mundo. Ele também enfatiza o papel do arauto, que é chamado a proclamar as boas novas através da pregação.

Parte 3: A Igreja como Organismo Organizado

A terceira secção aborda a teologia de como a igreja é organizada, o que inclui a estrutura da igreja, o clero, a superintendência e o laicato. Richard Thompson fornece uma abordagem wesleyana para a Igreja, focalizando a metáfora bíblica do corpo de Cristo. Ele desenvolve essa metáfora a partir da carta de Paulo à igreja de Corinto, que inclui a obra santificadora de Deus em separar a Igreja como povo santo de Deus e o papel dos cristãos em amar uns aos outros, o que resulta no funcionamento da igreja para viver essa obra divina como povo santo de Deus. Visto que o âmago da teologia wesleyana é o amor, então, os cristãos devem expressar esse amor em relacionamentos amorosos. À medida que a graça divina nos molda, ela permite que a Igreja como povo de Deus seja um povo missionário.

Uma das tensões gerais no desenvolvimento de uma eclesiologia é a relação entre o clero ordenado e os leigos. Rebecca Laird envolve-se nesta discussão, dando foco à teologia do laicato construída sobre o tema da Reforma do sacerdócio dos crentes. Ela mostra que esta falsa dicotomia entre o clero e o laicato não condiz com o testemunho bíblico do *laos* (leigo), referindo-se a todos os que buscam ser discípulos de Jesus Cristo. Ela mostra como João Wesley capacitou os leigos para servirem no ministério através do testemunho, cuidando dos pobres e liderando pequenos grupos. Foi a liderança de Wesley que abriu a porta para outros se envolverem na pregação, ensino e administração que veio a ultrajar os ordenados qualificados em Oxford.

Continuando esta conversa sobre clero e laicato, Brent Peterson dá uma abordagem wesleyana da eclesiologia que inclui uma teologia robusta de ordenação. Ele explora a relação do clero com a igreja e com os leigos, bem como a responsabilidade do clero de pregar, administrar os sacramentos e ordenar a igreja. Ele também oferece ideias sobre o que os pastores *não* são chamados a fazer. O capítulo do pastor Jeff Crosno vai além do papel tradicional do clero, como a pregação e os sacramentos e levanta questões sobre ter uma eclesiologia adequada que seja adaptativa em vez de funcional para sustentar a vida de um pastor. Ele desenvolve a metáfora do "leitor designado" a partir da ideia do Antigo Testamento de como um rei deveria ser. Crosno argumenta que o rei é alguém que personifica a dependência absoluta de Deus ao recusar-se a ser enganado pelo poder humano. Servindo como o "leitor designado", o rei torna-se um lembrete público e visível da confiança e piedade a que os seus súbditos são chamados. Ele afirma que a Igreja poderia usar esta imagem para afirmar as prioridades que valorizam a formação do carácter santo acima da mera competência em técnicas ou métodos pastorais.

O capítulo final, escrito por Jeren Rowell, oferece uma teologia funcional do papel do superintendente - o pastor dos pastores. Ele desenvolve o papel de supervisor ou superintendente a partir de textos do Novo Testamento, com foco na palavra grega *episkopes*, muitas vezes traduzida como "bispo". Estes textos sugerem que o *episkopes vai, visita* e *vê* e pode ser visto não apenas em termos de práticas de supervisão e responsabilidade, mas especialmente em termos de uma supervisão informada pelo movimento inicial de Deus em direcção a nós, em amor. Rowell mostra que, à medida que Deus Se move em direcção a nós, em amor, aqueles que são chamados e encarregados de supervisionar a igreja de Deus devem mover-se em direcção ao povo de Deus em amor, em vez de empregar modelos de liderança que se tornam hierárquicos e respeitosos. Ele conclui o capítulo dando alguns exemplos práticos para quem serve como superintendente.

Conclusão

Ao ler estes capítulos, convidamo-lo a entrar na contínua conversa sobre a eclesiologia wesleyana e como ela pode ser vivida e praticada nas nossas congregações locais hoje. Percebemos que este livro nem sempre oferece respostas definitivas, mas levanta questões importantes para quem está na tradição wesleyana enquanto lutamos com uma eclesiologia adequada que nos capacita e nos molda para amar a Deus mais plenamente e viver a sua missão redentora no mundo. Que Deus seja glorificado através da igreja!

PARTE 1
A Igreja no Seu Âmago

dois
A IGREJA
O EVENTO DO REINO DE DEUS
Eric Severson

Frequentemente, os arqueólogos apontam que os humanos foram, ao longo de toda a história humana, criaturas sociais. Com base nisto, filósofos, antropólogos, historiadores e outros têm adivinhado o que une uma comunidade humana. Este assunto está longe de ser trivial em qualquer jornada para compreender o significado e o propósito da comunidade cristã. Perguntar "o que significa ser a Igreja?" é encontrar-se já imerso em questões sobre os fios que unem os humanos em grupos de todos os tipos. Isto inclui equipas, famílias, gangues, multidões, clubes e aldeias. Certamente não há uma resposta única para a pergunta; as comunidades são radicalmente diferentes umas das outras. Mas a grande questão que move este capítulo pode ser declarada de forma simples: a Igreja é do mesmo género das outras comunidades ou é completamente um outro tipo de reunião?

O filósofo Thomas Hobbes imaginou que a história humana começa com violência e contenda. Na anarquia que precedeu a comunidade, as pessoas lutaram por cada fragmento de segurança, recursos e alimentos e pela sua própria sobrevivência. Sem a ajuda de uma comunidade, Hobbes propôs que a vida era "desagradável, brutal e curta".[1] Ele recorda uma raça dispersa de indivíduos que moram em cavernas com olhos vermelhos, guardando os poucos tesouros de comida e calor do caos do mundo selvagem. A coesão da comunidade, sugere Hobbes, surge dos grandes benefícios encontrados quando as pessoas unem forças contra o deserto em vez de se tratarem umas às outras como parte do deserto. Comunidade significa que os indivíduos podem descansar com menos preocupação de perder os seus bens ou mesmo as suas vidas enquanto dormem. Quando os humanos se unem, criam "contratos" não escritos que assumem importância moral. Deixar de cumprir a sua parte no contrato é ser condenado ao ostracismo, é ser anti-ético. Para Hobbes, essa é a fonte de toda a moralidade. Consideramos acções éticas quando beneficiam a sociedade e anti-éticas quando não o fazem.

Temos boas razões, histórica e antropologicamente, para duvidar de Hobbes; é pouco provável que os seus pensamentos sobre a história humana primitiva sejam precisos. No entanto, a sua teoria ainda ganha força quando paramos para pensar sobre o que impulsiona as comunidades e sobre o que forma a sua compreensão de como os membros devem viver. Como Hobbes sugere, tendemos a reunir o nosso senso de moralidade nas comunidades em que habitamos. Segundo ele, também temos a tendência, como espécie, de reunir-nos em grupos para enfrentar os desafios caóticos de viver no planeta Terra. Formamos "alianças" no mundo dos negócios, nos parques infantis e nos 'reality shows' da televisão. Criamos parcerias, nos negócios e nas brincadeiras e sustentamo-las enquanto forem lucrativas.

A lógica da comunidade, tal como apresentada por filósofos como Hobbes, permanece baseada no interesse próprio. Os seres humanos unem-se quando isso os ajuda a ter sucesso e depois voltam-se uns contra os outros quando os lucros e benefícios diminuem. As comunidades conjugais são frequentemente formadas desta maneira. E, como argumentarei em breve, as igrejas são geralmente também controladas por esta mentalidade de *sobrevivência*. A proliferação de denominações no cristianismo atesta esta lógica; unimo-nos até que os desentendimentos tornem as coisas desconfortáveis ou não lucrativas. Depois, buscamos uma aliança melhor com pessoas que pensam mais como nós, apenas para descobrirmos que o ciclo se repete novamente. Hobbes acertou pelo menos no seguinte: as comunidades humanas tendem a formar-se em função do interesse próprio dos indivíduos. Isso deixa-nos numa situação bastante desconfortável. Sem reflexão e consideração, a nossa "eclesiologia" vai ser conformada pelo padrão da dinâmica da natureza, do "selvagem". Sem alguma atenção cuidadosa à dinâmica alternativa do reino de Deus, a eclesiologia será subtilmente construída na areia movediça do interesse próprio. Este livro, entre outros objectivos, busca iluminar a diferença entre outros reinos e o reino de Deus. Da minha parte, desejo argumentar que as comunidades de cristãos devem reunir-se como comunidades categoricamente diferentes dos outros grupos.

Objectivo Elusivo da Eclesiologia

Sob juramento e sob o escrutínio de inquisidores eruditos, Joana d'Arc foi solicitada para descrever a relação entre Jesus Cristo e a Igreja. A sua resposta foi simples e profunda o suficiente para ser registada no Catecismo Católico Romano: "Sobre Jesus Cristo e a Igreja, eu simplesmente sei que eles são apenas uma coisa e não devemos complicar o assunto."² A sua famosa resposta nem sempre se deu bem com os protestantes, que desde o início relutaram em conceder tais ideais elevados às colecções esfarrapadas e falíveis dos seres humanos que chamam os seus encontros de "igreja". A eclesiologia tem muitas vezes girado as suas rodas nos círculos protestantes; Lutero deixou de fora *a sola ecclesia* por um motivo. Certamente há protestantes de alta eclesiologia, assim como há católicos inferiores. Ainda assim, no geral, as congregações e denominações protestantes, incluindo as wesleyanas, têm agido suavemente quando se trata de declarações sobre a importância da Igreja em questões teológicas. Está longe de ser estabelecido se a santidade requer a Igreja, se a salvação requer a Igreja, ou até se a Igreja deve ser considerada algo mais do que um local para a reunião de pessoas que pensam da mesma forma.

Joana d'Arc desejava manter o assunto de forma simples e a sua equação individual da Igreja com o "corpo de Cristo" permite uma simplicidade inegavelmente aperfeiçoada. Há razões óbvias para questionar o apoio entusiástico de Joana da correlação um-a-um entre a Igreja e o corpo de Cristo. No entanto, quando as igrejas protestantes se rebelaram contra esse endosso da liderança eclesial, surgiu outra alternativa igualmente simplista.

A história da liderança cristã, em ambos os lados da Reforma Protestante, está repleta de histórias de corrupção e abuso. Como resultado, há uma forte tentação de rejeitar a ideia de que a "igreja" desempenha mais do que um papel trivial e periférico na vida cristã. Ceder a essa tentação, no entanto, é cair num vórtice de individualismo que ameaça o próprio âmago do Evangelho. Além disso, rejeitar a eclesiologia é padronizar os modelos de comunidade humana descritos por pessoas como Thomas Hobbes. Sem uma eclesiologia robusta, ficamos limitados apenas por gostos comuns, acordos doutrinários e interesses mútuos. Unimo-nos apenas porque a cooperação é a melhor estratégia para o sucesso. Não é de surpreender que tal eclesiologia (ou a falta dela) leve à fragmentação e à divisão. E acabamos por ficar com um movimento substancial no cristianismo hoje que "gosta de Jesus, mas não da Igreja".[3]

Uma terceira alternativa move-se entre estas duas simplificações exageradas do conceito de Igreja. Devemos evitar a perigosa fascinação da suposição inquestionável de que os corpos eclesiásticos são necessariamente o "corpo de Cristo", bem como a perigosa banalização da eclesiologia. Joana d'Arc estava certa sobre uma coisa: as tentativas sérias acerca da eclesiologia "complicarão o assunto". A eclesiologia tem sido frequentemente marginalizada porque é uma tarefa árdua. No entanto, apesar da sua dificuldade, o trabalho de discernir e explorar a natureza do reino de Deus é absolutamente necessário para que os cristãos evitem distorções críticas acerca do Evangelho de Jesus Cristo.

A Igreja como Evento

Movendo-me rapidamente para o cerne da minha tese, desejo propor que o "reino de Deus" é um *evento* e não uma instituição. O objectivo da eclesiologia deve ser atender ao tipo de eventos que trazem as marcas deste reino indescritível. Como tal, a Igreja é o "corpo de Cristo" não por direito de nascença, mas porque é o local de tais eventos. O trabalho da igreja consiste principalmente na preparação e vigilância para a forma como a santidade de Deus interrompe a banalidade muitas vezes secular da nossa vida quotidiana. O que é necessário, portanto, é uma teologia do *evento* da Igreja. E acho que temos motivos para acreditar que tais eventos não são apenas exemplos de cooperação eficaz ou fortalecimento de equipas. O evento da igreja é algo que acontece além, fora e às vezes até *apesar* dos nossos esforços organizacionais. Portanto, a doutrina da Igreja não é tanto sobre um conjunto especial de ideias, mas sobre posicionar as nossas vidas em conjunto de tal forma que possamos participar de *algo* de Deus que está a *acontecer*.

Isto ajuda a explicar a óbvia dissonância entre o ensino de Jesus e as práticas que ajudam equipas e empresas a terem sucesso. Na história do Bom Samaritano, Jesus parece advogar a prática perigosa e custosa de restaurar os corpos de estranhos.[4] É a oferta, quase inútil, da viúva que Ele considera a maior dádiva.[5] No Sermão do Monte, somos ensinados a dar a outra face, fazer quilómetros extras, a desfazer-nos do nosso casaco quando alguém pede uma camisola e todos os tipos de outras actividades improdutivas.[6] As pessoas que ganham nos negócios e no '*Survivor*' são boas em criar comunidades, mas não o tipo de comunidades sobre as quais lemos no Novo Testamento. Bem-aventurados são os mansos? Dificilmente se trata daqueles que ganham os Super Bowls ou os prémios Nobel.

Nada disto quer dizer que não devemos fazer negócios, formar equipas, ganhar prémios ou procurar a cooperação. No entanto, pode ser hora de levar a sério a possível distância entre estes eventos e o "reino de Deus". Organizamos desfiles por vitórias nos desportos e na guerra e esses triunfos são pontuados com palavras de gratidão sobre as bênçãos e apoio de Deus. É por esta razão que Karl Barth insistiu que a ordem da Igreja Cristã deve ser Cristo e que isto significa que a lógica da Igreja será "clara e nitidamente diferenciada de qualquer outro tipo de 'lei'."[7] Barth chama isto de uma "lei viva" e, como algo vivo, permanece categoricamente diferente da ordem dura e ossificada de "outras sociedades humanas".[8] A forma de Lutero o dizer foi insistir que a verdadeira natureza da igreja está "escondida", evitando fronteiras e articulação.[9]

Portanto, devemos ocupar-nos teologicamente com os eventos misteriosos que parecem abundar nos ensinos de Jesus, na vida da Igreja no Novo Testamento e na história do cristianismo. Ao longo do caminho, devemos esperar que o caminho de Jesus e o caminho da igreja possam às vezes parecer semelhantes, mas permaneçam categoricamente distintos. A narrativa central do cristianismo é peculiar quando alinhada com a lógica da batalha-vitória que usamos para ter apoio nos nossos esforços diários. Jesus parece enfatizar isto repetidamente, recusando-se a "invocar os anjos", denunciando a defesa da espada reluzente de Pedro e pedindo perdão por aqueles que espancavam e mutilavam o seu corpo. Os cristãos interpretam mal a ressurreição se for considerada como outra história de regresso, como um 'passe de ave-maria' que milagrosamente oferece a vitória contra a maior das probabilidades. Em vez disso, a ressurreição de Jesus é uma afirmação da cruz e do seu amor sofredor; é a confirmação de que o caminho do mundo e o caminho de Jesus são categoricamente diferentes.

Com perigosa facilidade, confundimos e combinamos estas formas distintas de estar no mundo. Contanto que o conceito de Igreja seja principalmente considerado outro tipo de "equipa", "corporação" ou "clube", temos a certeza de privilegiar o caminho deste mundo sobre o caminho do reino de Deus. O que acontece na Igreja é categoricamente diferente do que aquilo que acontece nas equipas e nas corporações. Tal afirmação não descarta o facto de que o "evento" que estou a chamar de "Igreja" pode acontecer no meio de qualquer contexto. A doutrina da incarnação ressalta a possibilidade impossível de que o sagrado interrompa o banal mesmo onde menos se espera. O papel da eclesiologia é, portanto, o aprimoramento da disciplina da vigilância; ao descobrir como ser Igreja, posicionamos melhor a nossa vida em conjunto para dar lugar ao *evento* que é o "corpo de Cristo".

O trabalho de Dietrich Bonhoeffer é útil neste sentido ao expressar a preocupação sobre a forma como a teologia passou a pensar a verdade de uma maneira decididamente não teológica. A verdade, ao longo da história filosófica e jurídica, tem dependido da descoberta de ideias e factos que qualquer pessoa pode "saber" e, portanto, "compreender". Os conceitos de conhecimento e compreensão foram flexionados de formas muito diferentes, mas raramente a "verdade" indicou algo como um acontecimento ou evento. No entanto, para Bonhoeffer, "a verdade não é algo estático por si só, mas um evento entre duas pessoas. A verdade só acontece em comunidade".[10] A verdade teológica, então, talvez seja categoricamente diferente dos enigmas da verdade que ocupam cientistas, matemáticos, arqueólogos e assim por diante. A verdade que Bonhoeffer tem em mente é o tipo de evento efémero que não pode ser reproduzido no vácuo do entendimento privatizado. O "corpo de Cristo" não é, portanto, algum tipo de conceito, ou conjunto de conceitos, que podem ser reunidos para constituir a eclesiologia. Em vez disso, o "corpo de Cristo" é um evento no mundo. O papel da eclesiologia nada mais é do que preparar comunidades humanas esfarrapadas e decaídas para participar de tais eventos.

E aqui encontramos uma oposição alarmante entre a eclesiologia e os modelos bem-sucedidos da formação de equipas de Hobbes, da NFL e Wall Street. Ambos os modelos de comunidade não podem deixar de esperar pelo sucesso, pela coesão, pela camaradagem, por actos de sacrifício que reforcem os objectivos do grupo. E por causa destas semelhanças, estamos condenados a ser constantemente bombardeados por modelos de crescimento de igrejas que utilizam estratégias de sucesso da escola de Thomas Hobbes e dos seus amigos competitivos. Mas não é inútil resistir-lhes.

Sacramentos como Vigilância

O caminho da Igreja e o peso da eclesiologia devem atender à dinâmica do *evento* do reino de Deus. No entanto, o "acontecimento" da igreja não é ilusório na agulha como um palheiro, nem "ser a igreja" é um tipo de meta aspiracional que pode ser alcançada através de listas de verificação e estratégias. O acontecimento da Igreja é o aparecimento escandalosamente particular da vida de Jesus Cristo nas relações face a face entre as vidas humanas. A Igreja acontece não quando algum guia é seguido até ao último detalhe, mas quando a história do amor cruciforme de Jesus de Nazaré é contada no meio de uma comunidade. E isto é ilusório apenas porque nunca é uma posse, nunca é algo que temos "à mão" como um objecto ou acessório. Como a amada noiva sulamita em Cantares de Salomão, devemos ser repetidamente lembrados de que o amor não é algo que se agarra ou que até se procura, mas aquele para o qual devemos intencionalmente abrir espaço. Os amantes recebem repetidamente a seguinte advertência em Cantares: "Não acordeis nem desperteis o meu amor, até que queira" (Cântico dos Cânticos 2:7; 3:5).

Acharíamos preferível se houvesse alguma forma mais prática e estereotipada de invocar e sustentar o evento que é o reino de Deus. Somos certamente tentados a transformar qualquer linha da Bíblia que pareça acessível a esta interpretação em tal fórmula. Quando Jesus prometeu que "onde estiverem dois ou três reunidos em meu nome, aí estou eu no meio deles" (Mateus 18:20), Ele procurava algo muito mais importante do que a directriz das reuniões cristãs. Ir de encontro às necessidades das pessoas que consideramos mais vulneráveis não é, de forma alguma, garantia de que alimentamos, acolhemos, curamos, nutrimos e visitamos o próprio Filho do Homem.[11]

Estes movimentos são potentes, mas são também potencialmente vagos e vazios sem *o* que aparece no meio dos nossos labores. Estes actos de reunião, hospitalidade, sacrifício e serviço não são nada em si mesmos. Na verdade, estas actividades muitas vezes podem ser inúteis, destrutivas e desamorosas. O acontecimento que é Igreja é aquele que surge e chega como um *presente* no meio do nosso trabalho. Participar do reino de Deus é praticar a hospitalidade com a esperança irracional de que o outro seja pleno de uma graça que não cabe a nós contribuir. A palavra *liturgia*, de suas raízes latinas, significa literalmente "o trabalho do povo". Actos de hospitalidade e justiça são como adoração, como liturgia; são vasos de barro, a menos que os seus trabalhos sejam erguidos pela graça. E isto significa que, ironicamente, alimentar os sem-abrigo nunca é, para a Igreja, conquista de nada.

Separado da graça de Jesus Cristo, pode ser precisamente o oposto. Em vez disso, estes movimentos são actos de espera, de esperança, de expectativa e de vigilância.

O caminho para o sucesso da equipa e da empresa pelos padrões do mundo passa por modelos de eficiência, hábitos de liderança e estratégias eficazes. As igrejas certamente precisam de pagar a luz e o seu pastor, e isso requer muita eficiência e perspicácia em muitos contextos. Mas a eclesiologia não pode ser derivada da lógica que torna os negócios e equipas bem-sucedidos. A teo-lógica da eclesiologia deve derivar de outra forma. A minha sugestão é que a postura e a passividade dos sacramentos oferecem a base para a eclesiologia. Nos sacramentos do baptismo e da Santa Ceia, o trabalho do povo - a liturgia - não é alcançar algum objectivo, mas a sua postura de abertura e receptividade. Os sacramentos são lamentavelmente distorcidos e mal compreendidos quando são considerados como realizações espirituais ou são tratados como talismãs espirituais. Em vez disso, a comunidade parte o pão e *espera*. A identidade da Igreja é encontrada na espera, como o hiato quando o corpo humano é submerso em águas baptismais.

A eclesiologia fica vulnerável entre a ortodoxia ("crença correcta") e a idolatria. O que contribui para os orçamentos equilibrados e o crescimento da igreja não é *mau* até que nos esqueçamos de que vem com a sua própria lógica inerente, a lógica sinistra e competitiva de Thomas Hobbes. A Igreja pode *parecer-se* muitas vezes com mais uma loja ao lado de outras no mundo, ou com um cavalo na corrida para o sucesso, segurança e vitória. Nestes momentos, a Igreja estará mais vulnerável; estremecerá com a ideia de deixar os noventa e nove para encontrar aquele que se perdeu.[12] A igreja "muito bem-sucedida" estará inclinada a tomar decisões que protejam os resultados financeiros, que garantam um futuro longo e que vêem a imagem no seu todo. A teo-lógica do Evangelho parece correr em noutra direcção, movendo-se para a cruz da derrota mundana, deixando o seu futuro nas mãos do Deus trino.

Questões para Debate

1. Que tipo de comunidade humana parece ocorrer naturalmente no mundo?

2. O que é que pode ser diferente na forma da comunidade que constitui a igreja cristã?

3. Qual é a diferença entre pensar na Igreja como um *evento* e não como uma *entidade*?

4. Qual seria o custo de procurar uma eclesiologia moldada a partir das ideias sugeridas neste capítulo?

Sugestões para Leitura Adicional

Hauerwas, Stanley, and William Willimon. *Resident Aliens*. Nashville: Abingdon, 1989.

Moltmann, Jürgen. *The Crucified God*. New York: Fortress Press, 1993.

Yoder, John Howard. *The Politics of Jesus*. Grand Rapids: Eerdmans, 1994.

três
IDENTIDADE TRINITÁRIA
O VERDADEIRO FUNDAMENTO DA IGREJA
Henry W. Spaulding II e Henry W. Spaulding III

Paulo refere-se à Igreja como "todos os irmãos" (Gálatas 1:2), "a igreja de Deus que está em Corinto" (1 Coríntios 1:2), "a todos os que estais em Roma" (Romanos 1:7), e "a todos os santos em Cristo Jesus que estão em Filipos" (Filipenses 1:1). A igreja apostólica tinha um entendimento claro de que pertencia a Deus. Mais do que isso, a igreja primitiva acreditava que era a presença de Deus no mundo. O Artigo XI da Igreja do Nazareno afirma que a igreja é "a comunidade que confessa Jesus Cristo como Senhor, o povo da aliança de Deus feito novo em Cristo, o Corpo de Cristo congregado pelo Espírito Santo através da Palavra".[1] Esta declaração enquadra muito concisamente a identidade trina da igreja. O Catecismo da Igreja Católica afirma: "A Igreja é uma por causa da sua fonte: 'o mais alto exemplo e fonte deste mistério é a unidade, na Trindade das Pessoas, de um Deus, o Pai e o Filho no Espírito Santo'".[2] Desde o início e até agora, a Igreja é uma expressão da vida trina da Divindade. Isto é tanto uma afirmação como um convite para que toda a humanidade se una na unidade harmónica da vida trina.

Pelo facto de Deus chamar toda a humanidade para ser baptizada em nome do Pai, do Filho e do Espírito Santo e para ser ensinada a obedecer aos seus mandamentos, ela também deve ser entendida como envolvendo pessoas humanas. Dietrich Bonhoeffer escreve: "O que a Igreja 'é' só pode ser respondido se dissermos o que é do ponto de vista dos seres humanos e o que é do ponto de vista de Deus. Ambos pertencem inseparavelmente um ao outro. É nesta natureza dual que ela (a Igreja) existe".[3] A Igreja existe na intersecção da ordem divina e humana. Por isso, ela surge de Deus para a humanidade à medida que a identidade trina recebe o eco de louvor daqueles que foram redimidos. A Igreja é formada somente por Deus e, como tal, é identificada no tempo através da vida trina de Deus. Robert Jenson afirma: "Da mesma forma como a Igreja partilha da vida das identidades trinas, ela partilha da relação do Filho e do Espírito com o Pai (...). O grande objectivo da nossa *koinonia*, pela qual o Filho trabalha e para a qual o Espírito nos atrai, é o Reino do Pai".[4]

Este capítulo argumentará que a Igreja é moldada pela identidade trina de Deus e, como tal, existe como uma instituição para a humanidade. Mostraremo-lo apontando para a liberdade de Deus de existir para os outros. A seguir, exploraremos a análise de Bonhoeffer da *analogia relationis* (analogia das relações) como a forma como a Igreja é moldada pela vida trina. Finalmente, veremos a liberdade da igreja em ser a igreja dado ao desenho escatológico da criação pela Trindade.

O Ser da Vida Trina

O ser de Deus subsiste na relação e liberdade de acção. Ou seja, o próprio âmago e existência de Deus é uma existência de relacionamento e liberdade para a ordem criada. Trataremos cada um destes dois aspectos de Deus como um todo coerente, porque somente se o ser de Deus for inerentemente relacional e livre é que a vida trina moldará a Igreja para ser para o mundo como a própria Trindade o é.

David Bentley Hart escreve: "A compreensão cristã de Deus [é] uma *pericorese* de amor, uma dinâmica coincidente das três pessoas divinas, cuja vida é eternamente uma de consideração partilhada, deleite, companheirismo, festa e alegria".[5] A palavra *pericorese* sugere a dimensão relacional da vida divina. A palavra equivale ao que a tradição da Igreja chama de dança - nomeadamente, a Trindade consiste nas pessoas trinas a dançar no caminho do vôo pacífico. Além disso, a palavra também pretende denotar que as pessoas se interpenetram - elas são uma. Sendo assim, as pessoas vivem mutuamente umas nas outras. Deus é um Ser em Comunhão. E assim como Deus é um Ser em Comunhão, a Igreja existe como comunhão, partilhando assim a vida divina como comunhão.

A comunhão é crucial para o entendimento ortodoxo da Trindade e para a nossa discussão de como a Trindade pretende moldar o mundo.

Sendo assim, para Hart, a própria dinâmica interna da vida trina consiste na "consideração partilhada, deleite, comunhão, festa e alegria".[6] Isto apresenta o convite de Deus para sermos a Igreja. Portanto, a Igreja, ao receber o seu ser de Deus, reflecte a identidade da vida trina. Embora às vezes ela possa existir de forma imperfeita, ela é guiada "a expressar a sua vida na unidade e comunhão do Espírito".[7] Pela graça, a Igreja dá testemunho do reino de Deus, um lugar onde "não há judeu nem grego; não há servo nem livre; não há macho nem fêmea" (Gálatas 3:28). A Igreja torna-se um lugar onde a diferença não precisa de ser dissonante.

A vida de Deus é única por ser livre para agir. Karl Barth escreve: "Pela revelação de Deus, na qual Ele nos encontra como o Senhor das [pessoas], somos proibidos e impedidos de confundir e comparar o ser de Deus com o trabalho das [pessoas]. Deus não é o ser movido em e por nós, que conhecemos ou pensamos conhecer como o nosso movimento da natureza e do espírito".[8] Na verdade, somos movidos por Ele. Para Barth, este movimento é vital. Se Deus fosse igualado às nossas reflexões humanas, não seria uma Igreja de forma trinitária. O ser de Deus é totalmente livre e equiparado ao que Deus mostrou ao mundo na revelação. Deus age e, então, a identidade da vida divina pode ser detectada no mundo. Com isto, Barth tenta tirar Deus da categoria abstracta de Espírito e colocá-lo na arena concreta das obras humanas.[9] Tal abstracção enquadra inadequadamente a obra do Espírito e torna a Igreja uma mera construção humana.[10] Em vez disso, somos condicionados e determinados pelo ser de Deus. Deus é livre para agir de acordo com a sua vontade. A Igreja não é uma ideia humana; é uma resposta à chamada da Palavra de Deus por meio do Espírito.

O Ser da Igreja na Forma do Ser de Deus

O ser da Igreja relaciona-se directamente com o ser de Deus. No entanto, é de vital importância determinar como é que a Igreja se relaciona com o ser de Deus. Na secção anterior, discutimos o carácter relacional do Deus que convida livremente a humanidade para a vida trina. Na verdade, a Igreja é constituída pela oferta gratuita de Deus a abrir espaço (Jenson). Deus é relacional dentro e fora da própria natureza de Deus, o que significa que a Igreja depende de Deus para a sua vida. De acordo com Jenson, "da forma que é, a história de Deus está comprometida como uma história com criaturas. E assim, também ele, como é, não pode ter identidade, excepto quando encontra o fim temporal para o qual vivem as criaturas".[11] A vida trina derrama-se no mundo e toma forma na comunhão dos santos como uma oferta gratuita de Deus.

Dietrich Bonhoeffer ajuda a explicar a natureza da Igreja como *analogia relationis* (analogia de relações). Esta analogia de relações é contrastada com *a analogia entis*[12] (analogia do ser). Para simplificar, a analogia das relações afirma que a Igreja é análoga a Deus. Pode-se ir mais longe e dizer que a Igreja existe como uma incarnação. As palavras de 1 Pedro oferecem-nos uma visão: "E, chegando-vos para ele, a pedra viva, reprovada, na verdade, pelos homens, mas para com Deus eleita e preciosa, vós também, como pedras vivas, sois edificados casa espiritual e sacerdócio santo, para oferecerdes sacrifícios espirituais, agradáveis a Deus, por Jesus Cristo" (2:4-5). Mais à frente lemos: "Mas vós sois a geração eleita, o sacerdócio real, a nação santa, o povo adquirido, para que anuncieis as virtudes daquele que vos chamou das trevas para a sua maravilhosa luz" (v. 9). A Igreja encontra a sua identidade no Deus que convida a humanidade quebrantada para sair das trevas para a luz. Portanto, o Deus que está em comunhão proclama, "mas, agora, sois povo de Deus" (v. 10). A analogia das relações como a forma como a Igreja está no formato de Deus é, então, uma perspectiva útil para levar a Igreja a uma compreensão de si mesma e dos outros.

A analogia das relações serve como um modelo apropriado para entender a relação entre a Igreja e Deus precisamente porque afasta qualquer noção de que ela não está para o mundo pela sua própria natureza. O padrão pode ser declarado como tal: de Deus e para o mundo. Como Dietrich Bonhoeffer escreve,

> A "imagem semelhante a Deus" não é, portanto, nenhuma analogia entis em que o ser humano, na sua existência em-e-de-si, no seu ser, pudesse ser considerado como o ser de Deus... A semelhança, a analogia, da humanidade com Deus não é analogia *entis*, mas *analogia relationshipis*. O que isto significa, porém, é, em primeiro lugar, que também a *relatio* não é um potencial ou possibilidade humana ou uma estrutura da existência humana; é sim uma relação dada, uma relação na qual os seres humanos estão inseridos, uma *justitia passiva!*[13]

Assim, na análise de Bonhoeffer, a Igreja, estando relacionada com a natureza dos relacionamentos de Deus, requer que esteja para os outros. Por outras palavras, a Igreja só é boa porque está no mundo. O mundo é bom porque Deus o criou. No entanto, a missão da Igreja no mundo é estar num relacionamento apropriado entre si e, desta forma, ser um modelo para o resto do mundo. A Igreja é o lugar onde os outros são amados e se relacionam correctamente. Como Bonhoeffer escreve novamente,

> Somente onde Deus e o irmão, a irmã, chegarem a ela [a igreja], é que os seres humanos poderão encontrar o seu caminho de volta à terra. A liberdade humana para Deus, para os outros e a liberdade humana da criatura que a domina, constituem a primeira semelhança do ser humano com Deus.[14]

A Igreja não se pode entender isolada do mundo, mas está sempre a ser enviada ao mundo como Deus o fez na procissão trinitária. Além disso, à medida que Deus busca a redenção e a santificação do mundo por meio do envio do Filho e do Espírito, a Igreja é enviada ao mundo como uma analogia para Deus o ajudar, convidando-o à comunhão com Ele. A Igreja é essencialmente para a humanidade porque o Deus trino é essencialmente para a humanidade. Sendo assim, a Igreja representa a realidade onde está representado o potencial para se tornar plenamente humano, ou melhor, um lugar para ser treinado em santidade.

Missio Dei, Igreja e Trindade

Ajudar a humanidade a realizar o seu potencial em Deus, ou a tornar-se santa, requer que ela leve a sério o conteúdo da *missio Dei* (isto é, a missão de Deus). "Qual é a missão de Deus?" Na igreja moderna, vê-se como a missão pode funcionar como um ideal, conceito ou estratégia. A tarefa deste capítulo é mostrar como a missão de Deus possui conteúdo como acção, ou um *habitus*. Habitus é, como escreve o sociólogo Pierre Bourdieu, "o sistema de disposições estruturadas e estruturantes (...) que é constituído na prática e que está sempre orientado para fins práticos".[15] Isto denota o facto de que a missão de Deus para a Igreja *é* uma acção realizada sobre cada indivíduo, bem como sobre a Igreja universal. Além disso, a missão de Deus para a Igreja entendida como habitus constrói a maneira como ela actua publicamente. A razão pela qual o uso do *habitus* é frutífero para a nossa discussão sobre a Igreja é que a missão de Deus para ela é modelada na vida trina. Ou seja, a forma como Deus escolhe ser público na ordem criada é espelhada na Igreja na sua vida pública. A missão de Deus (como acção) é a do ser de Deus. A Trindade é a missão de Deus; é a narração compacta de toda a história cristã.

A missão de Deus para a igreja como habitus denota uma "actuação" pública. Como Roger D. Haight escreve,

> a Igreja consiste num certo número de actividades básicas pelas quais se posiciona na história. É, portanto, constituído pela liberdade humana. Ao mesmo tempo, esta liberdade é recebida como um dom e canalizada numa direcção pelos hábitos sociais que aprendeu de Jesus de Nazaré e da história da sua vida no Espírito.[16]

Seguindo Haight, o *habitus* da igreja na vida pública significa que a sua função central é ser um lugar de acção pública e social, ou seja, de relação.

A Igreja existe de forma análoga para um organismo social vivo. É constituída por - e consiste num - conjunto de acções que unem as pessoas em relacionamentos. Esta forma de ver a Igreja aparece mais claramente na sua génese, mas o princípio aplica-se também a qualquer momento.[17]

Além disso, a missão da Igreja como *habitus* não significa que ela seja pública apenas pela sua missão. É pública na medida em que está numa relação correcta com o mundo. Assim, ser eclesiasticamente uma criatura social consiste em estar presente para o outro de uma forma amorosa. Não pode ser pública apenas para si, porque perderia o centro que lhe permite estar com os outros, ser relacional. Se cuidasse apenas de si mesma e a sua missão consistisse em manter-se, seria uma instituição de egoísmo e, portanto, abusaria dos outros. Portanto, o centro do *habitus* como missão de Deus deve possuir o conteúdo de Cristo, pelo qual podemos apoiar-nos uns aos outros.

Assim, habitus é um acto cristológico, porque Cristo foi a forma que a Trindade Divina escolheu para ser pública. O Espírito é o meio pelo qual esta vida pública continua. Esta realidade deve ser central para que a missão de Deus seja na Igreja, ou seja, para que seja habitus, porque conforme a nossa discussão, a Igreja é analogia *relationis*. Para a Igreja ser missão, ter missão, ou mesmo estar em relação, o *habitus* deve existir primeiro em Deus. A Igreja tem como parte da sua história uma rica tradição da *missio Dei* como inerente à compreensão da vida trinitária. Agostinho escreve em *De Trinitate (Sobre a Trindade)* sobre o aspecto missionário da vida trina,

> Assim a Palavra de Deus é enviada por Aquele cuja Palavra é Ele mesmo; enviado por Aquele de Quem é nascido. O gerador envia,

o que é gerado é enviado. E ele é precisamente enviado a qualquer um quando é conhecido e percebido por ele, na medida em que pode ser percebido e conhecido de acordo com a capacidade de uma alma racional progredir para Deus ou já aperfeiçoada n'Ele.[18]
Sendo assim, o envio de Deus da Palavra no Filho gerado do Pai torna Deus disponível para estar completamente para o homem. Este é o acto original pelo qual Deus reúne o mundo consigo mesmo numa relação trina. Agostinho continua,

> Mas, assim como o pai e o filho são um, o remetente e o enviado são um, porque o Pai e o Filho são um; assim também o Espírito Santo é *um com eles, porque estes três são um* (1 João 5:7). E assim como nascer significa para o Filho ser do Pai, também ser enviado significa ser conhecido d'Ele. E assim como para o Espírito Santo, ser dom de Deus significa proceder do Pai, ser enviado também significa ser conhecido como procedente d'Ele.[19]

Assim, o acto missionário continua na procissão do Espírito ao mundo trazendo a criação à existência de Deus. Este ritmo, que a vida trina desfruta, cai para a Igreja como uma forma de ser enviado da comunhão com a vida trina para o mundo de maneira que mundo saiba que vem de Deus. Se a Igreja é moldada pela vida trina, então Agostinho ilumina-nos sobre a forma como devemos entender a nossa vocação.

A prática de fazer amizades com os marginalizados é um exemplo prático deste *habitus* por espelhar a "qualidade enviada" da vida trina. No entanto, devemos ser claros quanto ao modo pelo qual buscamos amizades. A Igreja não pode tentar colonizar os cantos ou as margens da sociedade para conformar os marginalizados à nossa imagem. Em vez disso, como indicado anteriormente sobre o ser de Deus como um acto livre, o ser de Deus não é igualado à existência de nenhum ser humano em particular. Em vez disso, Deus é apenas Deus e é livre para ser por nós. Pode-se ler esse mover de Deus em nossa direção como um modo de encontro genuíno para a amizade, ou relacional.[20] Assim, o nosso movimento em direcção às margens é de encontro genuíno e amizade como uma prática que incorpora e é moldada pela vida trina. Esta prática particular de habitus muda a ênfase da Igreja no sucesso. E Chris Heuertz e Christine Pohl escrevem,

> O nosso amor por Cristo e a nossa experiência do amor de Cristo por nós motivou-nos e compeliu-nos a fazer os movimentos trans-

culturais que fizemos. Encantados com a bondade e a beleza de Jesus, queríamos que todos O conhecessem. Mas não queríamos comprometer a integridade da bondade de Jesus ou das nossas amizades usando-as estrategicamente... No relacionamento e na amizade com os pobres, aprendíamos a seguir os nossos amigos para o coração de Deus. Ao longo do caminho, redefinimos o sucesso em termos de fidelidade.[21]

Assim, o argumento deste capítulo encontra a sua expressão tangível na prática de fazer amizades nas margens.

Consumação Escatológica e o Presente Apocalíptico

Robert W. Jenson escreve o seguinte sobre a consumação escatológica da Igreja:

> No final, seremos recebidos em Deus. Mas de acordo com o ensino aqui proposto, Deus cria ao acomodar-se em Si mesmo e a Igreja agora consiste na comunhão com Deus. Já vivemos, movemo-nos e temos o nosso ser em Deus, mesmo como criaturas rebeldes e na Igreja com participação pessoal voluntária.[22]

Aqui está o presente paradoxal. A Igreja é, como dito acima, um lugar vinculado à realidade de Deus, como agente da liberdade missionária. É essencialmente para as pessoas como Deus o é para elas. Este é o nosso presente e o que significa viver, mover e ter o nosso ser. No entanto, o nosso futuro consiste em sermos levados para o bom futuro de Deus. A Igreja como escatológica é uma promessa.

Ser levado para o bom futuro de Deus mostra que não é responsabilidade da Igreja salvar o mundo. De acordo com Jenson, "a Igreja tem uma missão: ver o falar do Evangelho, seja ao mundo como mensagem de salvação ou a Deus como apelo e louvor".[23] Em vez disto, Deus é quem, em última análise, traz o mundo para o futuro da sua bondade. Este futuro de bondade é constituído por promessas. O Deus trino está vinculado a toda a criação para levá-la ao seu bom fim. A Igreja, como missão de Deus, ajuda o mundo a viver num bom futuro. A Igreja é capaz de ajudar desta forma porque é marcada de forma única pela revelação desta promessa.

Visto que a comunidade é marcada por esta promessa, ela pode ver o mundo de forma apocalíptica. Esta compreensão torna-se uma hermenêutica cristã para compreender a missão de Deus para o mundo. A teologia entendida por forma apocalíptica significa, no sentido grego da palavra *apokalupsis*, revelação. A vida trina de Deus revela-O ao mundo. Quando a Igreja é baseada na revelação, ou seja, a revelação do *eschaton*, isso significa que a visão fornecida constitui uma forma de ver o mundo. Quando a Igreja vê o mundo, ela vê-o dentro do contexto do bom futuro do Senhor trino. Portanto, a missão, o ministério e a existência da Igreja encontram-se plenamente na expressão trinitária quando ela vê o mundo por meio desta revelação, ou seja, apocalipticamente.

Quando a Igreja encontra o seu descanso em Deus e alivia a sua ansiedade de salvar o mundo, ela encontra verdadeiramente uma missão. A sua missão é encontrar caminhos para o amor ao próximo e a amizade como expressão da vida trina. A queda do mundo complica esta missão, mas somente quando a Igreja recebe a sua identidade em Deus e reflecte essa identidade para o mundo, é que ela é verdadeiramente a Igreja. O reino de Deus veio em Jesus Cristo e está presente na identidade trina da Igreja como missão. A consumação escatológica da Igreja na vida trina encontra alívio para as angústias e dificuldades da missão nesse contexto. Como escreve Christopher Morse,

> A notícia [nomeadamente da promessa do *eschaton*], quer possamos vê-la como credível ou não, passa a ser que a nossa ajuda está no nome d'Aquele que não permite que *qualquer* situação que enfrentemos na terra, por mais ameaçadora ou devastadora que seja, aconteça sem a futura chegada abrangente de um domínio desimpedido de amor e liberdade.[24]

A riqueza da bondade na formação trina da Igreja encontra o seu significado final no facto de que nos foi prometido um bom futuro. A nossa missão é recordar ao mundo este bom futuro próximo. Além disso, se o mundo rejeita a Igreja e reage violentamente contra a promessa do céu, o bom futuro de Deus é o contexto no qual continuamos a perseverar. Se não fosse por esta configuração trina da Igreja, tais eventos não seriam possíveis. Jenson escreve:

> Assim, a realidade presente da Igreja antecipa, em todo o quebrantamento e falibilidade, o fim de todas as coisas, exactamente como o fim é a forma como a Trindade adoptou "tudo em todos". Podemos dizer: a comunhão que agora é a Igreja é constituída por um acontecimento de comunhão ou antecipação, com a comunhão que é a

Trindade. É esta última reviravolta que localiza a Igreja no portão do céu.²⁵

A Igreja, por ser constituída pela vida trina, é a antecipação do mundo vindouro.

John Milbank escreve em *Theology and Social Theory:*

> A associação da Igreja com a resposta do Espírito que surge "depois do Filho", mas é totalmente divina, mostra que o novo pertence desde o início à nova manifestação narrativa de Deus. Portanto, a metanarrativa não é apenas a história de Jesus. É sim a história contínua da Igreja, já realizada de uma forma finalmente exemplar por Cristo, mas ainda por realizar universalmente, em harmonia com Cristo, mas de forma diferente, por todas as gerações de cristãos.²⁶

Este capítulo tentou capturar o que significa dizer que a Igreja deve ser identificada por meio da sua identidade trina. Com este objectivo, argumentamos que a Trindade dá pistas importantes para a compreensão da origem e da personificação da Igreja. A economia da presença de Deus na Igreja aponta para a comunhão de Deus. Somos um templo e um corpo constituído pelo dom gratuito de Deus. Também procuramos mostrar que o Deus que é por nós, que abre espaço para nós, chama a Igreja para apoiar os outros. Entender a Igreja como um *habitus* deixa claro que a sua missão é do próprio ser de Deus. A missão não é uma agenda ou uma acção isolada, mas é o que Deus chama a Igreja para ser no mundo. Chamamos a atenção para a Igreja como promessa. ela torna-se uma nova forma de ver o mundo ou, como indica Milbank, uma metanarrativa. Esta é a promessa do que Deus está a fazer no mundo por meio da Igreja ao anteciparmos "a consumação na vinda do nosso Senhor Jesus Cristo".²⁷

Questões para Debate

1. Como é que a interpretação do eu pelas lentes da Igreja pode mudar o eu moderno?
2. Como é que a maneira como a Igreja é descrita nas epístolas paulinas informa o nosso entendimento da Igreja?
3. Que práticas específicas na Igreja podem ajudar a iluminar a vida trina de Deus?

4. Como é que a compreensão de Deus como trino muda o debate dos direitos naturais na cultura ocidental?

5. Como é que a Trindade permite uma melhor compreensão da missão?

Sugestões para Leitura Adicional

Bonhoeffer, Dietrich. "What Is the Church?" *Berlin: 1932-33*, vol. 12. Edited by Larry I. Rasmussen; translated by Isbel Best and David Higgins. Minneapolis: Fortress Press, 2009.

Bourdieu, Pierre. *The Logic of Practice*. Translated by Richard Nice. Stanford, CA: Stanford University Press, 1980.

Cavanaugh, William T. *Migrations of the Holy: God, State, and the Political Meaning of the Church*. Grand Rapids: Eerdmans, 2011.

Flett, John G. *The Witness of God: The Trinity, Missio Dei, Karl Barth, and the Nature of Christian Community*. Grand Rapids: Eerdmans, 2010.

Gelder, Craig Van, and Dwight J. Zscheile. *The Missional Church in Perspective: Mapping Trends and Shaping the Conversation*. Grand Rapids: Baker Academic, 2011.

Haight, Roger D. *Christian Community in History. Vol. 3: Ecclesial Existence*. New York: Continuum, 2008.

Harvey, Barry. *Another City: An Ecclesiological Primer for a Postmodern World*. Harrisburg, PA: Trinity International Press, 1999.

Hauerwas, Stanley. *A Better Hope: Resources for a Church Confronting Capitalism, Democracy, and Postmodernity*. Grand Rapids: Brazos Press, 2000.

Heuertz, Christopher L., and Christine D. Pohl. *Friendship at the Margins: Discovering Mutuality in Service and Mission*. Downers Grove, IL: IVP, 2010.

Jenson, Robert. *Systematic Theology*, 2 vols. New York: Oxford University Press, 1997, 1999.

Kung, Hans. *The Church*. Garden City, NY: Doubleday and Co./Image Books, 1976.

McCormick, K. Steve. "The Church after the Likeness of the Holy Trinity Is the Church after the *Missio Dei*." Didache *Faithful Teaching* 7:1 (June 2007). Disponível online (acedido em 27/12/11) em http://didache.nazarene.org/pdfs/GTIIE_McCormick.pdf, 12.

Moltmann, Jürgen. *The Church in the Power of the Spirit: A Contribution to Messianic Ecclesiology*. Translated by Margaret Kohl. New York: Harper and Row, 1995.

Schmiechen, Mr. Peter. *Saving Power: Theories of Atonement and Forms of the Church*. Grand Rapids: Eerdmans, 2005.

Wells, Samuel. *God's Companions: Reimagining Christian Ethics*. Malden, MA: Blackwell, 2006.

quatro
COLOCAR CRISTO NO SEU LUGAR
ECLESIOLOGIA E CRISTOLOGIA NA TRADIÇÃO NAZARENA
Mark H. Mann

"[A Igreja] não é um ideal que devemos realizar; é sim uma realidade criada por Deus em Cristo na qual podemos participar."
—Dietrich Bonhoeffer, Life Together

Introdução

Uma queixa que ouço frequentemente de colegas e amigos na Igreja do Nazareno é que a nossa igreja não tem eclesiologia. De muitas formas, é exactamente esse sentimento que serviu de impulso para esta colecção de trabalhos, todos sobre o tópico da eclesiologia, escritos por pastores, teólogos e estudiosos da Bíblia, bem como o tema geral da Conferência Nazarena Mundial de Teologia em Nairóbi, Quénia (2014). Acredito que esta afirmação está incorrecta, ou está pelo menos parcialmente correcta. Ou seja, ao longo da nossa história, tivemos uma eclesiologia, mesmo que nem sempre ela tenha sido articulada de forma eficaz com os ensinos nazarenos oficiais. O que também é verdade é que os nazarenos como um todo começaram a repensar a sua suposta eclesiologia e por isso, encontramo-nos numa altura como denominação onde não há uma visão clara e universalmente afirmada acerca da Igreja.

Os meus objectivos neste capítulo são quatro. Em primeiro lugar, vou elucidar a tradicionalmente assumida eclesiologia nazarena, identificando também as raízes históricas desta visão e a importante função que ela desempenhou na formação inicial da Igreja do Nazareno. Em segundo lugar, identificarei os problemas práticos e teológicos dessa eclesiologia que levaram ao actual mal-estar dentro da igreja. Terceiro, argumentarei que a Igreja do Nazareno precisa de recuperar uma compreensão da Igreja baseada na cristologia. Ou seja, creio que precisamos de reorientar o nosso entendimento da Igreja mais fundamentalmente em termos do seu relacionamento com Deus como corpo de Cristo. Finalmente, concluirei delineando algumas das implicações de fundamentar a nossa eclesiologia fundamental na cristologia para a nossa compreensão e prática do sacramento do baptismo.

A Eclesiologia Nazarena na Perspectiva Histórica

Os teólogos nazarenos podem ser perdoados por acreditarem que a sua igreja foi privada de uma eclesiologia, ou pelo menos sentir que há uma grande confusão entre os nazarenos. Só na Assembleia Geral de 1989 é que os nazarenos afirmaram oficialmente um Artigo de Fé definindo a natureza fundamental da Igreja e esta declaração foi recentemente revista.[1] Adicione a isso o facto da declaração actual expressar uma noção mais comunitária da igreja em contraste aos membros mais individualistas e práticas sacramentais e outras declarações do *Manual* sobre a natureza da Igreja, e é claro que, quando se trata de eclesiologia, a Igreja do Nazareno é uma tradição em algum fluxo.

No entanto, historicamente, embora não tenhamos sido explícitos na nossa eclesiologia, afirmamos uma eclesiologia que enfatiza que a Igreja é uma "associação de crentes" ou o que é frequentemente chamado de "igreja de crentes". Isto tem sido expresso não apenas nos ensinos oficiais nazarenos, mas também em várias práticas da igreja. Por exemplo, encontramos, espalhadas por todo o *Manual* Nazareno ao longo de grande parte da sua história, referências da Igreja do Nazareno como uma "associação voluntária" de crentes que se reuniam em adoração comum, comunhão e, especialmente, em missão para trazer o Evangelho da santidade cristã para o mundo.[2] E esta é exactamente a implicação em chamar uma igreja de igreja de crentes - é essencialmente uma comunidade de crentes, um agregado de indivíduos regenerados que se reuniram numa crença e propósito comuns. A ênfase clara no uso dessa linguagem é que a fé individual precede a Igreja e que ela existe quando as pessoas redimidas se reúnem.[3]

Como o historiador e arquivista nazareno Stan Ingersol apontou habilmente, o facto de a Igreja do Nazareno ser uma igreja de crentes é expresso de forma mais proeminente nas nossas práticas sacramentais, especialmente no baptismo.[4] E isto apesar de, ao longo da nossa história, termos afirmado sempre a realização do baptismo infantil mas raramente o termos praticado.[5] Em vez disso, enfatizamos o baptismo como um acto que testifica a graça salvadora que o crente já recebeu.[6] Por outras palavras, a fé salvadora precede o rol de membros na igreja; as pessoas individuais são salvas e por isso escolhem unirem-se à igreja. Na verdade, não é raro que os nazarenos sejam baptizados muitos anos depois de terem chegado à fé salvadora, mesmo anos depois de terem escolhido tornarem-se membros oficiais.[7] Sendo assim, a Igreja do Nazareno ao longo da sua história tem sido essencialmente uma igreja de crentes. O que é de importância central é a fé e o crescimento em Cristo dos crentes individuais que formam a Igreja quando se reúnem em nome de Cristo.

Tal compreensão da Igreja desempenhou um papel importante no desenvolvimento da fé cristã evangélica e tem as suas raízes em dois movimentos protestantes semelhantes, mas também diferentes: o anabaptismo e o pietismo. O movimento anabaptista surgiu bem no início da Reforma como uma resposta tanto ao catolicismo como ao surgimento de igrejas protestantes patrocinadas pelo estado. A preocupação dos primeiros anabaptistas era a suposição geral de que "nascer e ser baptizado" numa igreja nacional (Luterana Alemã, Igreja da Inglaterra, Reformada Holandesa, etc.) era suficiente para experimentar uma nova vida em Cristo. Eles acreditavam que a salvação exigia o tipo de apropriação pessoal da fé simplesmente impossível para bebés ou crianças e que apenas crentes "adultos" poderiam ser verdadeiramente salvos e ser, portanto, parte da Igreja através do seu ritual de iniciação - o baptismo. Portanto, aqueles que foram baptizados quando eram crianças decidiram que precisavam de ser baptizados novamente, daí terem sido chamados "Ana" (de novo) baptistas.[8]

A ênfase anabaptista na salvação como um assunto essencialmente pessoal e, portanto, amplamente individual começou a fazer o seu caminho para as igrejas magistrais (isto é, igrejas "estatais" oficiais, como a reformada, a luterana e a anglicana) nos séculos XVII e XVIII através do movimento pietista. Ao aceitar a aliança fundamental entre a autoridade oficial civil e a eclesial e a prática do baptismo infantil, os pietistas também enfatizaram fortemente a importância da fé pessoal, afirmando a necessidade da experiência pessoal de fé e a devoção a Cristo. Os pietistas chegaram a ver-se como uma *"ecclesiola in ecclesia"* - uma espécie de "pequena igreja" dentro da "igreja maior". Ou seja, embora se recusassem a serem separados oficialmente da igreja nacional, eles entendiam que o seu papel era formar uma comunidade de verdadeira devoção a Cristo dentro dela.[9]

O pietismo exerceu uma influência significativa no movimento wesleyano e na Igreja do Nazareno. João e Carlos Wesley tiveram as suas conversões evangélicas sob a influência dos morávios, um grupo pietista luterano alemão. Na verdade, foi durante a participação numa reunião da sociedade da Morávia que João teve a sua famosa experiência em Aldersgate e sentiu o seu "coração estranhamente aquecido". E, embora nos anos subsequentes os Wesleys se tenham distanciado dos morávios, o Reavivamento Evangélico e o movimento Metodista inicial foram, em muitos aspectos, um Pietismo Anglicizado. No centro do avivamento estava uma chamada para uma fé profundamente pessoal - arrependimento, conversão, santificação - e os metodistas entendiam-se claramente como uma espécie de *ecclesiola in ecclesia* - um movimento dentro da Igreja de Inglaterra chamado para reformar a igreja maior.[10] E, uma parte significativa dessa reforma seria o reavivamento da verdadeira religião de coração - isto é, a piedade pessoal.

A *ecclesiola* tornar-se-ia *ecclesia* quando o metodismo - especialmente na América - fizesse a ruptura formal com a Igreja de Inglaterra no final de 1700, embora o Metodismo como um movimento eclesial distinto mantivesse certos vestígios da eclesiologia anglicana, como o baptismo infantil. No entanto, à medida que o Metodismo se moveu para a fronteira americana e assumiu as práticas e ethos do avivalismo, o cenário estava totalmente armado para o surgimento de uma denominação wesleyana que geralmente se entenderia como uma igreja de crentes - uma associação de crentes reunidos numa missão comum.

Na verdade, a ideia da Igreja como uma associação de crentes teria um papel importante na formação da denominação inicial. Os três corpos principais (Igreja do Nazareno, Associação de Igrejas Pentecostais da América e Igreja da Santidade de Cristo) tinham ensinos e práticas eclesiológicas ligeiramente diferentes. Por exemplo, alguns eram mais episcopais na política, outros mais congregacionais; alguns eram mais sacramentais do que outros e os diferentes grupos defendiam diferentes práticas baptismais.[11] Mas o que todos mantinham em comum era uma ênfase na doutrina wesleyana e na experiência da santidade cristã e um sentimento de que Deus os tinha chamado a todos para a promoção da santidade cristã. E isto considerando que a história da igreja na América até aqui tinha sido, em grande parte, um conflito e divisão perpétuos, e que três corpos denominacionais bastante diferentes estariam a forjar uma união - especialmente nas linhas Norte-Sul - foi um movimento sem precedentes. Na verdade, eram uma associação de crentes vindos de uma ampla variedade de origens denominacionais e pensar em si mesmos como esses tais sem dúvida que ajudou a acalmar os temores de algumas pessoas preocupadas com o que poderia ser sacrificado ou posto em causa na formação da unidade.

É importante ressaltar que os primeiros nazarenos afirmaram ser parte da Igreja «una, santa, católica e apostólica», adoptando um denominacionalismo que rezconhecia todos os crentes como verdadeiros irmãos e irmãs em Cristo, independentemente da sua afiliação eclesial.[12] Neste sentido, os primeiros nazarenos consideravam-se uma espécie de *ecclesiola na ecclesia*: eles eram, como os primeiros metodistas, uma ordem especial de crentes dentro da maior "igreja de Deus" chamada para uma vida de santa devoção a Cristo e dada a missão especial de testemunhar a toda a Igreja a experiência e a verdade da santidade cristã.[13] Neste sentido, eles realmente eram uma igreja de crentes - uma associação de crentes cuja fé comum os tinha reunido em missão e ministério comuns.

Problemas com a Eclesiologia Nazarena da Igreja dos Crentes

Uma eclesiologia que vê a Igreja como fundamentalmente uma associação de crentes dá um correctivo útil para a visão de que ser cristão é uma espécie de direito de nascença, que não requer um relacionamento vital e pessoal com Deus. Na verdade, há muitas coisas a elogiar sobre o modelo de igreja dos crentes, incluindo o facto de que as Escrituras às vezes falam da Igreja exactamente desta maneira. Na verdade, o termo usado no Novo Testamento para igreja *ekklesia*, que significa literalmente "reunida". Num sentido profundo e verdadeiro, a Igreja *é* a reunião de crentes em nome de Cristo, escolhendo associar-se para um propósito comum e para a comunhão. Mas também existem problemas profundos com tal compreensão da Igreja, especialmente quando libertada das suas amarras cristológicas. Examinaremos primeiro alguns dos problemas práticos desta eclesiologia e depois, identificaremos as deficiências bíblicas e teológicas.

O principal problema prático da eclesiologia da igreja dos crentes é o seu individualismo inerente. O pressuposto subjacente a tal visão da Igreja é que a fé dos crentes individuais vem antes da Igreja, que a fé cristã é antes de mais nada uma questão entre a pessoa individual e Deus. Esta é uma noção que tem sido muito atractiva para os ocidentais, especialmente os americanos, que prezam a sua liberdade individual, autonomia e abraçam ideais de individualismo rude. E, portanto, não é surpresa que tal compreensão da igreja se enraizasse especialmente no avivamento de fronteira tão importante para a propagação do Metodismo e para o surgimento do Movimento de Santidade na América. Ironicamente, esta foi a compreensão central e forneceu muito do poder para os primeiros movimentos anabaptistas e pietistas: a fé cristã não é apenas um direito de nascença, nacionalidade ou experiência corporativa, mas também requer compromisso e devoção pessoal. Deus chama os indivíduos para uma vida de fé e serviço pessoal.[14]

Mas há um lado obscuro em enfatizar os aspectos individuais da fé, que se tornou muito aparente na era do "espiritual, mas não religioso" e do "não-religioso" - o termo que os sociólogos costumam usar para definir o número crescente de pessoas que afirmam ter nenhuma filiação religiosa. A triste ironia é que uma grande percentagem dos 'não' tem uma educação cristã e tem, portanto, uma grande afinidade com a fé cristã e uma grande consideração por Jesus; é com a Igreja que eles ficam felizes por cortar vínculos.[15] Na verdade, essas pessoas aceitaram totalmente a noção de que a fé cristã é essencialmente um assunto pessoal e individual e que o que realmente importa é ter-se um relacionamento pessoal com Deus.

É claro que aqueles que defendem a eclesiologia da igreja dos crentes não defendem tal individualismo e podem facilmente apontar para uma irracionalidade inerente na crença, por exemplo, de que alguém pode realmente ter sucesso na vida cristã sem a Igreja. Sim, eles poderão dizer que alguém pode, em teoria, chegar a Cristo numa ilha deserta por algum acto imediato de Deus por meio do Espírito Santo, mas a verdade é que «o ferro afia-se com ferro» e os crentes individuais precisam da comunhão de outros cristãos para crescerem em fé e santidade. Além disso, aqueles que chegaram ao conhecimento de Cristo só o fizeram sob a influência da Igreja - isto é, pais, pastores e amigos cristãos. Na verdade, até a própria Bíblia é, em certo sentido, produto da Igreja. Foi a igreja primitiva que escreveu e reuniu as Escrituras e foi a igreja, através dos tempos, que traduziu e continua a publicar e a distribuir as Sagradas Escrituras. O problema, então, não é a eclesiologia da igreja dos crentes, mas a falha em perceber a importância vital da comunidade cristã para o crescimento em Cristo e o cumprimento da missão cristã. Por outras palavras, para roubar uma frase de Reuben Welch, «nós realmente precisamos uns dos outros» para prosperar e ter sucesso como cristãos.[16]

É claro que há alguma verdade em tudo isto. Deus pretende certamente que a Igreja seja um meio para o crescimento dos crentes. Mas também esconde um problema bíblico e teológico mais profundo com essa eclesiologia, pois ainda postula o propósito principal da Igreja em termos da sua instrumentalidade. Ou seja, a principal função da Igreja é ser um meio para o crescimento espiritual individual. Neste sentido, a sua função primária é antropocêntrica: Deus criou-a para servir às necessidades humanas individuais. Embora isto seja, sem dúvida, parte do todo, é apenas uma parte e certamente não é a parte mais importante. Na verdade, este é o problema central com uma igreja de crentes, pelo menos conforme expresso na eclesiologia nazarena tradicional: em última análise, concebe a Igreja como uma comunidade *humana* forjada através do acordo mútuo de *crentes* individuais. Por outras palavras, dá prioridade à decisão e ao comportamento humano ao definir a Igreja e torna secundária a sua natureza divina e o sentido profundo em que ela (e os crentes individualmente) realmente pertencem a Deus. Esta é a importância de enraizar a eclesiologia na cristologia: é reconhecer que a Igreja, em última análise, não é nossa nem nós, mas é de Deus e Deus em Cristo operando em e por meio de nós. Noutras palavras, voltar a perspectivar a eclesiologia nos termos da cristologia - ou seja, a Igreja em primeiro lugar *é* o corpo de Cristo - é fundamentar o nosso entendimento da Igreja em quem Cristo é e no que Cristo está a fazer, não em quem somos ou o que estamos a fazer.

Cristologia e Eclesiologia

Em certo sentido, a cristologia é, ou pelo menos deveria ser, o fundamento de toda teologia cristã. A teologia é, por definição, a reflexão disciplinada sobre a natureza e a obra de Deus. Mas, para os cristãos, tudo o que entendemos sobre Deus tem a ver com a experiência da igreja primitiva de Jesus Cristo como Senhor e Salvador, e o seu reconhecimento por meio da sua experiência da morte e ressurreição que, na vida e nos ensinos de Jesus, não só encontraram um bom homem ou profeta por meio de quem Deus falou, mas o Messias, o Salvador, o próprio Filho de Deus. No despertar da experiência do Cristo ressurrecto, eles vieram não apenas para ver Cristo como aquele que morreu pelos seus pecados para os reconciliar com Deus, mas também para O ver como o Senhor de toda a criação, o Mestre do céu e da terra, o Senhor da vida! Por outras palavras, tudo o que eles entendiam sobre Deus - a natureza e o seu carácter, o seu plano para a criação e a humanidade, o seu plano para a salvação, os seus desígnios para a moralidade e a boa vida, a forma como pretende que vivamos em relação aos outros, e assim por diante - nasceu da experiência e compreensão de *quem é Cristo*. É por isto que quase todas as grandes controvérsias teológicas da igreja primitiva foram cristológicas em foco e natureza, que as heresias dos primeiros quatro séculos (ebionismo, docetismo, monarquianismo, modalismo, adocionismo, sabelianismo, arianismo, apolinarianismo, eutiquianismo, nestorianismo) foram todas heresias cristológicas e, é por isso que os primeiros credos da igreja são tão importantes. Os primeiros cristãos entendiam bem que toda a fé cristã estava em jogo quando se tratava de entender quem é Cristo. Se entendermos mal quem é Cristo, entendemos mal quem é Deus; se não entendermos quem é Cristo, a própria salvação está em perigo; se entendermos mal quem é Cristo, toda a fé cristã desmoronar-se-á.[17] Isto é o que queremos dizer quando falamos de cristologia como o fundamento da teologia: toda a teologia cristã começa com e aponta para a nossa compreensão da auto-revelação de Deus em Jesus Cristo.

    Alguém poderia argumentar que a compreensão cristã de Deus é essencialmente trinitária, que a teologia deveria ser teocêntrica num sentido trinitário, ao invés de cristocêntrica. Este é um ponto válido e não quero dizer que devemos pensar em Deus como qualquer coisa, mas de uma forma trinitária ortodoxa. Também não desejo desconsiderar o importante papel do Espírito Santo na vida e na fé cristãs ou na pneumatologia como um aspecto importante da teologia cristã, muito menos na nossa reflexão sobre a natureza fundamental da Igreja. Na verdade, as Escrituras são inflexíveis ao afirmar que o Espírito Santo é a presença vivificante de Deus no mundo, dando vida, propósito e missão à Igreja. Por esta razão, normalmente pensamos no Pentecostes como o aniversário da Igreja. Mas as Escrituras e a tradição cristã também são inflexíveis de que a pessoa e a vida do Espírito Santo estão profundamente ligadas à cristologia. O Espírito é propriamente o Espírito de Cristo (Filipenses 1:19). O Espírito revela e glorifica Cristo para a Igreja (João 15:26 e 16:14-15; 1 João 3:24; 4:13). O Espírito une-nos a Deus, em Cristo, e transforma-nos corporativamente no corpo de Cristo

(1 Coríntios 12:13; Efésios 2:14-18, 22; 4:3). Na verdade, ao nos concentrarmos nos eventos poderosos do Pentecostes, esquecemos que o Espírito Santo foi inicialmente dado aos discípulos quando o Cristo ressurrecto lhes apareceu e lhes soprou o Espírito Santo (João 20:22). A questão aqui é que a obra e a vida do Espírito estão intimamente ligadas à cristologia. Na verdade, elas são centrais para o que a doutrina da Trindade (especialmente na sua interpretação ocidental) trata: a vida e a obra do Pai, do Filho e do Espírito Santo estão sempre entrelaçadas.[18] A doutrina da Trindade, por definição, requer que a cristologia esteja no centro da nossa compreensão de quem é Deus e do que Deus está a fazer e, portanto, é fundamental para todas as dimensões da reflexão teológica.

Se a cristologia é, em certo sentido, o verdadeiro fundamento de toda a fé e da teologia cristã, então, também deve ser o fundamento da eclesiologia. Na verdade, isso é exactamente o que encontramos nas Escrituras, o que é perfeitamente claro ao dar prioridade à cristologia na definição da natureza fundamental da Igreja. Veja Mateus 16:18, por exemplo. Infelizmente esta passagem é frequentemente mais mencionada para debater sobre se o papa, como bispo de Roma e sucessor eclesiástico de Pedro, deve ser considerado o vigário supremo de Cristo e líder da Igreja universal. Mas o que muitas vezes é esquecido aqui é a declaração de Jesus de que a Igreja é de *Cristo* e que *Ele* está a edificá-La. De forma semelhante, tanto 1 Coríntios 3:10-11 como Efésios 2:20-22 falam de Jesus Cristo como o alicerce (ou pedra angular do alicerce) sobre o qual toda a Igreja é construída. Efésios 2:21-22 é especialmente claro: "no qual todo o edifício, bem-ajustado, cresce para templo santo no Senhor, no qual também vós juntamente sois edificados para morada de Deus no Espírito". Não somos nós que edificamos a Igreja por crermos e escolhermos associarmo-nos numa missão comum. Em última análise, é Deus, em Cristo, a quem pertence a Igreja e quem nos está a edificar para *sermos* a Igreja.

Esta mesma questão é enfatizada repetidamente nos escritos paulinos através da metáfora da Igreja como o corpo de Cristo. Nestas passagens (Romanos 12:4-5; 1 Coríntios 12:12-26; Efésios 1:18-23; 5:25-32; Colossenses 1:17-20; 3:14-16), vemos a Igreja a ser definida não em termos humanos, mas divinos. Ela é o corpo de Cristo que vive e respira. Individualmente, os crentes são meramente "membros" deste corpo. A implicação é que, de uma perspectiva paulina, *não existe* um cristão solitário ou um crente individual separado da Igreja. Tal pessoa é como um membro "desmembrado" e, como uma mão ou braço que foi cortado de um corpo humano, só pode apodrecer e morrer.[19] Isto quer dizer que não apenas precisamos da Igreja para crescer na fé cristã, mas também sem ela *não existe a* fé cristã. Como cabeça do corpo, Cristo vem primeiro, depois vem o corpo e só depois é que vem o membro individual. Por outras palavras, alguém é cristão não primariamente por causa da sua fé individual e pessoal em Cristo, mas porque é membro do corpo de Cristo, a Igreja. É ela que em última análise define a fé de um indivíduo, não o contrário, porque a vida em Cristo é encontrada por ser um membro do corpo de Cristo.

Para ajudar a esclarecer o que estou aqui a defender, vamos imaginar por uns segundos que podemos pensar sobre a salvação como se ela pudesse estar solta das suas amarras cristológicas - ou seja, definida principalmente de uma perspectiva humana, em vez da divina. O que nos resta é uma compreensão da salvação que se foca no pecado humano, a fé humana, a decisão humana, o arrependimento humano e o esforço humano. Naturalmente diríamos, especialmente como wesleyanos, que todos estes são aspectos importantes na salvação. Deus não nos salvará sem o nosso arrependimento e fé e o nosso crescimento na santificação requer um esforço e disciplina consideráveis. Mas sabemos perfeitamente que isto é apenas parte da história e é, de longe, a parte menos significativa.[20] Muito mais importante para o nosso entendimento da salvação é o que afirmamos que Deus fez em Cristo por nós. Estamos perdidos no pecado sem o sacrifício expiatório de Cristo. Somos incapazes de ser convencidos dos nossos pecados, muito menos de sermos movidos ao arrependimento, sem as iniciativas divinas da graça preveniente. A nossa decisão por Cristo e os nossos esforços para crescer à semelhança de Cristo não têm apenas Cristo como o seu objectivo apropriado, mas são totalmente fortalecidos pela misericórdia graciosa e pela presença santificadora de Cristo pelo poder do Espírito Santo. A questão aqui é que qualquer soteriologia que não esteja enraizada na cristologia - em quem Cristo é e o que Deus fez e está a fazer em Cristo - não é uma verdadeira soteriologia cristã, mas uma filosofia humanística de auto-desenvolvimento humano envolvida em armadilhas cristãs.

Este é exactamente o problema da eclesiologia que se foca na Igreja como um agregado ou uma associação de indivíduos. Tem o ponto de partida errado. Sim, a Igreja é uma comunidade de crentes, mas não o é primariamente. Em primeiro lugar, a Igreja é o corpo de Cristo. É formada principalmente não por decisões humanas de crer e então associar-se na missão e adoração comuns, mas pelo que Deus fez em Cristo na cruz e através da ressurreição. A sua vida não é principalmente a fé dos indivíduos e o seu compromisso com Deus e uns com os outros, mas pela graça e misericórdia de Deus em Cristo por meio do corpo de Cristo, a Igreja. Na verdade, estamos reconciliados com Deus não como indivíduos, mas apenas como membros do corpo de Cristo. O nosso destino não é encontrar a salvação como indivíduos, mas é tornarmo-nos membros do corpo de Cristo e, dessa forma, sermos salvos.[21] Em última análise, a Igreja não é sobre nós, nem sobre o que fizemos ou sobre o que estamos a fazer. A Igreja é, em última análise, sobre Cristo, quem é Cristo e o que *Cristo está a fazer* em e através de *nós* para reconciliar o mundo com Deus (2 Coríntios 5:16-19).

Novamente, não estou a dizer que a fé individual não é importante ou que a salvação e santificação dos cristãos individuais é, de alguma forma, contrária aos propósitos de Deus para a Igreja. Pelo contrário, assim como um dos propósitos da incarnação, da cruz e da ressurreição é a salvação dos indivíduos, também Deus pretende que a Igreja seja um meio da graça para os indivíduos. Em vez disso, o que estou a argumentar é que, de uma perspectiva bíblica que vê apropriadamente a Igreja de uma perspectiva cristológica, ela não é *primariamente* uma comunidade de crentes individuais em associação nem um meio instrumental de graça para os indivíduos, e apenas é essas coisas secundariamente e em virtude de ser, em primeiro lugar, o corpo vivo, que respira, de Cristo.[22] Para simplificar, o que significa fundamentar a eclesiologia na cristologia: é reconhecer que a Igreja é essencial e principalmente o corpo de Cristo e só é, de forma derivada, uma associação de crentes reunidos numa missão comum.

Implicações para a Igreja do Nazareno: Renovação Sacramental

Como notado anteriormente, as mudanças na doutrina nazarena começaram primeiro com a adição e depois com mudanças subsequentes no Artigo de Fé da Igreja e iniciaram uma mudança da eclesiologia da igreja excessivamente individualista dos crentes assumida na maior parte da história nazarena. O artigo, por exemplo, afirma que a Igreja é o corpo de Cristo como uma metáfora, mesmo não sendo a metáfora matriz, para a compreensão da Igreja. Esta declaração também enquadra de forma importante a vida e a missão da Igreja principalmente em termos da chamada de Deus, "a unidade e comunhão do Espírito [Santo]" e "o ministério redentor e reconciliador de Cristo no poder do Espírito" (34 -35). Para a Igreja do Nazareno, este é um passo significativo em termos da recuperação de uma eclesiologia cristocêntrica, em vez de antropocêntrica; mas é apenas um passo.

De facto, precisa de ser feito mais trabalho e talvez o lugar mais importante no qual isso precisa acontecer diz respeito à doutrina nazarena sobre o sacramento do baptismo. Conforme observado anteriormente, de acordo com a eclesiologia da igreja de nossos crentes, os nazarenos tendem quase exclusivamente a praticar o baptismo dos crentes e, até mesmo a enfatizá-lo como principalmente um testemunho da graça já recebida. Repito, o baptismo deve ser "administrado aos crentes", é "declarativo de sua fé" e é um "sacramento que significa aceitação dos benefícios da expiação" (35). Por outras palavras, a fé e a salvação são principalmente questões pessoais e individuais e devemos ser baptizados para testificar disso. Mas esta não é a forma que a maior parte da Igreja, através da sua história, entendeu o baptismo.[23] Em vez disso, a Igreja entendeu o baptismo principalmente como um meio da graça, um evento salvífico, através do qual as pessoas são incorporadas - isto é, tornam-se membros *do corpo de Cristo*. Na verdade, até os anabaptistas têm historicamente afirmado a *necessidade* do baptismo para se tornarem membros da igreja e para receberem todos os benefícios da nova vida em Cristo. Depois, outro passo significativo em direcção à recuperação prática de uma eclesiologia cristocêntrica seria requerer o baptismo para se ser membro da Igreja do Nazareno.

Ironicamente, os nazarenos mantêm vestígios de uma eclesiologia cristocêntrica na sua aceitação da prática do baptismo infantil. É importante notar que, na defesa da prática do *Manual*, ele destaca que o baptismo é um "símbolo da nova aliança" (35). O que significa exactamente a palavra "símbolo" aqui não está claro, mas o que está claro é que é dicotómico com o resto do artigo na sua ênfase no baptismo como significando "aceitação dos benefícios da expiação" e como "declarativo de a fé" dos crentes. Os bebés não são capazes de "acreditar" ou "aceitar" os benefícios da aliança. Este artigo é, portanto, fundamentalmente incoerente tanto ao afirmar o baptismo infantil como ao afirmar que ele tem a ver principalmente com a aceitação e fé dos crentes. Seria muito melhor reformular a declaração cristocentricamente e falar do baptismo, antes de mais nada, como um acto da Igreja como corpo de Cristo por meio do qual as pessoas são aceites por Deus nos benefícios da expiação. [24] Na verdade, esta é a lógica inerente na prática do baptismo infantil e do entendimento wesleyano da salvação formalmente abraçado pela Igreja do Nazareno como uma denominação wesleyana. Ou seja, é a graça e a aceitação de Deus que nos salva, *não* é a nossa decisão de aceitá-la.[25] Na verdade, isto traria a eclesiologia e a sacramentologia nazarena a um acordo muito maior com as nossas declarações doutrinárias sobre expiação, graça preveniente, arrependimento e justificação, regeneração e adopção, pois em termos de salvação todas dão prioridade à iniciativa divina *sobre* a receptividade humana. Isto não quer dizer que a graça salvadora nunca fica completa no baptismo de uma criança, mais do que no baptismo de um adulto. Na verdade, é por isso que as igrejas que praticam o baptismo infantil normalmente exigem que aqueles que foram baptizados enquanto crianças passem pela confirmação - é de vital importância que se desenvolvam e cresçam até se tornarem crentes adultos que se apropriam da graça que lhes foi dada e da fé encarnada por eles pela sua igreja, como corpo vivo de Cristo.

Há muito mais a ser dito, especialmente a respeito do sacramento da Eucaristia, mas deixo isso para outros contribuintes deste volume que fazem dela o foco dos seus capítulos. [26] O que espero que fique claro é que devemos continuar a reformulação da eclesiologia nazarena começada no trabalho da Assembleia Geral de 1989, fundamentando o nosso entendimento central da Igreja de forma mais sólida na cristologia. O objetivo é afirmar mais claramente que a Igreja é essencialmente o corpo de Cristo, alinhando assim a nossa eclesiologia mais de perto com o entendimento bíblico da Igreja e, esperançosamente, ajudando-A a evitar os profundos problemas teológicos e práticos inerentes ao tipo de eclesiologia da igreja de crentes que abrange a maior parte da nossa história.

Questões para Debate

1. Como foi a sua experiência de baptismo? Que papel é que o seu baptismo desempenhou no desenvolvimento da sua fé e do seu relacionamento com a Igreja? As pessoas baptizadas enquanto crianças devem ser consideradas verdadeiras cristãs? Porquê?

2. O autor argumenta que um dos principais problemas que a Igreja enfrenta hoje é o individualismo excessivo. Quais são alguns dos outros desafios que a Igreja enfrenta? Como é que pensar na Igreja principalmente como o corpo de Cristo pode ajudar a enfrentar alguns desses desafios?

3. Porque é que acha que a maioria dos americanos acha muito mais fácil pensar na fé cristã em termos individuais, em vez de em termos corporativos?

4. O autor foca este capítulo na sua própria tradição denominacional, a Igreja do Nazareno, mas muito do que diz aqui sobre esta tradição poderia ter sido dito acerca de muitas igrejas evangélicas hoje. De que forma é que a eclesiologia da sua igreja é semelhante ou diferente da da Igreja do Nazareno? De que forma é que as afirmações do autor podem levá-lo a repensar a eclesiologia da sua própria igreja?

Sugestões para Leitura Adicional

Bonhoeffer, Dietrich. *Life Together.* Translated by John W. Doberstein. San Francisco: Harper and Row, 1954.

Harper, Brad, and Paul Louis Metzger. *Exploring Ecclesiology: An Evangelical and Ecumenical Introduction.* Grand Rapids: Brazos Press, 2009.

Ingersol, Stan. "Christian Baptism and the Early Nazarenes: The Sources that Shaped a Pluralistic Baptismal Tradition," in *Past and Prospect: The Promise of Nazarene History.* San Diego: Point Loma Press/Wipf and Stock, 2013.

Robinson, John A. T. *The Body: A Study in Pauline Theology.* Philadelphia: Westminster John Knox Press, 1977.

Staples, Rob L. *Outward Sign and Inward Grace: The Place of the Sacraments in Wesleyan Spirituality.* Kansas City: Beacon Hill Press of Kansas City, 1991.

Welch, Reuben. *We Really Do Need Each Other: A Call to Community.* Grand Rapids: Zondervan, 1981.

cinco
MISSÃO POSSÍVEL
A IMPORTÂNCIA DO ESPÍRITO NA ECLESIOLOGIA WESLEYANA
Diane Leclerc

A relação entre o Espírito Santo e a Igreja deve ser inequívoca. O Espírito Santo inicia a Igreja, sustenta-a e usa-a como o canal principal da *missio Dei*. Sem o Espírito, a Igreja fica impotente, estagnada e é irrelevante. A igreja desintegrar-se-ia, ou pior, tornar-se-ia numa miscelânea puramente humana sem a obra contínua do Espírito Santo. É claro que Deus, sem a Igreja seria capaz de realizar propósitos divinos e eternos, mas Ele opta por não trabalhar sozinho; Deus chamou a Igreja para agir de forma sinérgica com o Espírito nesta terra. Assim, a Igreja e o Espírito não podem ser separados ao cumprirem os propósitos de Deus. No entanto, frequentemente tornamos a relação entre o Espírito e a Igreja nebulosa e vaga.

A premissa deste livro é que precisamos desesperadamente de um forte trabalho inovador na eclesiologia. Mas eu diria que a relação nebulosa entre a Igreja e o Espírito não ocorre apenas porque nos falta uma eclesiologia forte, mas também porque a Igreja é frequentemente atormentada por uma pneumatologia incompleta ou inadequada.[1] Este capítulo procura ligar a eclesiologia à pneumatologia, mas também busca apresentar uma compreensão robusta do Espírito de uma perspectiva wesleyana. Wesley e a teologia wesleyana têm percepções muito fortes sobre a vida e obra do Espírito; além de oferecer a "santificação" à Igreja universal (razão pela qual Deus "levantou" os metodistas, de acordo com Wesley), a perspectiva wesleyana sobre o Espírito também deve ser comunicada de forma mais geral, especialmente num contexto ocidental onde a pneumatologia pode ser bastante anémica.

É claro que embora a Igreja esteja intimamente ligada ao Deus trino, o Criador de todas as coisas e o Cristo da redenção completa, a linguagem bíblica à volta do significado, propósito e função da Igreja é surpreendentemente pneumatológica. A Bíblia é clara: é no e pelo Espírito que a Igreja existe. Mas em vez de usar esses modelos bíblicos para a nossa discussão, os parceiros de diálogo usados para os nossos propósitos aqui serão os Artigos de Fé da Igreja do Nazareno. Sendo assim, o que é oferecido neste capítulo é uma espécie de exegese dos artigos pneumatologicamente relevantes. Primeiramente, sigo em frente para expressar uma teologia do Espírito Santo a partir de uma perspectiva wesleyana de santidade - especificamente nazarena. No final, espero ampliar a maneira como muitas vezes percebemos a obra do Espírito na vida da Igreja.

Uma Teologia do Espírito Santo

1. O Espírito Essencial

O Artigo III diz: "Cremos no Espírito Santo, a Terceira Pessoa da Santíssima Trindade, que está sempre presente e operando eficazmente com a Igreja de Cristo e no seu interior; que está convencendo o mundo do pecado, regenerando aqueles que se arrependem e crêem, santificando os crentes e guiando-os em toda a verdade que está em Jesus".

Influenciada por um paradigma wesleyano, a Igreja do Nazareno enfatiza a personalidade plena do Espírito Santo, em vez de O subordinar e despersonalizar sob uma linguagem como "o Espírito de Cristo". O Espírito Santo é mais do que o amor entre as duas primeiras pessoas da Trindade e mais do que a soma das partes ou obras. A força de um modelo oriental-wesleyano (vis-à-vis, ocidental-reformado) é que ele enfatiza a divindade plena e "pessoal" do Espírito e a natureza essencial do Deus trino. Sendo assim, o que é declarado no Artigo I é aplicado também ao Espírito Santo: O Espírito é "criador e sustentador do universo; que somente Ele é Deus, santo na sua natureza, atributos e propósitos". Com isto firmemente estabelecido, o terceiro artigo da Igreja do Nazareno passa a discutir a expressão económica única deste Espírito não subordinado.[2] Continuaremos as nossas considerações com as cinco actividades listadas no Artigo III, colocando-as em diálogo directo com as referências pneumatológicas e implicações de outros artigos.

2. O Espírito Está Activo, a Convencer o Mundo do Pecado

A obra preveniente de Deus é sinónima da actividade do Espírito. Tecnicamente para Wesley, o caminho da salvação começa com o dom gratuito de Deus da graça preveniente, dado desde o momento em que nascemos. Ela é a presença e a obra do Espírito Santo. É a graça preveniente que nos atrai, despertando as nossas almas para a necessidade de Deus. Esta graça, como acontece com a toda graça, pode ser resistida. Mas se lhe for permitido fazer a sua obra, a graça preveniente e a presença do Espírito Santo levarão a pessoa ao "despertar". Este é o lugar onde somos convencidos e convictos da nossa própria natureza pecaminosa e impotência longe de Deus. Mas esta obra convincente de Deus não nos leva ao desespero, pois também somos convencidos da esperança da nossa redenção. Sendo assim, a convicção e a esperança não são meramente respostas humanas à obra anterior do Espírito, mas são expressões da obra iminente do Espírito nos nossos corações ao cooperarmos com a graça, sempre disponível, de Deus. O nosso artigo sobre o arrependimento (VIII) declara que "o Espírito de Deus dá a todos os que quiserem arrepender-se a ajuda gratuita da penitência do coração e a esperança da misericórdia".

3. [O Espírito Está Activo], a Regenerar Aqueles Que Se Arrependem e Crêem

No esquema de Wesley, o despertar pessoal está intimamente ligado ao arrependimento; e o despertar, se for atendido, leva ao arrependimento, fé e regeneração. O arrependimento pode ser equiparado à "tristeza segundo Deus" - "tristeza" no sentido de que estamos convencidos da nossa condição; é "segundo Deus" no sentido de que não nos leva ao desespero, mas sim à confiança na suficiência de Deus. Um segundo significado do *arrependimento* é renunciar ao pecado e corrigir os nossos caminhos em direcção a Deus.[3] Também é crucial invocar o Espírito quando falamos da própria fé, pois ela é um dom de Deus e não uma obra humana. O arrependimento e a fé actuados de forma sinérgica levam à regeneração. (É importante notar que, na nossa tradição, damos muita atenção ao *afastamento* do pecado implícito no arrependimento. Seria bom enfatizar igualmente para que direcção estamos a *ir*, o objectivo a favor do qual o arrependimento ocorreu; ou seja, estamos a *voltarmo-nos para o amor*.)

É a obra expiatória de Jesus Cristo que possibilita a regeneração. Com a regeneração, uma pessoa junta-se "ao corpo de Cristo" num sentido espiritual, liturgicamente celebrado e reconhecido no baptismo adulto. O Espírito Santo está profundamente ligado ao baptismo desde as primeiras liturgias. Mas também é directamente afirmado que o Espírito Santo está activo na própria regeneração. No Artigo IX, delineamos os concomitantes da salvação como justificação, regeneração e adopção. E ainda assim afirmamos explicitamente que é a regeneração da qual o Espírito participa. Em suma, somos feitos novas criações através da obra do Espírito Santo. A regeneração implica mais do que o significado forense da justificação (formalmente forjado pela expiação) e a linguagem familiar de adopção como filhos e filhas e co-herdeiros com Cristo. A regeneração não só implica uma mudança em relação à culpa ou na nossa relação com a «família» de Deus, mas também afecta uma mudança na natureza. A regeneração pode ser correctamente ligada à "santificação inicial" na *via salutis*. A santidade não é apenas imputada, mas sim concedida ao regenerado. Este trabalho é, portanto, eficaz através da actividade transformadora do Espírito, que começa e implica um novo nascimento.

Também somos explícitos ao transmitir que é o Espírito que dá testemunho ao nosso espírito a respeito desta transformação na natureza e no relacionamento. Apesar do próprio Wesley adaptar a doutrina da segurança ao longo da sua vida (finalmente sugerindo que alguém poderia perder o testemunho sem perder a sua salvação), na maioria dos casos a segurança é o dom subsequente dado pelo Espírito Santo com o propósito da confiança espiritual diante de Deus ou antes da sua própria dúvida. Os artigos da Igreja do Nazareno sugerem que o testemunho do Espírito é dado novamente no momento da inteira santificação, o que leva à quarta actividade do Espírito, conforme encontrada no Artigo III.

4. [O Espírito Está Activo] a Santificar os Crentes

Algumas pessoas podem argumentar que esta designação aponta para um foco cristológico necessário. Mas se for compreendido que a obra expiatória de Cristo é a fonte de toda a graça, a declaração de que o Espírito "santifica os crentes" pode ser interpretada como a *aplicação* da graça cristológica através da obra do Espírito. Aqui, seria útil lembrarmo-nos da nossa ênfase na Trindade essencial para evitar que seja dada demasiada atenção a detalhes sem importância. A santificação é a obra de Deus em Cristo através do Espírito Santo.

Apesar do grande debate (agora "histórico") sobre os aspectos problemáticos e as limitações da metáfora, o "baptismo do Espírito Santo" continua a fazer parte dos nossos artigos. Enquanto o Artigo X lista múltiplas expressões sobre a experiência da santificação total, tanto ele como o Artigo V afirmam que a santificação total e a purificação do coração são realizadas através do baptismo com o Espírito Santo, tornando-se assim claramente a metáfora mais dominante. A linguagem do baptismo com o Espírito é uma parte essencial da nossa identidade, ou seria mais representativo das nossas tentativas de nos agarrarmos a algo agora anacrónico? Ainda é relevante e comunicativo? Também afirmamos que através do Espírito "o coração está totalmente purificado", o que recentemente substituiu a palavra *erradicação*. Teologicamente, a palavra tinha perdido o significado. O mesmo poderia ser dito sobre o "baptismo com o Espírito Santo". Mas antes de desperdiçarmos algo bom, talvez o significado pudesse ser restaurado se a denominação restaurasse a sua ênfase sacramental. Se "baptismo com o Espírito Santo" se baseia numa compreensão profunda do significado do baptismo como uma comparação metafórica para a obra mais profunda de Deus, então talvez o tom "de opção" e sem ênfase dos sacramentos em geral e o baptismo especificamente na nossa denominação cria uma desconexão que leva à irrelevância do baptismo como uma metáfora.

O Espírito também é mencionado no Artigo X na sua ênfase na presença interior do Espírito Santo, a obra capacitadora do Espírito Santo para a vida e serviço, que inclui "desenvolvimento espiritual e aperfeiçoamento à semelhança de Cristo de carácter e personalidade". É fundamental mantermos estas declarações. Historicamente, o superior movimento de vida dentro do calvinismo, conforme expresso por Finney, Mahan e Keswickianismo, exigiu algum tipo de metamorfose da sua teologia calvinista para um "novo calvinismo". Como alguém poderia manter o *optimismo* implícito numa ênfase na presença e poder do Espírito Santo e na graça transformadora que permite o desenvolvimento à semelhança de Cristo, enquanto se apega a uma teologia estritamente reformada de depravação, pecado e salvação forense? Eles simplesmente não se misturam. E ainda assim, com o evangelicalismo genérico e o fundamentalismo persistente a disputar a atenção do nosso povo, como podemos combater, hoje, essa visão mais pessimista do mundo?

Proclamamos a nossa pneumatologia, por exemplo. Cremos na imanência de Deus, através da presença do Espírito Santo em nós. Cremos que Ele, por meio do mesmo poder que ressuscitou Jesus dos mortos, nos capacita para a vida e para a piedade, para o carácter cristão e para o amor resoluto. Cremos que podemos crescer na graça santificadora de Deus, sendo transformados de glória em glória, sendo aprofundados no nosso desejo e na capacidade de amar a Deus com todo o nosso ser e ao próximo como a nós mesmos. Não esperamos simplesmente deixar este mundo, mas vivemos plenamente no 'aqui e agora' enquanto cumprimos o propósito para o qual fomos criados e damos por nós a ser renovados à própria imagem de Deus. A nossa voz é de grande esperança no meio de um tipo de cristianismo que prega o medo e o desespero ao antecipar um fim terrível. A grande esperança da Igreja é que a obra transformadora do Espírito Santo nos cristãos, e na vida cristã em conjunto, se espalhe pelo mundo. O povo da santidade wesleyana era inicialmente pós-milenista por uma razão. Deus não nos abandonou a nós nem ao mundo, mas principalmente através do Espírito, ainda está connosco.

5. [O Espírito está Activo] a Guiar para Toda a Verdade como ela é em Jesus

A teologia wesleyana é indutiva por natureza e é informada experimentalmente. Quaisquer declarações declarativas que possamos fazer vêm da vida em Deus, não de declarações proposicionais às quais nos tentamos conformar. Por outras palavras, não afirmamos que o Espírito está activo, a guiar em toda a verdade, ponto final. Em vez disso dizemos que o Espírito está a guiar em toda a verdade como ela é em Jesus. As implicações da frase adicional não são acidentais, mas primordiais. A verdade não é definida de uma forma "modernista", objectivamente alcançada, analisada e afirmada. A verdade é encontrada numa pessoa e através do "conhecimento" experimental dessa pessoa. Por exemplo, para Wesley é possível crer em qualquer ou em todas as afirmações do credo e ainda assim não ter o "coração correcto" ou não estar relacionado com a Fonte da verdade de tais afirmações. A crença não é um consentimento intelectual a uma verdade estabelecida (ou acordada, como preferires), mas uma confiança profunda e corajosa no

Deus que salva. E assim, quando o Espírito nos guia na verdade, somos conduzidos às nossas compreensões soteriológicas e à nossa experiência da graça, ao confiarmos em Deus. Os nossos "sentidos espirituais" informam a nossa teologia colectiva. Para Wesley, toda a verdade chega até nós na comunidade de fé, a Igreja.

Isto leva-nos ao nosso entendimento da inspiração e propósito das Sagradas Escrituras. Cremos que o Espírito Santo inspirou os escritores originais do cânon e isso é suficiente. Cremos na inspiração plena das Escrituras, o que implica uma rejeição de uma doutrina mecânica ou verbal e a inerrância absoluta, e afirmamos explicitamente que a Bíblia é perfeita na sua intenção de revelar "sem erros a vontade de Deus a nosso respeito em tudo o que é necessário para a nossa salvação". Nenhum artigo deve ser escrito sem suporte bíblico. A nossa posição tem enormes implicações na maneira como interpretamos as Escrituras. A soteriologia mais uma vez guia os nossos movimentos interpretativos.[4]

Recusamos forçar o nosso povo a adoptar uma determinada posição sobre assuntos que não pertencem à nossa salvação; em doutrinas especulativas e não essenciais (como a criação e a escatologia), permitimos e até exigimos liberdade de pensamento. Infelizmente, isto não é suficientemente enfatizado. Acredito que os pastores devem ensinar às suas congregações os métodos que são essenciais para a integridade interpretativa. Toda a interpretação das Escrituras deve ser feita no contexto da comunidade. É apropriado instruir o nosso povo a usar uma lente de santidade wesleyana, ao permanecer sempre aberto, como uma comunidade, à orientação do Espírito Santo nas nossas inclinações doutrinárias.

Não só reconhecemos que dependemos do Espírito Santo para nos guiar teologicamente, mas também confessamos a nossa absoluta dependência da transformação das Escrituras pelo Espírito Santo, especificamente, das palavras para "alimento". É o Espírito Santo que abre os nossos corações às Suas palavras de tal forma que se torna para nós um meio vital de graça.[5]

As cinco declarações acima representam a pessoa e a obra do Espírito na vida dos crentes e no mundo. Deve ser enfaticamente declarado que nenhuma das obras da igreja está separada do Espírito. A convicção, regeneração, santificação e revelação estão intrinsecamente relacionadas à Igreja de Jesus Cristo, somente possíveis através do Espírito. Enquanto Ele oferece graça preveniente e convence o mundo do pecado, a Igreja permanece como um farol de luz que aponta para Jesus como o caminho, a verdade e a vida. À medida que o Espírito regenera as pessoas que crêem e se arrependem, a Igreja torna-se o Seu lar, onde a nutrição e o cuidado são evidentes. À medida que as pessoas progridem na obra transformadora do Espírito na santificação, é a Igreja que as discipula, educa e encoraja a assumir um compromisso profundo. E, no entanto, mesmo estas declarações não vão longe o suficiente, pois ainda se focam no indivíduo, mesmo reconhecendo a Igreja como uma comunidade. E se pudéssemos dizer que as afirmações pneumatológicas acima transcendem o indivíduo? O que significaria dizer que a própria Igreja é convencida, regenerada e santificada pelo Espírito? O que significaria dizer que a própria revelação de Deus acontece no contexto de toda a Igreja e não apenas nos indivíduos? Se estas perguntas do tipo "e se" fossem verdadeiras, realmente seríamos capazes de afirmar a declaração do artigo de que o Espírito "que está sempre presente e operando eficazmente com a Igreja de Cristo e no seu interior" e significa muito mais "colectivo". É importante atender à sugestão de que o Espírito está a trabalhar na Igreja e não apenas nos indivíduos que participam dela. Por outras palavras, a doença da soteriologia, particularmente no contexto norte-americano, é o seu individualismo. Uma pneumatologia robusta beneficia-se da eclesiologia, pois protege-se contra essa praga puramente individualista. As quatro declarações a seguir representam uma extensão dos Artigos de Fé numa soteriologia intencionalmente mais colectiva para a *própria Igreja*.

Soteriologia para a Igreja

1. O Espírito Essencial Cria a Igreja Essencial

Embora o reconhecimento da imperfeição da Igreja certamente se enquadre na realidade, ainda nos apegamos às suas marcas clássicas no seu sentido ideal. A Igreja é una, santa, universal e apostólica - no sentido de que, embora ainda não tenha sido plena e finalmente realizada, a Igreja actual *participa* agora destas descrições. Tanto prolepticamente como através de alguma outra ferramenta teológica, a Igreja possui qualidades essenciais com propriedades eternas. No cerne da questão está a afirmação de que as suas características essenciais encontram a sua fonte na obra de iniciação e sustentação do Espírito Santo. E, portanto, assim como a Trindade é caracterizada como algo distribuído e sem subordinação, a Igreja também deve ser caracterizada como um corpo interdependente com plena igualdade nas suas partes. Neste sentido, a Igreja é criada à imagem de Deus. É um mistério da graça como é que o Espírito pode pegar na grande diversidade evidente desta junção humana e uni-la em espírito e propósito. A linguagem da vida "corporativa" é a expressão da interdependência e igualdade de cada participante, convocada e capacitada pela obra da graça de Deus. Além disso, a relação trinitária de amor *pericoresico* estende-se à Igreja, é evidente na Igreja e então move-se através da Igreja para o mundo, atraindo sempre os outros para a sua existência unificada e santa. É somente através da obra do Espírito que este tipo de amor é experimentado e manifestado.

2. O Espírito Convence a Igreja do Pecado

Embora reconhecer a qualidade essencial e "perfeita" da Igreja seja um esforço importante, é crucial para os nossos propósitos aqui reconhecer que a Igreja peca e é colectivamente responsável por esse pecado. E, portanto, implícito, há lugar para a confissão denominacional, como a confissão dos Baptistas do Sul a respeito da sua posição acerca da escravatura há cento e cinquenta anos atrás. Às vezes, a confissão precisa ser mais ampla do que uma denominação, mas devemos pelo menos começar por aí. Devemos ousar questionar sobre aquilo que o movimento de santidade, ou a Igreja do Nazareno, precisa assumir responsabilidades?

Numa conferência de Teologia Global na Holanda, surgiu um exemplo disto. Durante essa conferência, o eleitorado africano levantou um tema - sugerindo que a posição da denominação (a de não envolvimento) durante os anos do apartheid tinha sido inadequada e destrutiva. No início, ao estar lá sentada, achei que algum representante da nossa liderança se deveria levantar e fazer uma confissão pública para o colectivo, mas ninguém o fez. Fiquei chateada. Semanas depois, percebi que também eu era representante do todo e que me poderia ter levantado e pedido desculpas em nome da igreja.

Infelizmente, não temos o hábito de nos arrependermos como um corpo colectivo. O nosso arrependimento foca-se unicamente no nosso pecado pessoal. Não percebemos que até mesmo a Igreja participa do mal sistémico. Existem aqueles que são prejudicados pela Igreja, uma denominação ou mesmo uma igreja local. Sim, é verdade que muitas vezes esses pecados relacionais são cometidos por indivíduos. Mas quando tais indivíduos são representantes da Igreja de Jesus Cristo pela sua associação e fé, outros podem precisar de se arrepender em nome do todo. Uma área pela qual o movimento de santidade tem responsabilidade é o abuso religioso sofrido por inúmeras pessoas durante o nosso período de legalismo. Há muitas coisas que precisam do respectivo arrependimento. Por último, é o Espírito que traz a convicção necessária que deve levar ao nosso arrependimento, auxiliado e guiado por Ele.

3. O Espírito Regenera a Igreja

O Espírito aplica a obra redentora de Deus ao indivíduo através de Cristo. Os indivíduos que se arrependem e têm fé experimentam um novo nascimento; são novas criações, em que o velho já passou e chegou o novo. João Wesley defendeu a doutrina da regeneração e lembrou ao seu povo que havia uma poderosa libertação do pecado quando as pessoas eram renovadas. Ele temia que o foco na santificação, em particular na inteira santificação, minimizasse a grande obra de Deus feita no coração de um novo crente. A Igreja é, obviamente, sinónimo de regenerado. Mas ainda podemos dizer mais.

A Igreja como um todo é regenerada por Deus. Gerar, nascer, é trazer à vida. A Igreja é regenerada de duas formas. Primeiro, foi o Espírito no dia de Pentecostes que decretou o nascimento da Igreja. O Espírito foi derramado de uma forma sem precedentes na história da humanidade. Apesar de sempre ter existido e sempre ter estado a trabalhar no mundo, particularmente através da graça preveniente, no Pentecostes, o Espírito foi dado de uma nova forma. E um dos principais resultados foi o próprio nascimento da Igreja de Jesus Cristo. O Espírito veio para habitar nas pessoas e uni-las num todo colectivo. A evidência disto é encontrada na forma como essas pessoas interagiam umas com as outras e com o mundo. O Espírito deu nascimento à Igreja, a mesma Igreja que existe hoje.

Mas ainda podemos dizer mais. O Espírito continua a regenerar a Igreja. O Espírito continua a renová-la - não só quando novas pessoas individuais se juntam a ela, mas como um todo. Isto acontece quando ela se arrepende e Deus perdoa o todo. A Igreja, ao longo de dois mil anos de história, falhou com Deus de formas muito significativas, particularmente na forma errada como representou quem Deus é. Mas Deus ainda A ama.

Ela continua a ser a sua noiva, apesar do seu carácter "manchado" e dos seus pecados indiscutíveis. Deus continua a perdoar, regenerar, renovar e a sustentá-La. Deus também continua a santificá-La.

4. O Espírito Santifica a Igreja

O Espírito Santo capacita a obra libertadora de Deus, que encontra cumprimento na santificação e na vida santa através do amor perfeito. Cremos que somos novas criações em Cristo, que o velho já passou e o novo virá. Além disso, cremos que o Espírito Santo santifica os crentes, inicial, progressiva, inteira e finalmente. Acreditamos que é mais do que possível crescer na nossa capacidade de expressar o amor santo de Deus ao nosso próximo como a nós mesmos, que crescemos na nossa capacidade de amar a Deus com todo o nosso ser e cremos que este preenchimento de amor, através da presença do Espírito Santo, "exclui o pecado" (Wesley). É uma obra libertadora que cura a doença do pecado e nos capacita para uma vida sacrificial.[6] O Espírito Santo pode realmente tornar as nossas atitudes iguais às de Cristo Jesus, que Se esvaziou (kenosis) "de tudo menos do amor". Esta é uma breve descrição da obra santificadora de Deus na vida das pessoas. Mas o que significa dizer que Deus, através do Espírito, santifica a Igreja?

Certamente que significa que é Deus quem A torna santa. A Igreja não se pode santificar, mas podemos falar de uma pureza e poder colectivos que A caracterizam. O Espírito purifica a Igreja do pecado e também pode capacitá-la para viver em todo o seu potencial. O Espírito pode capacitar a Igreja a viver como Cristo viveu e a cumprir os dois maiores mandamentos. O santo amor de Deus deve manifestar-se na vida da Igreja ao cuidar de cada membro. É a obra do Espírito que A torna uma ou unificada. A Igreja desfruta da "comunhão" do Espírito Santo quando expressa a sua essência e propósito na adoração, pregação, sacramentos e ministério e em obediência a Cristo e na responsabilidade mútua. O Espírito Santo está totalmente imerso nas práticas e funções santificadoras da vida da Igreja. A adoração a Deus é auxiliada pelo Espírito e a presença d'Ele está garantida através daqueles que estão reunidos em Cristo. Todos os actos de pregação - do texto ao sermão e à sua transmissão - são feitos pela inspiração, orientação e presença do Espírito Santo. Qualquer forma de ministério em que a Igreja invista encontra frutos somente quando o Espírito os traz à fruição. A obediência a Cristo é possível através da obra capacitadora do Espírito. A responsabilidade mútua é mais do que um esforço humano; é um meio da graça. Todos os meios da graça são eficazes pela obra do Espírito, particularmente os sacramentos. Os meios da graça são santificadores. O Espírito santifica a Igreja enquanto ela ama dentro das suas paredes, por assim dizer. Mas a santificação vai além disso; também expressa o amor santo ao mundo.

Um segundo aspecto chave da santificação é que a Igreja é separada para um propósito particular: o Espírito Santo lembra-nos da realidade e da potencialidade da obra redentora de Cristo na terra, através da Igreja; um ethos de fortalecimento corporativo embebido de optimismo social deve inspirar o nosso futuro. Nas palavras de H. Richard Niebuhr, nós, como denominação, somos chamados a transformar a cultura, não a isolar-nos dela. A maravilha do Reavivamento Wesleyano e do movimento Americano de Santidade foi que eles, de alguma forma, foram habilitados a manter os padrões de santidade sem se retirarem da sociedade; na verdade, eles estavam totalmente envolvidos nas questões sociais e acreditavam realmente que poderiam fazer a diferença como agentes de compaixão, misericórdia e justiça de Deus no mundo.[7] Mais recentemente, temos tido uma boa prestação no evangelismo, no trabalho missionário e até mesmo nos ministérios de compaixão. No entanto, quando se trata de questões de justiça social, especialmente como norte-americanos, esquecemos a nossa herança. Um espírito de conservadorismo social substituiu a nossa paixão por um trabalho envolvido, corporativo e redentor, trabalho que costumava surgir do nosso optimismo cheio de graça. Como nos tornámos uma igreja suburbana principalmente branca na América do Norte, dificilmente temos contacto com as pessoas que a nossa denominação foi criada para tocar. Esta não é uma crítica nova. Mas a questão permanece: cremos que, à medida que dependemos do Espírito para uma capacitação graciosa, há esperança para uma mudança real na sociedade? Acreditamos que a Igreja como um todo pode mudar o mundo? Ou simplesmente aguardamos fugir do mundo desesperado e "esquecido por Deus"? Compreendemos completamente que Deus ainda é omnipresente na pessoa do Espírito Santo e que não abandonará o que foi criado? Na verdade, os propósitos de Deus são fazer novas todas as coisas, incluindo todas as pessoas e toda a criação. À medida que a Igreja é santificada, ela cumpre a grande *missio Dei*. O cumprimento do seu propósito é sempre possível através do Espírito do Deus vivo.

5. O Espírito Revela Deus Para e Através da Igreja

Quando se trata da verdade "como ela é em Jesus", é importante notar que a tradição em geral, e Wesley em particular, sempre enfatizou que Deus revela a verdade à Igreja como um todo. Desde os primeiros textos das Escrituras e dos credos, através dos sete concílios ecuménicos e além deles, o Espírito escolheu revelar a verdade de Cristo através do corpo colectivo. Da mesma forma, ao longo dos séculos, mesmo que uma pessoa ouvisse a voz de Deus, na maioria das vezes era exigido que tal revelação fosse confirmada pela Igreja. Mesmo uma pessoa como Martinho Lutero, a principal pessoa que, aparentemente sozinho, provocou a Reforma Protestante, teve as suas crenças sobre a *sola fide* confirmadas por outros grupos. Se as preocupações de Lutero com a Igreja não fossem ecoadas por outros, a sua única voz teria pouco efeito.

João Wesley é muito claro de que a revelação vem através da comunidade. As partes das Escrituras foram confirmadas como cânon por um grupo. Cada concílio ecuménico foi formado por muitas pessoas. Os seus credos foram vistos como declarações sobre o que *cremos*". Sendo assim, as Escrituras e a tradição representam, para Wesley, a verdade do todo colectivo da Igreja. Mesmo quando Wesley começou a afirmar a verdade que pode vir da experiência, ele foi rápido e forte ao apontar que a experiência a que se referia era a experiência do grupo, não a de um único indivíduo. Podemos ser tentados a ouvir as afirmações de indivíduos de que Deus falou directamente com eles, principalmente quando a nossa visão do cristianismo se concentra na fé individual. Mas muitos estudiosos hoje, seguindo Wesley, afirmam que devemos ser extremamente cautelosos sobre tais afirmações da verdade. Alguns chegaram a dizer que um indivíduo nunca deve interpretar as Escrituras isoladamente da Igreja.[8] O Espírito escolheu, na maioria das vezes, revelar Deus através da comunidade. Isto não significa que os profetas não sejam levantados em certas alturas em certos lugares para desafiar uma comunidade de fé. Deus teve que usar essas medidas correctivas. Mas na maior parte das vezes, foi na Igreja que Deus postulou a verdade.

É a Igreja como um todo que experimenta a convicção, regeneração e também a santificação do Espírito. É na Igreja que o Espírito revela o Deus que A chama pelo nome. E é através da Igreja que Deus Se revela ao mundo. À medida que Cristo é elevado, o Espírito atrai todas as pessoas a Deus. Antecipamos um momento em que tudo se cumprirá.

Questões para Debate

1. O que é que o Espírito Santo faz na vida das pessoas?
2. Porque é importante enfatizar toda a personalidade do Espírito Santo?
3. Como é que a teologia do Espírito Santo nos ajuda a combater uma cosmovisão pessimista?
4. O que significa a expressão "soteriologia da Igreja"?
5. Porque é que é importante dizer que o Espírito Santo convence a Igreja do pecado, regenera-A e santifica-A?

Sugestões para Leitura Adicional

Dayton, Donald. *Discovering an Evangelical Heritage*. New York: Harper and Row, 1976.

Leclerc, Diane. *Discovering Christian Holiness*. Kansas City: Beacon Hill Press of Kansas City, 2010.

Shelton, Larry, and Alex Deasley, eds. *The Spirit and the New Age*. Anderson, IN: Warner Press, 1986.

Stokes, Mark B. *The Holy Spirit in the Wesleyan Heritage*. Nashville: Abingdon Press, 1993.

seis
TRADIÇÃO NO SEU MELHOR
AS MARCAS CLÁSSICAS DA IGREJA
Tim J. Crutcher

Introdução

A Igreja deu por si a pensar sobre a sua identidade e a sua natureza desde o início da sua existência. Os primeiros documentos do que hoje chamamos de Novo Testamento foram escritos como cartas às igrejas para ajudá-las a descobrir quem eram e como deveriam agir. Um dos escritores do Evangelho, Lucas, até cria um "volume dois" para o seu evangelho, estendendo a narrativa de Jesus até à vida mais antiga da Igreja, como se a história da igreja fosse, de alguma forma, uma continuação da história de Jesus. Novas realidades impingiram novos desenvolvimentos à Igreja, pois ela teve logo que aprender a organizar-se (como o fez ao ordenar o que poderíamos chamar de "diáconos" em Actos 6) e ao lidar com as divergências entre os seus membros (como fez com o chamado Conselho de Jerusalém em Actos 15). Rapidamente ficou claro que os seguidores de Jesus não seriam aceites como judeus e que os romanos também não gostavam deles. E assim, a questão da identidade da Igreja era uma questão de certa urgência enquanto os seguidores de Jesus tentavam descobrir quem eles eram em relação uns aos outros e em relação a um mundo e cultura que não sabia o que fazer com eles e que lidou com aquela confusão violentamente com grande frequência.

À medida que estas reflexões continuaram ao longo dos séculos seguintes, algumas ideias continuaram a ressurgir. À medida que vários escritores e pensadores cristãos reflectiam sobre a natureza da Igreja por meio das suas várias lutas internas e externas, surgiram temas consistentes que deram à Igreja algumas âncoras amplamente reconhecidas para a sua auto-reflexão. Ao longo do século IV, essas reflexões cristalizaram-se numa lista de quatro marcas de identificação, atribuídas à igreja pelo Concílio de Constantinopla em 381 d.C. e articuladas no Credo Niceno-Constantinopolitano (mais comumente referido apenas como o Credo Niceno). Essas marcas, destilações de três séculos de séria reflexão da Igreja sobre a sua própria natureza e carácter, foram articuladas desta forma: "Cremos em Uma Igreja, Santa, Católica e Apostólica". O nosso objectivo aqui é explorar brevemente o que significa cada uma dessas marcas de identificação.

Uma

A ideia de que a igreja era uma só foi uma afirmação inicial e consistente que surgiu das Escrituras e foi adoptada pelos escritores e pensadores da igreja primitiva. Baseando-se nas afirmações de Jesus (por exemplo, João 17:11) e Paulo (por exemplo, 1 Coríntios 12:12-14; Efésios 4:4-6), os primeiros escritores cristãos proclamaram que a Igreja, por sua própria natureza, era algo a partir do qual só poderia haver uma. Se começar a contar igrejas, chega a um e pára. A Igreja está unida quantitativamente, o que significa que todos os que participam na Igreja participam da mesma realidade singular. Consequentemente, tudo o que ameaçava a unidade da Igreja era visto como uma ameaça ao próprio ser da Igreja.

A igreja primitiva rapidamente reconheceu que a unidade da Igreja era uma função do seu alicerce em Jesus Cristo. Havia apenas uma Igreja porque havia apenas "um Senhor, uma fé, um baptismo; um só Deus e Pai de todos" (Efésios 4:5-6). Na verdade, a declaração do Credo Niceno que introduz a Igreja é paralela às declarações que apresentam Deus ("Cremos *num* só Deus") e Jesus Cristo ("E *num* só Senhor Jesus Cristo"). Assim como cremos num Deus e num Senhor, cremos numa Igreja. Observe, também, que a linguagem de "acreditar em" conota confiança e não apenas o reconhecimento de alguma verdade. Uma forma igualmente válida de traduzir o credo seria dizer que confiamos num Deus, num Senhor, no Espírito Santo e numa Igreja.

A igreja primitiva também viu esta unidade da Igreja revelada nas melhores metáforas bíblicas para a Igreja. Na sua vida terrena, Cristo teve apenas um corpo, portanto, só pode haver uma continuação desse corpo na Igreja. Na sua segunda vinda, Cristo terá a Igreja como a sua única noiva. Várias igrejas tornariam Cristo um polígamo! A unidade da Igreja foi então afirmada como uma "realidade derivada", que fluía da realidade de Deus e da natureza do Seu relacionamento com o mundo para dentro da nossa própria realidade e experiência. A unidade da Igreja dependia da unidade de Deus e da singularidade da encarnação. Isso também significava que esta unidade *não* dependia da unidade dos seus membros. Não foi o caso de a Igreja criar unidade por causa do seu acordo doutrinário ou prática comum, uma unidade que não existiria na ausência dessas coisas. Em vez disso, o pressuposto da unidade como um dom dado por Deus foi o que motivou a igreja primitiva a buscar qualquer nível de convergência que fosse necessário para mostrar essa unidade ao mundo.

Ainda assim, como sinal da unidade da Igreja - embora não por causa dela - as linhas divisórias entre a doutrina boa e útil e as ideias destrutivas eram muito importantes para quase todos os líderes e pensadores da igreja primitiva. Pessoas que mantinham certas ideias de uma forma que dificultava a capacidade da Igreja viver a sua unidade dada por Deus eram vistas como um problema maior do que aquelas perseguições esporádicas que simplesmente acabaram por dar à Igreja uma oportunidade de testemunhar a superioridade do seu Senhor e Salvador sobre o imperador. Na prática, isto significava que havia uma ampla aceitação de muitos pontos de vista diferentes na igreja primitiva sobre toda uma série de doutrinas, desde que essas ideias não causassem divisões ou fracturas. Isto era particularmente verdadeiro no início, quando a Igreja ainda estava a avaliar quais ideias funcionavam para promover a sua vida com Deus e quais poderiam atrapalhá-la. No entanto, quando a Igreja descobriu uma ideia ou conjunto de ideias que ameaçava a unidade expressa da sua irmandade, claramente se opôs a elas. Onde nenhuma reconciliação era possível, a maioria dos escritores da igreja primitiva optou por acreditar que aqueles que mantinham ideias divisórias tinham realmente ultrapassado os limites da única Igreja verdadeira, em vez de acreditarem que, de alguma forma, a própria Igreja poderia ser dividida.

Santa

A segunda afirmação que a Igreja faz sobre Si mesma no credo é que cremos numa Igreja "santa". Esta afirmação pode parecer ingénua - até mesmo completamente falsa - para muitas pessoas cuja experiência na Igreja não tenha sido ideal. Isto acontece porque muitas vezes consideramos que a afirmação é uma validação da actividade dos membros da Igreja (como em "Estamos a agir em nome da Igreja, portanto o que estamos a fazer é santo"). Isto não é de forma alguma o que os pais da Igreja estavam a dizer, nem as lutas que temos com uma igreja de desempenho imperfeito teriam sido estranhas aos líderes e pensadores daquela igreja primitiva.

Embora frequentemente usemos a palavra *santo* para nos referirmos à pureza moral ou sem pecado, devemos lembrar-nos que esse é apenas um significado secundário da palavra. A palavra original no credo é a forma descritiva de uma palavra que se refere ao temor ou à reverência religiosa, a atitude que reconhece o divino como algo acima e além de nós, o divino como Outro. No sentido estrito, apenas o divino, apenas Deus, *é* santo; mas a palavra também pode ser usada para pessoas ou coisas que foram separadas exclusivamente para o uso de Deus. Afirmar algo como "santo" no mundo antigo era afirmar que pertencia somente a Deus, que só Deus poderia usá-lo ou que só devia ser usado para servir Deus. Claro, se alguém separou algo para uso exclusivo de Deus, então, também deve ser puro, imaculado, irrepreensível ou algo parecido. Portanto, a qualidade moral da santidade acontece imediatamente, mas apenas porque pensamos que qualquer a menos do que isto seria indigna do divino.

O que a igreja primitiva reconheceu sobre si mesma, então, foi o facto de que pertencia ao seu Senhor e somente a esse Senhor. Na verdade, a própria palavra que usamos para nos referirmos a esta realidade, a palavra *Igreja*, é derivada da palavra grega *kyriakos*, que significa "pertencer ao Senhor". Dizer que cremos numa "Igreja santa", é dizer que tudo o que a Igreja é e deveria fazer é dirigido somente por Deus. A Igreja, então, não é uma organização social ou uma sociedade de auto-ajuda ou um clube projectado para promover os melhores interesses dos seus membros. A Igreja é, na sua essência, aquela comunidade que tem o seu foco exclusivo em Deus, um foco que também nos direcciona para a obra de Deus no mundo.

Como uma comunidade projectada por Deus para focar a sua atenção em Deus e, através dela chamar a atenção de outras pessoas também para Deus, espera-se que a Igreja se comporte de uma forma que reflicta a natureza e o carácter de Deus. Mas a prioridade aqui é importante. Espera-se que a Igreja viva de forma "santa" porque é "santa". Não é a vida santa da Igreja que a torna santa. O foco exclusivo em Deus é o dom da graça de Deus para a Igreja; não é algo que a Igreja consegue por seu próprio mérito.

Pessoas santas não se reúnem e, portanto, formam uma igreja santa. Deus cria uma Igreja santa para estender o Seu reino por todo o mundo e, por causa disso, aqueles que participam dessa Igreja podem-se tornar também pessoas exclusivamente devotas ao serviço de Deus.

Claro que isto não significa que todos aqueles que foram chamados para a Igreja já foram adequadamente moldados em agentes eficazes e exemplos do amor e da graça de Deus, mas significa que essa formação é parte integrante do que significa ser a Igreja e fazer parte dela. Como muitos dos primeiros escritores da Igreja teriam afirmado, se alguém não está interessado em tornar-se mais semelhante a Deus e melhor capaz de reflectir o carácter de Deus para o mundo, então, não está realmente interessado em fazer parte daquilo que a Igreja é.

Católica

A palavra *católica* incomoda alguns protestantes porque a associam apenas àquela parte da Igreja que conhecem como a Igreja Católica Romana. Na verdade, em algumas versões protestantes do Credo Niceno, a palavra *católica* é substituída pela palavra *universal* ou *cristã*. No entanto, nenhuma dessas palavras diz o que os pais da igreja primitiva queriam transmitir ao afirmar que a igreja é católica, e por isso, provavelmente é melhor esclarecer os mal-entendidos à volta da palavra e usá-la, em vez de tentar encontrar outra palavra que deixe de fora alguns dos seus significados importantes.

A palavra *católica* não é um termo bíblico, mas é um termo que a Igreja desenvolveu de forma a captar uma ideia bíblica. Vem da frase grega kath *'holou*, que literalmente traduzida significa "de acordo com o todo". Assim, onde a marca da "unidade" se refere à unidade quantitativa da Igreja, a "catolicidade" da Igreja refere-se à sua unidade qualitativa, à sua totalidade. Quantidade e qualidade, é claro, não são a mesma coisa; pode-se, por exemplo, ter apenas uma maçã, mas pode não se ter uma maçã inteira. Portanto, a igreja queria afirmar que não era apenas uma, mas que também era completa. Em todos os lugares onde a Igreja era expressa localmente, ela era expressa na sua totalidade. Da mesma forma, cada expressão local da Igreja deveria ser entendida "de acordo com o todo", como uma parte de algo que derivava o seu significado da realidade mais ampla da qual participava. Eram estas ideias da totalidade de cada igreja local e também da sua interconexão com todas as outras igrejas que a Igreja estava a tentar expressar com o termo *católica*.

Dizer que cada igreja era uma igreja completa era dizer que cada expressão local de igreja expressava tudo o que significava ser Igreja. Não havia, nas mentes dos pais da igreja primitiva, algo como "meia igreja". Por menor que fosse, nenhuma reunião de crentes focada em Cristo era menos do que uma expressão plena do corpo de Cristo, entrelaçado no Espírito, fazendo a obra de Deus no mundo. Isso significava que todos os recursos para ser Igreja estavam disponíveis no Espírito unificador de Deus e não dependiam dos vários talentos e capacidades dos membros individuais. De qualquer forma, todos os dons e graça para o trabalho da Igreja vieram do Espírito. Se a Igreja precisasse de liderança ou qualquer outra capacitação para o ministério, presumia-se que o que era necessário estava presente. Novamente, esta integridade derivava de Deus e era um presente para a Igreja de Deus; nunca era algo que a Igreja precisasse de trabalhar para poder alcançar.

No entanto, esta visão de catolicidade não significava que cada igreja fosse independente de todas as outras - muito pelo contrário! Cada igreja local poderia expressar a totalidade do corpo de Cristo porque cada uma estava integralmente interconectada com Aquele corpo maior. Cada uma fazia parte de um todo maior do que ela mesmo. Essa interconexão era muito importante para os primeiros cristãos e eles simbolizavam-na partilhando a comunhão, orando por outras igrejas das quais estavam cientes e exibindo a sua unidade numa área geográfica sob a liderança de um único bispo. Outra expressão desta unidade qualitativa era a popularidade das histórias sobre os mártires, que eram escritas tanto para encorajar a fé dos vivos como para celebrar o testemunho daqueles que morreram. Estes mártires nunca foram vistos apenas como expressões da fidelidade de uma localidade em particular (como, "Uau, aqueles cristãos em Esmirna são realmente dedicados"). Eles eram, de certo modo, propriedade de toda a Igreja. "Somos nós, todos nós", afirmaram os escritores dessas histórias. Tal como acontece com a metáfora do corpo de Cristo de Paulo, quando uma parte sofre, o todo sofre. Mas quando uma parte se regozija, o todo se regozija. Essa interacção da parte e do todo era parte integrante do que significava ser uma igreja católica.

Apostólica

Quando a palavra *apostólica* é aplicada às igrejas hoje em círculos protestantes, normalmente é usada para afirmar que essa igreja em particular é - ou pelo menos está a tentar ser - uma igreja como a do Novo Testamento, uma igreja como a igreja dos apóstolos. Alguns líderes dessas igrejas até adoptarão o título de "apóstolo", tentando dizer algo sobre o imediatismo da sua conexão com Deus e com a Palavra de Deus, de forma muito parecida com a que os apóstolos originais teriam feito. Embora a associação com a igreja do Novo Testamento seja uma das principais ideias que a Igreja tinha em mente quando usou esta palavra pela primeira vez há tantos séculos, há uma diferença crítica entre a forma como a palavra é ouvida hoje e a forma como eles a pretendiam usar. Hoje em dia, quando os protestantes dizem que querem uma igreja do Novo Testamento, o que geralmente querem dizer é que querem voltar ao modo como as coisas eram originalmente há quase dois mil anos de história da igreja. Portanto, nesse quadro de referência, uma "igreja apostólica" seria uma igreja que de alguma forma conseguiu escapar dos séculos de tradição entre os dias actuais e a Palestina do primeiro século. Certamente não era isso que a palavra significava quando os pais da igreja primitiva a estabeleceram como uma marca da Igreja trezentos anos depois da época dos apóstolos.

Num mundo onde muitas pessoas estavam a oferecer muitas interpretações diferentes das Escrituras sobre Cristo, o que significava ser um seguidor de Cristo e o que alcançou o ministério de Cristo, a Igreja percebeu que uma - embora certamente não a única - das suas melhores medidas era a consistência da tradição da Igreja. Se uma nova ideia surgisse e fosse possível ver que essa ideia não remontava a sua linhagem histórica aos primeiros seguidores de Cristo - pelo menos em forma de embrião, se não numa forma madura - então, era vista como suspeita. Foi a contínua tradição de tentar interpretar a vida de Cristo e, depois, vivê-la que forneceu o principal ponto de referência da Igreja quando se tratou de guiar o seu pensamento e a sua interpretação contínua das Escrituras. Portanto, foi precisamente esta história intermediária que foi importante para eles quando afirmaram que a Igreja era apostólica. A Igreja era aquele grupo de pessoas que podiam traçar as suas raízes históricas desde os dias actuais até aos pescadores galileus originais, zelotes e cobradores de impostos. Foi a continuidade na história - não a capacidade de voltar atrás na história como se ela não tivesse acontecido - que mostrou à Igreja o que ela era. A Igreja una, santa e católica foi também a Igreja que herdou a tradição estabelecida pelos apóstolos. Qualquer outra coisa não poderia ser a Igreja.

Além de olhar para trás para a sua fundação no passado, a marca da apostolicidade convidava a Igreja a olhar para o presente e para o futuro e para a sua missão para o mundo. Esses primeiros discípulos de Cristo foram chamados de "apóstolos" depois do Pentecostes porque a palavra significa "aquele que é enviado". Ao ancorar a sua identidade histórica nas pessoas dos apóstolos, a Igreja também se lembrava de que existia para cumprir aquela missão original. Em todos os lugares onde a igreja una, santa e católica se encontrava, deveria continuar a missão apostólica de fazer discípulos, até aos confins da terra. Uma Igreja que não está interessada em ser enviada por Cristo ao mundo não está realmente interessada em ser Igreja.

Conclusão

"Cremos em uma Igreja, santa, católica e apostólica". Ao dizer isso, o Concílio de Constantinopla - e todos os que recitaram o credo daquela altura em diante - estava a afirmar que colocamos a nossa confiança naquela continuação única da encarnação de Cristo que Deus designou como Seu agente no mundo, entrelaçada através da obra do Espírito Santo, interconectados uns com os outros, historicamente ligados aos seguidores originais de Jesus, e continuando a missão daqueles seguidores no mundo. Embora haja, certamente, muitas outras coisas que podem e devem ser ditas sobre a Igreja, estas são as afirmações que chegaram primeiro ao topo. Mas embora não digam tudo o que precisa de ser dito sobre a Igreja, elas dizem muito. Quando a Igreja ignora estas marcas na sua identidade, tenta viver como se todos os seguidores de Cristo não estivessem, por exemplo, unidos, ou permite que o seu foco recaia em algo diferente de refletir a natureza de Deus no mundo e trabalhar para a missão de Deus, sofre certamente. Por outro lado, uma Igreja que realmente se esforça para viver a graça que lhe foi dada para ser una, santa, católica e apostólica, fará certamente a diferença, tanto na vida dos seus membros individualmente como no mundo. Em suma, não é um mau lugar para começar.

Questões para Debate

1. Todas estas marcas da Igreja derivam do relacionamento da Igreja com Deus (a Igreja é uma porque Deus é um; a Igreja é santa porque Deus é santo, etc.). Quais são as consequências práticas de dizer que a identidade da Igreja está enraizada em Deus e não nos valores ou orientações dos seus membros? Como é que isto afecta coisas como a adoração da Igreja, o seu trabalho educacional ou a sua actividade missionária?

2. A âncora da identidade da Igreja em Deus também levanta a questão de como é que os membros da Igreja tratam a sua "identidade de igreja" dada por Deus em relação às suas outras identidades - identidades enraizadas na família, cultura ou nação. Como é que as nossas tentativas de viver a nossa unidade, santidade, catolicidade e apostolicidade devem estar relacionadas com as outras identidades que formam as nossas vidas?

3. Dado que a Igreja deve ser una e católica - quantitativa e qualitativamente unida - quão importantes são os vários esforços (geralmente rotulados de "ecuménicos") para reunir as igrejas de diferentes denominações? Qual é a importância de coisas como a concordância na doutrina ou a semelhança na prática? Como é que a Igreja deve lidar com o facto de que os seus membros nem sempre concordam?

4. Identificar que a Igreja é "santa" tem implicações na maneira como falamos sobre a santidade entre os seus membros. Como o próprio João Wesley observou, "não há santidade que não seja santidade social". Quais são as implicações de reconhecer que esta qualidade que chamamos de "santidade" está enraizada na comunidade e se estende aos seus membros (em oposição a vê-la primeiramente como uma qualidade individual)?

Sugestões para Leitura Adicional

Muitos livros sobre a Igreja usarão as quatro marcas da Igreja na organização de parte ou de todo o seu material, mas aqui estão algumas referências para quem desejar aprofundar-se nas questões levantadas neste capítulo.

Gaillardetz, Richard. *Ecclesiology for a Global Church: A People Called and Sent*. Maryknoll, NY: Orbis, 2008. Este livro contém reflexões boas e sustentadas sobre a catolicidade e a apostolicidade.

Lathrop, Gordon, and Timothy Wengert. *Christian Assembly: Marks of the Church in a Pluralistic Age*. Minneapolis: Fortress, 2004. Este livro apresenta uma visão geral da história das marcas da Igreja e estende o debate através da tradição luterana até aos dias actuais.

Madges, William, and Michael Daley, eds. *The Many Marks of the Church*. New London, CT: Twenty-Third Publications, 2006. A primeira secção deste livro contém dois ensaios contrastantes sobre cada uma das quatro marcas clássicas da Igreja, cada um lutando com um aspecto diferente do seu significado.

Oden, Thomas. *Systematic Theology*, vol. 3, *Life in the Spirit*. New York: HarperCollins, 1994. No longo capítulo sobre a Igreja, este livro contém ensaios sobre cada uma das marcas clássicas da Igreja, juntamente com copiosas citações e referências às fontes da igreja primitiva, tornando-o um excelente recurso para aprender sobre as marcas no contexto original em que foram elucidadas.

sete
CORRELAÇÃO CULTURAL
AS MARCAS "PÓS-MODERNAS" DA IGREJA
Deirdre Brower Latz

Acho interessante que numa seção relativa ao âmago da Igreja, os editores tenham pedido um capítulo sobre as marcas "pós-modernas" da Igreja. Será que estas marcas existem? Elas são ou podem ser essenciais para a Igreja? Deveriam sê-lo? De que forma é que estas marcas (se é que podem existir) reflectem uma postura eclesiológica wesleyana?

    Para considerar adequadamente estas questões, precisamos de explorar vários ângulos. Primeiro, o que é que o pós-modernismo tem a ver com a Igreja? Certamente, se os capítulos anteriores estiverem correctos (de que a Igreja é sempre moldada de formas que reflectem o reino, o Deus trino, formas que são cristológicas e pneumatológicas), há certamente marcas da Igreja que ressoam ao longo do tempo e da história. No entanto, realmente acho que (sem pré-julgar o que os outros contribuintes estão a dizer) no reino da eclesiologia wesleyana há um grande número de realidades a trabalhar que moldam e formam a Igreja. Mas uma dessas realidades é que a Igreja como a conhecemos e experimentamos está sempre localizada, é sempre particular. E, como tal, está sempre envolvida nos processos e realidades de ser a Igreja dentro de um ambiente que entendemos ser cultura - ou, mais correctamente, culturas. Complementando aqueles elementos delineados nos capítulos anteriores como marcas da Igreja, há uma profunda necessidade de ela ser quem é no tempo presente.[1]

    A Igreja, então - com toda a sua missão dirigida e liderada pelo Espírito e dirigida por Ele, toda a sua riqueza histórica - está sempre a descobrir como ser quem ela é em relação ao mundo presente/real à sua volta. Ou seja, no que se refere à cultura. O entendimento clássico de Richard Niebuhr sobre isto (mais recentemente elucidado na tradição reformada por Timothy Keller em *Center Church*) argumenta cuidadosamente que Cristo e, portanto, a Igreja, relacionam-se com a cultura de várias formas e que a Igreja varia na sua relação com a cultura indo da rejeição à absorção/assimilação, ou à transformação, com pontos de paragem entre os dois.[2]

Para quem segue a tradição wesleyana - com a nossa profunda confiança num optimismo da graça, uma compreensão da maneira como o Espírito trabalha dentro, através e além da Igreja no que conhecemos como graça justificadora, santificadora e preveniente; com uma teologia sacramental (isto é, Deus connosco em formas materiais, corporificadas); com uma compreensão da santidade como contagiosa, corporativa *e* pessoal - a atitude de relação com a cultura parece clara: cooperamos com Deus, que está a trabalhar em e à nossa volta. A cooperação do povo de Deus (também conhecida como co-criatividade como agentes da graça, etc.) dentro do mundo significa que a postura wesleyana em relação à cultura não é rejeitá-la, nem assimilar-se dentro dela, mas é profundamente esperançosa em relação a ela como um tipo de *via media*. Com a teologia wesleyana como ponto de partida, a minha afirmação é que a correlação cultural[3] que os wesleyanos empreendem é a de se envolverem com a cultura.[4] Certamente que a própria forma de Wesley se envolver com a cultura - fazendo investigações sobre ela com uma postura genuína de curiosidade e abertura - fica em segundo plano.

Este meio-termo, a *via media*, da abordagem da teologia wesleyana para com a cultura é aquele que leva à tensão para a igreja. Em alguns pontos, a postura wesleyana significa que adoptar as formas de cultura para comunicar efectivamente o Evangelho é um dado adquirido (por exemplo, os irmãos Wesley ao adoptarem melodias de bares para os seus hinos, definindo o seu catecismo com música que seria memorável e compreensível para os seus convertidos). Noutros pontos, a postura wesleyana confronta profeticamente uma verdade recebida dentro da cultura (por exemplo, João Wesley ao envolver-se com John Bennet, o Quaker e William Wilberforce MP em relação à escravidão). Discernir com que pontos da cultura se envolver e em quais pontos ser contra não é fácil - a ideia de correlação cultural torna-se uma área de luta profunda - e, normalmente, essa luta significa que o povo de Deus pode dar por si aleijado e a coxear. Mas antes de decidirmos como envolver a cultura, devemos primeiro perguntar, como Igreja, em que cultura nos encontramos hoje?

Pós-moderno, hipermoderno, moderno tardio são todos descrições do teor e da trajectória de (algumas) culturas no início do século XXI. Quero ser bastante cuidadoso aqui, pois o meu argumento seria que nem tudo no mundo é pós-moderno e que algumas definições de pós-modernismo são melhores do que outras para descrever o que está no âmago de um fenómeno bastante complexo. Além disso, ainda estou para ser persuadida *contra* a visão de que o pós-modernismo é um luxo que está relacionado (de alguma forma) à riqueza, educação, oportunidade, consumismo e acesso a tecnologias globalizadas que servem como um veículo para as ideias que formam e moldam o mundo. No entanto, assumindo que há *algo* que sustente algumas das tendências culturais, *alguma* ideia ou conceito que molde o mundo em que vivemos, estejamos ou não conscientes delas, e alguma verdade no pensamento pós-moderno, como é que a Igreja se deve relacionar ou correlacionar com isso? Esta é uma questão que deve nos deve ocupar a nós que nos encontramos nos cenários acima descritos, que são, provavelmente, pós-modernos. Existem formas pelas quais a Igreja pode correlacionar-se com o pós-modernismo e há formas pelas quais ela não deve? Porque é que isso é importante?

Eu diria que para a maior parte da igreja na América do Norte, Europa do Norte e Ocidental, e em partes da Ásia-Pacífico (Austrália/Nova Zelândia), e para os líderes da Igreja em quase qualquer lugar educado nos últimos quarenta anos (ou mais) num cenário universitário influenciado pelos sistemas dos EUA/Reino Unido, existem alguns elementos do pós-modernismo que foram absorvidos. Obviamente, que isto é uma generalização! O pós-modernismo como fenómeno cultural é desigual e, no entanto, parece que veio para ficar e a sua influência sobre os nossos filhos e sobre os filhos dos nossos filhos parece profundamente enraizada. Isto significa que ignoramos as ideias pós-modernas por nossa conta e risco e devemos dar atenção cuidadosa a como nos relacionamos com elas e como, dentro da Igreja, as adoptamos, absorvemos ou rejeitamos. Podemos envolver-nos no pós-modernismo com uma confiança localizada em Deus, e com a capacidade que nos foi dada, pelo Espírito em acção dentro de nós, para discernir as formas que podemos (e devemos) envolver-nos com o pós-modernismo e ser moldados por ele e as formas que devemos desligar-nos ou falar profeticamente contra ele. Esta é uma tarefa significativa para nós que lideramos e formamos cristãos dentro da Igreja e, de facto, para a comunidade de fé.

Os elementos culturais do pós-modernismo são realmente uma abstracção. Existem descrições que podem ser fornecidas, mas variam de um lugar para o outro, de autor para autor, de filósofo para filósofo. No entanto, a realidade do pós-modernismo afecta-nos. As descrições abaixo são meras caricaturas quando comparadas às complexas realidades que representam; as descrições agem meramente como sinalizadores.[5] Também podem ser úteis algumas advertências. Em primeiro lugar, estou a sugerir as ideias abaixo mais como rumores para mastigar e para, de seguida, mastigar mais um pouco, do que como factos a serem implementados sem consideração. Em segundo lugar, para todos os elementos que descrevo abaixo, parece-me que existe um "sim, mas" que poderia ser apresentado como quase igual e oposto. Estou a optar por suspender o último a fim de delinear algumas maneiras pelas quais penso que o pensamento pós-moderno *pode* ajudar a capacitar a Igreja - alguns pontos de simpatia, se preferir, em que, se ouvirmos com atenção a cultura, podemos encontrar os nossos olhos abertos a novas formas para alguns novos discernimentos por causa do Evangelho; e, portanto, estes pontos são mais dicas do que marcas, sombras do que cores, elipses do que pontos finais. Terceiro, há pontos em que o que estou a sugerir provavelmente deve provocar a seguinte resposta: "mas isso é perene". Ou seja, a Igreja sempre considerou a *correlação* importante. Concordo com isso. No entanto, nestes pontos estou a sugerir que a marca "pós-moderna" traz uma ênfase renovada ou uma perspectiva subtilmente matizada para a situação e, portanto, é útil na "tradução" do Evangelho para a situação contemporânea. Neste sentido, uma "marca" primária da Igreja é a necessidade de *correlação cultural*. Se aceitarmos que o pós-modernismo é a nossa cultura, encontraremos formas de correlação - de pesquisar a cultura, envolver-se nela, nos relacionarmos com ela, recuperá-la, discipliná-la e (em alguns pontos) ser castigados por ela. A correlação pode significar que existem até mesmo algumas áreas onde o pensamento pós-moderno pode muito bem ter algo a ensinar à Igreja.[6] O que poderia ser considerado outras "marcas pós-modernas" da Igreja?

As Marcas "Pós-modernas" da Igreja

1. No pensamento pós-moderno, há uma ênfase na **"viragem linguística."** Agora a linguagem é descrita como útil e limitada[7]; é de certa forma adequada à tarefa de falar sobre Deus, mas é sempre vista como algo limitado, fragmentário e que aponta para o que não pode ser compreendido de forma abrangente. A mudança em direcção a uma ênfase no desconhecido, incerteza, mistério e silêncio pode ser uma contribuição valiosa para militar contra uma compreensão excessivamente certa e sem nuances de Deus. Este mesmo movimento, em direcção a uma consciência da complexidade da linguagem e longe da tendência à compartimentação, também significa que é perfeitamente possível que a linguagem seja uma barreira e uma ponte - a importância de lidar com este aspecto pós-moderno da cultura significa que a escuta e a humildade epistémica tornam-se importantes. Por outras palavras, os pós-modernos só escutarão um Evangelho que o reflicta.

2. **Escuta próxima, atenta e reflexiva** - à própria cultura, ao outro, aos marginalizados e forasteiros, aos mais velhos e aos mais jovens - tudo se torna cada vez mais importante como uma marca da Igreja. A capacidade de estar realmente envolvido e realmente escutar o que o outro está a dizer (incluindo, é claro, Deus) torna-se possível apenas por causa da arte de escutar.[8] Tal movimento requer silêncio, presença e incorporação e é um reflexo da forma como a Igreja pode realmente se tornar um mediador de Deus-que-é-amor, cujas primeiras palavras foram o choro inarticulado de uma criança e que é a Palavra final expressa em kenosis.

3. A **humildade epistémica** A humildade epistémica que acompanha tal escuta é uma postura de aprendizagem que não é fácil para a igreja nascida nas exigências do modernismo por confiança e verdades objectivas que foram expressas pela igreja por vezes como conceitos rígidos de dogma e ortodoxia. A postura de humildade, conforme se estende à conversa, à escuta e à formação de vidas, encontra-se a lutar com suposições de fé e de vida anteriormente tidas como certas. Também reconhece a verdade de que os humanos *sempre já* interpretam o texto e têm um quadro de compreensão. Isto atenua a sensação de que a *minha* verdade é "pura" ou "objectiva"; em vez disso, é visto como formado pelo meu próprio contexto socio-económico. Esta humildade delicia-se com a exploração genuína e as perspectivas que abrem o mundo para explicações alternativas. *Mas*, tal humildade epistémica não precisa ser niilista, nem sem forma. A forma é muitas vezes uma

compreensão profunda da divisão entre o Criador e a condição de criatura e uma subjugação da certeza à possibilidade do mistério, da incerteza e, ainda assim, da fé. Uma fé profunda (se preferir) que reconhece - com esperança - que "vemos através de um espelho em enigma". Esta humildade é profundamente esperançosa e consciente da lacuna entre o já e o que não aconteceu até agora.[9]

4. Esta ênfase nas *formas* de compreensão também é apoiada pela marca pós-moderna que enfatiza a possibilidade de dois horizontes para a compreensão[10] ou a **"fusão de horizontes."**[11] As teologias que estão a trabalhar quando têm em conta os diversos elementos que formam as interacções com as Escrituras e o mundo do leitor, são vistas como algo matizado, reflexivo e cuidadosamente atento a ambos os contextos. Além disso, estes elementos harmonizam-se com as diferentes vozes teológicas em acção. Várias teologias (a teologia adoptada: "a teologia embutida na *articulação de um grupo das suas crenças*"; a teologia normativa: "Escrituras, os credos, o ensino oficial da Igreja, liturgias"; a teologia formal: "a teologia dos teólogos" e "diálogo com outras disciplinas"; e a teologia operante: "a teologia embutida nas *práticas reais de um grupo*"[12]) são todas atendidas - e o cristão reflecte sobre as realidades multifacetadas e dinâmicas de lutar com a Palavra Viva.[13]

5. É claro que tal abordagem à vida, tal ênfase, aponta para uma outra "marca". Ou seja, a **disposição para questionar, para** "desconstruir". Tal abordagem permite que se alcance uma verdade profunda, que as questões sobre o que fazemos (pragmático) se envolvam com as questões sobre o motivo que nos leva a fazer o que fazemos (prático) e o resultado possível da nova formação, ou novo encantamento com *o que* somos e *como* fazemos reflectir o que cremos que somos. Esta questão de defender uma crença e a prática da Igreja é uma questão que nos confronta em todos os pontos. O desafio da desconstrução é a percepção de que no final da desconstrução não há nada. A realidade pode ser o inverso - a desconstrução adoptada pelos pós-modernos permite que a teologia adoptada encontre a dura realidade da teologia prática e seja refinada numa sabedoria sagrada; esta sabedoria vê a necessidade de re-envolvimento com práticas que são formadoras de Cristo - isto é, que nos formam à semelhança de Cristo - e a rejeição de práticas que se infiltraram e podem destruir.[14]

6. Esta possibilidade de um novo envolvimento, de uma recontagem ou de um novo **encantamento** é uma outra marca do pós-modernismo.

Com isto, quero dizer a possibilidade de uma postura lúdica renovada que religue a história com a imaginação, a fé com o sentimento e a esperança com a realidade. Parece que, apesar de toda a má imprensa que o pós-modernismo recebeu, a possibilidade de uma fé revitalizada está quase que tentadoramente presente. Esta fé, no entanto, exige uma profunda renovação do que significa ser íntegro ou totalmente humano. A visão de uma vida boa e a possibilidade de uma vida marcada pela sabedoria e habitada por Deus-que-é-amor parece atractiva para a cultura pós-moderna. A questão que a cultura pós-moderna faz à Igreja é: a tua visão de vida boa, da sabedoria e da totalidade é convincente? A resposta do evangelizador é "sim" - pois Cristo é uma boa notícia. A recontagem destas boas novas é mais uma exigência feita à Igreja pela viragem pós-moderna.

A história, narração de histórias e a redescoberta da *verdade conforme descoberta através da narrativa* é outro aspecto da marca do novo encantamento na sua influência pós-moderna sobre a Igreja. A possibilidade de novo encantamento com o Evangelho é acompanhada pelo reconhecimento de que a história actua sobre os humanos para moldá-los e formá-los com um poder indisfarçável. A leitura das Escrituras como uma narrativa e a interpretação dela dentro da narrativa são poderosas e a importância do ensino através de parábolas e poemas ressoa entre os pensadores e a cultura pós-modernos. Da pregação narrativa ao cinema e televisão, de blogs e livros ao Facebook e ao Google Plus, o arco narrativo ajuda as pessoas a localizarem-se em relação ao mundo à sua volta. A história convincente é acompanhada por um sentido de busca - por significado, realidade, *casa*.

7. Esta sensação de unidade parece apontar para outra marca de esperança pós-moderna.[15] Ou seja, **o regresso à virtude** - uma compreensão de que a pergunta "como devo viver minha vida?" direcciona o questionador ao mesmo tempo a ser moldado por práticas que o formarão eticamente e à necessidade de relacionamentos autênticos que ensinem o caminho. Esta nota recorrente que soou no pensamento pós-moderno é útil, para a Igreja, como um marcador no sentido de que *phronesis* (sabedoria prática) e *sapentia* (sabedoria) são vitais para a fé. Ou seja, a fé é uma expressão vivida e praticada de sabedoria e uma sabedoria afectiva e formadora de beleza que molda a realidade e se desenvolve na vida quotidiana real. Então, a visão, para a vida boa, é aquela que denota que tal compreensão não é automática

para os humanos, mas precisa de ser incorporada, praticada e transmitida. Isto ressoa com a tradição pré-moderna.

Esta realidade da *incorporação* - aprender a virtude, ser "revestido" de rectidão, praticada, transmitida e entregue - é mais uma dinâmica de marcadores pós-modernos na vida da igreja. A busca da personalidade é acompanhada pela *busca da comunidade* que se manifesta simultânea e paradoxalmente no tribalismo (a nossa comunidade) e na diversidade (a *nossa* comunidade). O papel da *comunidade* formada por Cristo na interpretação das Escrituras é vital. O papel histórico da comunidade formada por Cristo na formação do credo e da igreja é inspirado. É enfatizado o papel actual da comunidade formada por Cristo como um povo que pratica a vida em conjunto com sabedoria. E para a comunidade global formada por Cristo questionando e aguçando, as vozes marginalizadas e externas falam e chamam a comunidade formada por Cristo à justiça e aos seus sentidos; tal é de vital importância aqui. A comunidade aberta que acolhe a todos - desde o mínimo, o proscrito, a viúva, o órfão, o estrangeiro (em todas as formas que assumem culturalmente) ao mais sábio do mundo é uma representação formidável do corpo de Cristo. As pessoas da comunidade formadas por Cristo que vivem as suas vidas visivelmente ao lado umas das outras; dessa forma desafiando e moldando, discordando e sonhando, sendo diversas e únicas, vivem a chamada dada à Igreja numa nova forma pelos pós-modernistas. As frases de desafio transmitidas à Igreja de novas maneiras[16] (por exemplo, "não me digas no que acreditas; eu vou cuidar da tua vida e depois digo-te no que acreditas" ou "se eu visse pessoas a praticarem o Sermão do Monte, saberia que eram seguidores de Jesus") estão a exercitar-se como um marcador desenhado para a Igreja; a chamada de quem está fora da Igreja para que ela seja a comunidade formada por Cristo que deveria ser é surpreendente e evocativa. Da mesma forma, dentro da própria Igreja, há uma miríade de autores que chamam a Igreja para regressar a algum ideal (ou outro ideal): nos Estados Unidos, de Keller, Jones e McLaren a Cray, Murray, Tomlin e Tomlinson, do Reino Unido, no contexto australiano/americano de Frost e Hirsh (para citar apenas alguns), há uma infinidade de vozes que apresentam uma visão para um novo tipo de comunidade. Frequentemente, um elemento dessa comunidade é a sua disposição centrada. Ou seja, o núcleo forte que mantém a visão que é atractiva e que acolhe aqueles que estão numa margem confusa - pecadores são bem-vindos aqui primeiro como amigos, depois como companheiros e depois como "nós".

O "nós" deste tipo de comunidade leva a outro elemento - *um cuidado holístico renovado*; primeiro, para si mesmo (na forma de sabat, trabalho no seu lugar, amor e equilíbrio), depois para os outros (a família, a família fictícia e os outros, o menor e o último) e depois para o mundo (sua criação, seu povo, seu ser).[17] Esta tríade de ênfases está profundamente conectada ao alcance narrativo das Escrituras, a uma compreensão do mundo como potencialmente profundamente bom e ao projecto de Deus como restaurador e não destrutivo. Isto é aplicado também à predilecção escatológica da marca pós-moderna do reino - o reino já inaugurado e o reino ainda não totalmente realizado que restaurará o mundo à totalidade em todas as dimensões. Isto leva a uma prática e a uma abordagem que exige que a Igreja seja uma comunidade profética e justa.

Então, a marca da Igreja como uma *comunidade de justiça* alinhando-se com os desejos de Deus para o mundo e para *o shalom* em toda a sua realidade dinâmica, é uma parte perene da comunidade cristã; no entanto, é trazida a uma expressão matizada como parte das marcas do pós-moderno sobre a Igreja. Tal abordagem deve sempre tender para uma suspeita de autoridade que oprime ou domina a paisagem e um desejo de desacoplar a Igreja do poder em todas as suas formas.[18] As realidades da relação da igreja com os poderes (p minúsculo), com a polis e com a política do seu tempo estão vivas e o desafio para a igreja *reconsiderar a sua lealdade* e cidadania primárias é profundo. A necessidade da Igreja explorar os seus fracassos, se arrepender, confessar e controlar os seus próprios desejos reais faz cada vez mais parte da voz pós-moderna que fala à Igreja.

A correlação entre a Igreja e a cultura, então, é controversa. Sustento neste capítulo que a Igreja *deve* correlacionar-se com a cultura em que se encontra. Na verdade, ela não pode fazer outra coisa; isto está de acordo com a eclesiologia wesleyana conforme ocorre no século XXI. No entanto, a forma desta correlação deve ser dinâmica, atenta, aberta e criteriosa. A cultura em questão neste capítulo é pós-moderna. No entanto, escolhi relacionar a Igreja e a cultura pós-moderna como parceiros de diálogo amigáveis - que estão a moldar e a ser moldados, que se estão a envolver e a ser envolvidos. Pelo poder do Espírito, acredito que a Igreja na tradição wesleyana pode e deve envolver-se com elementos pós-modernos - e, além disso, a Igreja na nossa tradição, ao fazê-lo, vai descobrir que está enriquecida, revitalizada e revigorada como participante capaz e agente de mudança por amor a Cristo no século XXI.

Questões para Debate

1. De que formas é que uma eclesiologia wesleyana envolve a correlação cultural como um meio de discernimento?

2. De que formas é que a teologia wesleyana se envolve numa cultura pós-moderna? Quais são alguns exemplos da adopção de normas culturais para comunicar o Evangelho?

3. Como cristãos, de que formas podemos praticar a escuta atenta, a humildade e o questionamento, enquanto estamos atentos à cultura?

4. De que formas é que a Igreja se envolve como parceiro de diálogo amigável com a cultura pós-moderna?

5. De que formas é que a Igreja pode recontar as Escrituras através de histórias e narrativas para moldar e formar pessoas?

Sugestões para Leitura Adicional

Akkerman, Jay Richard, Thomas J. Oord, and Brent D. Peterson. *Postmodern and Wesleyan? Exploring the Boundaries and Possibilities.* Kansas City: Beacon Hill Press of Kansas City, 2009.

Caputo, John D. *What Would Jesus Deconstruct?* Grand Rapids: Baker Academic, 2007.

Caputo, John D., and Michael J. Scanlon, eds. *God, the Gift, and Postmodernism.* Bloomington, IN: Indiana University Press, 1999.

Concoran, Kevin, ed. *Church in the Present Tense.* Grand Rapids: Brazos Press, 2011.

Grenz, Stanley J. *A Primer on Postmodernism.* Grand Rapids: Eerdmans, 1996.

Murray, Stuart. *Church after Christendom.* Milton Keynes, UK: Paternoster, 2004.

Niebuhr, H. Richard. *Christ and Culture.* New York: Harper and Row, 1951.

Smith, James K. A. *Who's Afraid of Postmodernism?* Grand Rapids: Baker Academic, 2006.

Tomlinson, David. *Re-Enchanting Christianity.* Norwich, UK: Canterbury Press, 2008.

Vanhoozer, Kevin, ed. *The Cambridge Companion to Postmodern Theology.* Cambridge, UK: Cambridge University Press, 2003.

Volf, Miroslav, and William Katerberg. *The Future of Hope: Christian Tradition amid Modernity and Postmodernity.* Grand Rapids: Eerdmans, 2004.

Ward, Graham, ed. *Blackwell Companion to Postmodern Theology*. Oxford, UK: Wiley-Blackwell, 2005.

PARTE 2

As Funções Essenciais da Igreja

oito
A IGREJA NA ADORAÇÃO
Jeffrey T. Barker

Bendito seja Deus: Pai, Filho e Espírito Santo
E bendito seja o reino de Deus agora e para sempre. Amen.

Essencialmente, a adoração é lembrar fielmente a salvação cósmica de Deus. E a adoração é essencial para o significado e para a prática da Igreja. Assim, a adoração é uma das práticas centrais da Igreja e, como tal, inerente a uma eclesiologia robusta. O pulso da Igreja para partilhar a mensagem salvadora e curadora de Jesus é forte. A cada semana, pastores e congregações consideram como comunicar a vida, ministério, paixão, morte, ressurreição e ascensão de Jesus claramente com os seus vizinhos, colegas de trabalho e amigos. A participação na obra cósmica de redenção de Deus (redenção para todos) obriga a Igreja a adoptar novas e diferentes vias de diálogo. Francamente, as boas novas de Jesus são importantes demais para uma comunicação deficiente! No entanto, nas nossas tentativas desenfreadas de partilhar a mensagem salvadora e curadora de Jesus, a Igreja pode ter aberto o portão de forma muito ampla. Nenhum outro lugar tem a inovação a reinar de forma suprema do que na prática da adoração cristã da igreja.

Considere o panorama de hoje. Partituras de novas músicas inundam as igrejas semanalmente. As pessoas fazem download das novas músicas ou ouvem-nas no YouTube regularmente. Velas e incenso convidam a congregação ao silêncio e à reflexão, mas a iluminação de palco e um ritmo pulsante de baixo levam outra congregação a um louvor extasiante e a bater palmas da mesma forma. A inovação na adoração tornou-se a norma. Como pastor, muitas vezes sinto-me à deriva diante de tantas opções.

Sem um livro formal de adoração, muitas pessoas que se encontram na tradição da igreja livre (como eu) acabam por ter de tomar decisões isoladas. Às vezes, os critérios para uma "boa" adoração são reduzidos a celebrar a engenhosidade e inovação ou a contar o número de pessoas reunidas. Não deve ser assim. Pastores, liturgistas treinados e músicos devem guiar a congregação ao oferecer os seus corpos "como sacrifício vivo, santo e agradável a Deus, que é o vosso culto espiritual" (Romanos 12:1). Esta é a visão da adoração cristã![1]

James F. White, no seu texto clássico *Introduction to Christian Worship*, sugere que uma abordagem fenomenológica é muito útil para estudar a adoração cristã. Esta abordagem observa a ordem, palavras, espaço e movimento. Observa a prática real de adoração entre a igreja.[2] Examina a forma, a estrutura e o conteúdo de um serviço de adoração para descrever a adoração cristã. Não seremos capazes de descrever e definir a adoração completamente, mas devemos admitir que "conhecemos" a adoração somente quando entramos no espaço sagrado do encontro de Deus com o Seu povo. "Ai de mim!" "Estou arruinado" e "Graças a Deus!" podem ser as palavras mais adequadas na adoração, pois evocam o temor e a acção de graças essenciais à adoração cristã.

O texto a seguir surge tanto do estudo formal da adoração *como da* prática de liderar congregações na adoração. Este texto começa com um debate de como o povo de Deus se lembra da sua identidade. Lembrar é muito mais ter uma recordação do passado. Na adoração cristã, o passado, o presente e o futuro desmoronam num acto radicalmente público de dar testemunho da redenção contínua de Deus de toda a criação. Visto que sirvo numa tradição sem um livro formal de adoração, este texto analisa as Escrituras cristãs como o guia mestre para a prática da adoração cristã. Essas Escrituras identificam o Deus que esses cristãos adoram e narra o seu relacionamento intermitente. Este texto analisa então a estrutura e o conteúdo que a Igreja emprega para representar o drama da adoração. Por fim, este texto termina com algumas perguntas de orientação para ajudar pastores e congregações a adorarem com mais fidelidade.

Adoração como Lembrança

Na adoração, o povo de Deus lembra-se do âmbito cósmico da salvação de Deus e da sua recepção pessoal (nunca individual!) deste gracioso presente. Esta lembrança é anamnéstica. A anamnese é mais do que a ausência de amnésia. Em vez disso, nessa lembrança, a salvação de Deus torna-se presente para nós novamente como uma nova realidade.

Os vários actos de ensaio da história da salvação dão-nos novamente os benefícios do que Deus fez por nós nesses eventos passados. O nascimento, baptismo, morte, ressurreição de Cristo e assim por diante, são-nos dados novamente para a nossa própria apropriação através da sua reconstituição corporativa. Estes eventos não se tornam simplesmente factos separados do passado, mas parte da nossa própria história pessoal à medida que revivemos a história da salvação, ensaiando-a na nossa adoração.[3]

A cada semana na adoração, a *ecclesia* participa novamente e dá testemunho da salvação cósmica de Deus. A adoração cristã proclama a salvação de Deus por meio da pessoa e obra de Jesus, o Cristo testemunhado pelo Espírito.

A adoração cristã é fluida e rítmica ao dançar na vida partilhada do Deus trino que amou o cosmos de tal maneira que o auto-esvaziamento se tornou o modus operandi.[4] Brent Peterson articula a centralidade dessa proposta trinitária. "Dentro de uma teologia robusta de adoração, torna-se evidente que o convite de Deus e o propósito da criação é para que todas as coisas possam participar do próprio amor e intimidade do Deus trino."[5] Na adoração, a Igreja é reunida na pessoa de Deus e depois, volta ao mundo com o impulso de se oferecer como sacrifício vivo e amoroso em favor de todos. A adoração cristã torna visível uma afirmação teológica crítica: o amor de Deus permanece dirigido a todo o cosmos.

Esta lembrança anamnéstica liga a doxologia, a soteriologia e a *missio Dei*. A Igreja, criada e formada por Deus, permanece cronicamente dependente da existência de Deus. Assim, a adoração cristã articula uma realidade importante - a *ecclesia* é porque Deus é. O ser da Igreja é e sempre será uma resposta aos dons graciosos de Deus. A adoração expressa esta resposta.

Ler o Guia Mestre - as Escrituras Cristãs

João Wesley identifica o guia mestre quando se auto-proclama *homo unius libri*, "um homem de um só livro". O contexto maior situa o compromisso de Wesley com esse livro nas questões do eterno. No prefácio de abertura do volume inicial dos seus *Sermões em várias ocasiões,* Wesley escreve:

> Eu sou um espírito vindo de Deus e que se volta para Deus; apenas pairando sobre o grande abismo, até que alguns momentos depois já não sou visto - caio numa eternidade imutável! Quero saber uma coisa, o caminho para o céu - como pousar seguro naquela costa feliz. O próprio Deus condescendeu em ensinar o caminho: para isso Ele veio do céu. Ele escreveu-o num livro. Oh, dê-me esse livro! A qualquer preço, dê-me o Livro de Deus! Eu tenho-o. Aqui está o conhecimento suficiente para mim. Deixe-me ser homo *unius libri.*[6]

O impulso do seu compromisso com este *unius libri* em particular (as Escrituras Cristãs) era conhecer (tanto o conteúdo como a experiência) a actividade salvífica de Deus. Parece, então, que como filhos de Wesley, já temos o guia mestre para a nossa adoração - as Escrituras Cristãs.

"No princípio Deus." O caos ordenado por Deus. Um povo criado por Deus. Uma aliança estabelecida por Deus. O povo identificado como povo de Deus. Deus falou. O povo escutou durante algum tempo. Deus chamou. O povo respondeu durante algum tempo. Deus convidou. As pessoas seguiram durante algum tempo. Deus ordenou. O povo obedeceu durante algum tempo. O relacionamento andou para trás e para a frente. O povo de Deus esqueceu-se da sua forma de estar no mundo. Em amor, Deus foi atrás do povo. Vez após vez, Deus lembrou-se e restaurou. A fidelidade de Deus à aliança permaneceu firme.

A evidência de Deus a lembrar-se e a restaurar o povo desenrolou-se numa cena tremenda depois do Êxodo da escravidão egípcia. Deus convidou o povo para um novo relacionamento e reformulou as obrigações da aliança com Moisés no Monte Sinai. Com a aliança novamente articulada em mãos, Moisés desceu do monte e descreveu as responsabilidades da aliança ao povo. Expressando a palavra de Deus ao povo, Moisés proclamou:

> Eu sou o SENHOR, teu Deus, que te tirei da terra do Egito, da casa da servidão. Não terás outros deuses diante de mim. Não farás para ti imagem de escultura, nem alguma semelhança do que há em cima nos céus, nem em baixo na terra, nem nas águas debaixo da terra. Não te encurvarás a elas nem as servirás; porque eu, o Senhor, teu Deus, sou Deus zeloso, que visito a maldade dos pais nos filhos até à terceira e quarta geração daqueles que me aborrecem. (Êxodo 20:2-

5)
Desde o início, a adoração estruturou o relacionamento entre Deus e o Seu povo. No entanto, a aliança obrigava o povo a viver de uma maneira particular no mundo. Samuel Balentine escreve que "a Torá entende que fazer alianças, da perspectiva de Israel, requer[ia] um compromisso de parceria solene que coloque Israel em harmonia com a liturgia da criação."[7] Esta visão sugere que a identidade do povo deveria ser evidenciada tanto na sua adoração como na sua administração e cuidado de toda a criação. A aliança vinculava a adoração a Deus, a identidade como povo de Deus e a administração conjunta da criação de Deus.

Gerações mais tarde, esta aliança tornou-se particularizada e renovada na morte, ressurreição e ascensão de Jesus o Cristo. Na nova aliança, a exclusividade percebida do povo de Deus é reconstituída como inclusividade. Judeus e gentios. Escravos e livres. Homens e mulheres. Pais e filhos. Todos são trazidos para a nova aliança. O apóstolo Paulo expressou este amor implacável e comprometido de Deus para com um povo infiel com a inserção de "mas".

> E vos vivificou, estando vós mortos em ofensas e pecados, em que, noutro tempo, andastes, segundo o curso deste mundo, segundo o príncipe das potestades do ar, do espírito que, agora, opera nos filhos da desobediência; entre os quais todos nós também, antes, andávamos nos desejos da nossa carne, fazendo a vontade da carne e dos pensamentos; e éramos por natureza filhos da ira, como os outros também. *Mas Deus*, que é riquíssimo em misericórdia, pelo seu muito amor com que nos amou, estando nós ainda mortos em nossas ofensas, nos vivificou juntamente com Cristo (pela graça sois salvos). (Efésios 2:1-5, itálicos meus)

Um povo vivificado em Cristo! Estas pessoas ganham vida porque Deus ama, perdoa e reconcilia. Como pessoas "chamadas para fora" de Deus, a *ecclesia* proclama o poder da ressurreição de Deus em acção no mundo. Eugene Peterson sugere que esta *ecclesia* ocupa uma nova paisagem e fala uma nova língua. "Estamos no país da salvação, na terra da ressurreição, na companhia dos homens e mulheres ressurrectos"[8]. Estas pessoas da ressurreição vivem de uma forma particular e falam uma língua particular como o corpo de Deus no mundo. Amor, perdão, paz, reconciliação, justiça e hospitalidade evidenciam este novo cenário de ressurreição. Graça e esperança moldam esta nova língua.

Então, na adoração, a Igreja experimenta, embora como uma pequena amostra, a plenitude da glória de Deus e a santificação da humanidade. A escrita apocalíptica de João prevê o âmbito da forma cósmica da salvação de Deus através da doxologia cristológica. O canto evangélico do coro angelical começa e termina com uma homenagem ao Cordeiro abatido.

> Graça e paz seja convosco da parte daquele que é, e que era, e que há de vir, e da dos sete Espíritos que estão diante do seu trono; e da parte de Jesus Cristo, que é a fiel testemunha, o primogénito dos mortos e o príncipe dos reis da terra. Àquele que nos ama, e em seu sangue nos lavou dos nossos pecados, e nos fez reis e sacerdotes para Deus e seu Pai, a ele, glória e poder para todo o sempre. Amém!
> (Apocalipse 1:4-6)

O puxar da cortina desta visão celestial representa a constituição final do povo de Deus, oferecendo seus corpos "como sacrifício vivo, santo e agradável a Deus, que é o vosso culto racional" (Romanos 12:1). A nova criação é um sacerdócio que ama e serve a Deus.

Nesta cacofonia da salvação divina em forma cósmica, vozes gritam alto: "Santo, Santo, Santo é o Senhor Deus, o Todo-Poderoso, que era, e que é, e que há de vir" (Apocalipse 4:8). O canto continua. "Digno é o Cordeiro, que foi morto, de receber o poder, e riquezas, e sabedoria, e força, e honra, e glória, e ações de graças" (5:12). Esta visão escatológica faz-se presente na adoração anamnésica da Igreja. O ensaio geral de domingo representa esta visão celestial. Cristo morreu. Cristo ressuscitou. Cristo voltará. Esta é a visão da adoração cristã!

Ensaiar o Guião Mestre - Bloquear e Preparar[9]

James White examina várias definições da adoração cristã para descrever o encontro que acontece entre a congregação que adora.[10] Uma forma de capturar o encontro na adoração cristã é como revelação e resposta (Lutero). Outra forma descreve o acontecimento como união com Deus (Calvino). Ainda outra descreve a adoração como aquilo que traz glória a Deus e rectifica a humanidade (Cranmer). "A glorificação de Deus e a santificação da humanidade" é outra forma de nomear o que acontece na adoração cristã (católica romana).[11] João Wesley sugeriu que o telos da adoração é a honra de Deus e a edificação da Igreja.

Na adoração divina, a primeira coisa a ser considerada é a finalidade e a próxima coisa são os meios que conduzem a essa finalidade. A finalidade é a honra de Deus e a edificação da Igreja; e então Deus é honrado, quando a Igreja é edificada. Os meios que conduzem a essa finalidade são ter a celebração administrada de forma a informar a mente, envolver as afeições e aumentar a devoção.[12]

Para Wesley, a adoração honra Deus, transforma o adorador e, subsequentemente, compele a pessoa a actos de amor e serviço no mundo. Cada uma das definições acima contribui para (mas falha em exaurir) o misterioso encontro na adoração. Nela, acontece algo além da linguagem e do movimento. Às vezes, podemos estar mais conscientes disso do que noutras ocasiões.

Durante o último quarto de século, o movimento de renovação da adoração liderado por Robert Webber reintroduziu a estrutura quádrupla básica da adoração (principalmente) nas igrejas evangélicas para mapearem e tornarem visível o que acontece nas celebrações de adoração. Esta recuperação ajuda-nos a preparar e organizar as nossas celebrações de adoração cristã. Situado na conversa mais ampla que entende a adoração como revelação e resposta, cada acto de adoração - Reunião, Palavra, Mesa e Envio - começa com Deus e convida a uma resposta. Deus fala. As pessoas respondem.

Na reunião, as pessoas são chamadas a adorar a Deus. As conversas sobre o trivial acabam. É iminente uma palavra de Deus. O serviço da Palavra ordena a leitura e interpretação das Escrituras Cristãs. As pessoas respondem à Palavra de Deus falada na vida do povo de Deus. A Mesa do Senhor - o Grande Dia de Acção de Graças - convida os adoradores a ensaiarem e a reinserirem a salvação de Deus mais uma vez. A morte e ressurreição de Jesus já não são lembradas à distância. A salvação sacrificial é encontrada novamente na mesa. No acto final de adoração, as pessoas são comissionadas e enviadas ao mundo como "agentes de reconciliação" de Deus (2 Coríntios 5:11-21). Estes "agentes de reconciliação" agora entendem o seu ministério pelas lentes do sacrifício.

Devemos ser sempre cautelosos. A tentação de acreditar que a nossa tarefa está cumprida se planearmos os quatro actos de adoração não respeita o movimento penetrante do Espírito de Deus. Nunca podemos domar o Espírito! Mesmo quando tentamos descrever e definir a adoração cristã, somos lembrados de que muito do que acontece nela não é visível - revelação, união com Deus, glorificação, santificação. O Espírito trabalha em nós, Ele consome-nos, Ele trabalha em nós e renova-nos.

Considere a obra do Espírito. Paulo, sendo acusado de deturpar a mensagem cristã, sugere que a nova aliança está a ser escrita pelo Espírito. "Mas todos nós, com cara descoberta, refletindo, como um espelho, a glória do Senhor, somos transformados de glória em glória, na mesma imagem, como pelo Espírito do Senhor" (2 Coríntios 3:18). O nosso trabalho de ordenar a adoração tenta tornar visível o que está velado. As nossas modestas tentativas de ordenar a nossa adoração, embora muito importantes, meramente convidam o Espírito de Deus a convencer, transformar, animar e compelir o povo de Deus para ir para o mundo participar plenamente na missão de Deus. Esta é a visão da adoração cristã!

Notas de Etapas - Primeiras Questões para a Adoração Cristã

Na ausência de um livro formal de adoração, pastores, liturgistas e outros dentro da tradição da igreja livre precisam de estar particularmente atentos e reflexivos sobre a adoração da congregação. Para muitos de nós, uma estrutura para garantir que o guia mestre seja lido e ensaiado fielmente é desesperadamente necessário. Certamente há espaço para uma licença criativa e interpretativa. No entanto, a mensagem central nunca muda: Cristo morreu. Cristo ressuscitou. Cristo voltará. É imperativo garantir que as boas novas de Jesus nunca sejam reduzidas a experiências religiosas privatizadas ou prescrições psicológicas.

Recentemente, Lester Ruth articulou uma estrutura básica para o planeamento da celebração de adoração.[13] Ruth sugere duas áreas principais de atenção: (1) conteúdo e (2) estrutura.[14] Aqueles que planeiam a celebração de uma congregação devem atender tanto à mensagem apropriada como à forma como a mensagem é organizada. Ruth analisa ainda mais a questão do conteúdo de duas formas: "igrejas de história pessoal" e "igrejas de história cósmica". Uma igreja de história pessoal foca a interacção entre a história de Deus e as histórias pessoais dos paroquianos. Por outro lado, uma igreja de história cósmica lembra "o grande alcance da actividade salvadora de Deus" ao longo da história e em todos os lugares.[15]

A estrutura, para Ruth, tem a ver com onde é gasto a maior parte do tempo numa celebração de adoração. No entanto, isto é mais do que apenas tempo cronológico. A estrutura revela a teologia da celebração cristã de uma congregação. O modo como a congregação conta a história de Deus reflecte o que ela realmente acredita sobre Deus e sobre os Seus propósitos para a criação. As três categorias de Ruth dentro da estrutura são: música, Palavra/pregação e Mesa. O tempo cronológico não é a única consideração na estrutura. As palavras reais, a música e os elementos da mesa têm importância.

Esta "estrutura" introdutória para analisar e preparar a celebração congregacional situa o pastor, liturgista ou músico na reflexão teológica. A primeira etapa é responder a três conjuntos de perguntas:

1. De que formas é que a adoração da congregação explora a História de Deus expressa através das histórias pessoais? De que formas é que a adoração da congregação proclama o grande âmbito da actividade de Deus no mundo?
2. Que estrutura ou ordem orienta a proclamação da salvação de Deus? Como é que a congregação usa o tempo em adoração (música, Palavra/pregação, Mesa)?
3. De que forma é que as decisões litúrgicas da congregação local revelam e reflectem a sua identidade denominacional e teológica? De que forma é que o contexto único e localizado é exibido na adoração da congregação?

Pastores, liturgistas e outros devem envolver-se na reflexão teológica litúrgica. Ao fazê-lo, cada congregação contará a história cósmica de Deus de forma que mantenha um sentido de continuidade com os cristãos ao longo dos tempos, enquanto experimenta a alegria de falar de formas novas e contemporâneas. Pregar a mensagem da salvação de Deus é demasiado importante para ser negligente nisso.

Um Comentário Final - Bênção

A adoração nunca é fazer com que nos sintamos melhor sobre nós mesmos, nem elevar a nossa posição na vida. Nem o pastor, nem a congregação reunida é o assunto principal da adoração. Em vez disso, a adoração cristã testemunha, se a congregação se lembrar fielmente, a salvação de forma cósmica de Deus. O tema da adoração cristã é sempre e somente o Cristo que actua na Igreja de Deus e através dela. Ou seja, a adoração lembra e experimenta novamente o Deus que tanto amou o cosmos. À medida que adoramos, Deus é glorificado e somos transformados de "glória em glória"

(2 Coríntios 3:18). Então, recebendo a bênção, somos enviados ao mundo como o corpo de Cristo, "sacerdotes servindo a seu Deus e Pai" (Apocalipse 1:4-6). Esta é a visão da adoração cristã! Esta prática é indispensável para o desenvolvimento de uma eclesiologia wesleyana.

E agora, ó Deus, envia-nos para fazer a obra que nos deste para fazer, amar-Te e servir como testemunhas fiéis de Cristo nosso Senhor. A Ele, a Ti e ao Espírito Santo, seja a honra e a glória, agora e para sempre. Amém.

Questões para Debate

1. Visto o pastor ser a pessoa principal a tomar decisões na ordem do culto de uma congregação, até que ponto partilha da convicção do autor de que a eclésia participa e dá testemunho da actividade salvífica de Deus?

2. De que formas você/a sua congregação se lembram de Deus e da salvação de Deus na adoração?

3. Numa denominação desprovida de um livro formal de adoração, porque é que é essencial permanecer fiel à narrativa bíblica ao enquadrar a estrutura e o conteúdo da celebração de adoração cristã de uma congregação? Que características da narrativa bíblica são sub-representadas no capítulo do autor?

4. Usando os três conjuntos de perguntas para considerar a adoração, como é que a sua congregação pratica a adoração? Histórias pessoais que evidenciam a história de Deus? O grande âmbito da História de Deus? Que espaço é dado à música? E às Escrituras? E à mesa? Como é que a sua congregação reflecte uma identidade denominacional/teológica?

Sugestões para Leitura Adicional

Balentine, Samuel E. *The Torah's Vision of Worship*. Minneapolis: Fortress Press, 1999.

Johnson, Todd. *The Conviction of Things Not Seen: Worship and Ministry for the 21st Century*. Ada, MI: Brazos Press, 2007.

Peterson, Brent D. *Created to Worship: God's Invitation to Become Fully Human*. Kansas City: Beacon Hill Press of Kansas City, 2012.

Wainwright, Geoffrey. *Doxology: The Praise of God in Worship, Doctrine, and Life*. New York: Oxford University Press, 1984.

White, James F. *Introduction to Christian Worship*, 3rd ed. Nashville: Abingdon Press, 2000.

nove
OS SACRAMENTOS DA IGREJA
Brent Peterson

É apropriado que uma conversa sobre os fundamentos da igreja na tradição wesleyana inclua espaço para os sacramentos da Igreja. João e Carlos Wesley personificavam uma estreita intersecção entre a Igreja (ou seja, a eclesiologia) e a cura soteriológica encontrada nos sacramentos do baptismo e da Ceia do Senhor. Além disso, esses dois sacramentos são ocasiões primordiais onde Deus cresce (baptismo) e sustenta (Ceia do Senhor) a Igreja, mesmo quando a sua cura e santificação precipitam a redenção posterior do mundo. Este capítulo explorará o dom e a cura dos sacramentos como um meio de graça e, a seguir, examinará mais especificamente a cura do baptismo e da Ceia do Senhor.

Sacramentos como Meio da Graça

Embora esteja para além do espaço que iremos explorar neste capítulo com grande profundidade, podemos ainda dizer que para muitas igrejas na tradição wesleyana, a sua compreensão dos sacramentos é talvez mais zwingliana do que wesleyana. Ulrich Zwingli era um reformador do século XVI que celebrou a importância dos sacramentos. Para ele, a ênfase principal não era especificamente o que Deus estava a fazer nos sacramentos, mas que os sacramentos eram "actos públicos de proclamação da fé da comunidade."[1] Embora a importância da comunidade proclamar a sua fé deva ser celebrada e de facto praticada, muitos wesleyanos não afirmaram que Deus está a oferecer a cura presente nos sacramentos. Na tradição wesleyana, os sacramentos são ocasiões para a cura de Deus.[2] Num dos sermões de João Wesley sobre os sacramentos, "Os Meios da Graça", ele afirma que tem sido verdadeiramente a posição ortodoxa de que "Cristo ordenou certos meios externos para transmitir a sua graça nas almas das [pessoas]."³ Wesley estava então num debate com os Morávios que não estavam convencidos de que os sacramentos eram importantes ou necessários para a salvação de alguém. Wesley deixa claro que Deus oferece cura e graça transformadora nos sacramentos e que eles são soteriológicos.

Antes de avançar para discutir a celebração dos sacramentos como um *meio de graça*, algo precisa ser dito sobre o que significa o termo "meio da graça". Embora a *graça* seja um termo usado com frequência, muitas vezes há alguma confusão quanto ao que é precisamente a graça. Na tradição wesleyana, a graça deve ser entendida como a presença imerecida de Deus, oferecendo transformação e cura. É muito importante que os wesleyanos não concebam a graça como alguma coisa ou um objecto fora de Deus. A graça é a oferta da própria presença de Deus para curar, redimir, transformar e santificar o povo de Deus.⁴

Graça Responsável

Dentro da tradição wesleyana também deve ser celebrado que enquanto Deus oferece cura às pessoas nos sacramentos, elas também devem responder ao convite de Deus para a cura. Não é que os sacramentos tratem apenas do que Deus está a fazer; as pessoas são capacitadas e cortejadas por Deus para responderem a essa cura.⁵ Embora Deus seja o actor principal, deve-se responder à cura que é oferecida. A Igreja não anda simplesmente pelas ruas da sua comunidade a mandar água a pessoas aleatórias e desprevenidas declarando-as baptizadas. Nos sacramentos, a graça participa da aliança contínua de Deus com o povo de Deus no mundo. Portanto, enquanto Deus capacita as pessoas a responderem à graça da cura oferecida, a resposta contínua das pessoas é significativa para permitir que a cura de Deus floresça nas suas vidas e no mundo.

Os Sacramentos como Acções Centrais da Igreja

João Wesley não apenas afirmou a centralidade dos sacramentos na celebração comunitária, mas também os considerou as práticas primárias da Igreja. No seu sermão "Da Igreja", a Igreja não é definida em termos da sua estrutura institucional ou organizacional, mas em termos da sua participação nos sacramentos. Wesley afirma que não está a fazer nada além do que se encontra no décimo nono Artigo de Fé Anglicano sobre a igreja. "A Igreja visível de Cristo é uma congregação de fiéis [pessoas], na qual a pura palavra de Deus é pregada e os sacramentos são devidamente administrados."[6] É justo dizer que para Wesley se a Palavra de Deus não é pregada nem os sacramentos devidamente administrados, a Igreja cristã não está presente. O erudito wesleyano Ole Borgen conclui que para Wesley, "Esses meios da graça são constitutivos da Igreja, ou seja, a Igreja existe para que os meios possam ser administrados para o benefício dos 'fiéis'".[7] Noutro cenário, Wesley esclarece quem faz parte da Igreja da Inglaterra. Observe que a sua definição localiza as práticas de adoração comunitária como centrais. "Mas quando eles estão visivelmente unidos, reunindo-se para ouvir a palavra pura de Deus pregada e comer de um pão, e beber de um copo, eles são, então, a Igreja visível de Inglaterra."[8] Wesley quis dizer que "qualquer congregação onde o Evangelho não foi verdadeiramente pregado ou os sacramentos verdadeiramente administrados não fazia parte da Igreja de Inglaterra nem da Igreja universal."[9] A reunião de adoração comunal de canto, oração, pregação, baptismo e comunhão não é simplesmente uma boa ideia mas testifica sobre quem é a Igreja visível. Os sacramentos constituem e renovam continuamente a Igreja por Deus. Claramente que a Igreja deve ser muito mais do que um dispensador individual de sacramentos, mas como será observado abaixo, os próprios sacramentos são eventos de cura de Deus e transformação da Igreja para que ela possa ser mais plenamente o corpo de Cristo unido e enviado em missão. Para ser mais claro, os sacramentos são constitutivos da Igreja e, portanto, são essenciais para uma eclesiologia wesleyana.

Quem Pode Administrar os Sacramentos?

Para João e Carlos Wesley, que iniciaram comunidades missionárias em bandas e sociedades, à medida que as pessoas chamadas de metodistas cresciam dentro do contexto anglicano mais amplo, surgia frequentemente o tema das pessoas que teriam permissão para celebrar os sacramentos. É crucial notar que os Wesleys nunca desejaram romper com a Igreja de Inglaterra. Wesley articulou porque é que Deus levantou os pregadores chamados metodistas. "Não para formar uma nova seita; mas para reformar a nação, particularmente, a Igreja; e para espalhar a santidade bíblica sobre a terra".[10] Neste sentido, a Igreja, conforme expressa nas sociedades, era uma expressão sacramental da vocação escatológica da Igreja mais ampla. Para a propagação da santidade escriturística, os Wesleys, como anglicanos, afirmaram a importância dos ofícios ordenados. Apenas aqueles ordenados pela Igreja de Inglaterra tinham permissão para celebrar os sacramentos. Embora João tenha, nessa ocasião, permitido a pregação de campo por leigos, ele e Carlos deixaram claro que apenas aqueles que são ordenados deveriam presidir a mesa ou baptizar.[11] Ter permitido que os não ordenados celebrassem os sacramentos seria um sinal claro de cisma com a Igreja de Inglaterra e seria para Wesley uma traição ao ensino de ordenação da Igreja de Inglaterra.

Como protestantes e anglicanos, João e Carlos Wesley estavam convencidos de que os únicos sacramentos adequados a serem administrados pelos ordenados eram aqueles que Cristo instituiu e ordenou nas Escrituras.[12] Apesar dos wesleyanos não terem a necessidade de condenar os outros sacramentos celebrados pelos nossos irmãos e irmãs ortodoxos e católicos romanos, os dois sacramentos principais discutidos serão deles - o baptismo e a Ceia do Senhor.

Baptismo

Esta secção tratará da cura do baptismo e, de seguida, considerará as questões teológicas do baptismo de adultos e de crianças. Finalmente, serão abordadas algumas questões relacionadas à confirmação do baptismo versus rebaptismo.

Submergir e Ressuscitar com Cristo

João Wesley celebra a cura que Deus oferece no baptismo, que serve como "o sacramento de iniciação, que nos introduz na aliança com Deus".[13] O baptismo é antes de mais nada uma iniciação na Igreja, o corpo de Cristo.[14] Deste modo, a Igreja acredita que o baptismo substituiu a circuncisão como uma entrada na aliança com Deus no povo de Deus. O baptismo é esta nova "marca" pela qual alguém leva o nome de Cristo.[15] Ele é tanto uma purificação do pecado como uma iniciação de cura no povo de Deus. Estes dois aspectos não devem ser separados.

Conforme mostrado pelo apóstolo Pedro em Actos e Paulo em Romanos 6, o baptismo celebra que um aspecto do arrependimento inclui ser baptizado na morte de Cristo.[16] Esta morte para o pecado leva ao convite de uma limpeza contínua e cura da doença do pecado. Esta morte é necessária para que as pessoas também possam juntar-se a Cristo na sua ressurreição e andar na novidade da vida.[17] O baptismo, portanto, é uma união com Cristo na sua morte e ressurreição, matando as obras das trevas para que as pessoas possam ser curadas para se unirem a Cristo no caminho da luz e da justiça. Mas é essencial que as pessoas na tradição wesleyana afirmem e pratiquem que no baptismo, *Deus é o actor principal!* (Isto terá implicações abaixo para aqueles que buscam ser rebaptizados.) O baptismo, como um símbolo de arrependimento, iniciação e cura, é sempre um meio da graça de *Deus*.

O Baptismo é Necessário para a Salvação?

Com a importância do baptismo como parte do arrependimento, cura e iniciação na Igreja como o corpo de Cristo, segue-se então a questão: se alguém não for baptizado, irá para o inferno? Quando esta pergunta é feita, as pessoas são rápidas em usar o ladrão na cruz em Lucas como um exemplo de alguém que não recebeu o baptismo cristão e ainda assim Jesus lhe disse as palavras da salvação: "Em verdade te digo que hoje estarás comigo no Paraíso" (Lucas 23:43). Embora esse evento seja descritivo da graça de Deus, não deve ser visto como normativo. Novamente, como wesleyanos, não há nada além da graça e do perdão de Deus que sejam necessários para a salvação. Mas ainda assim, os wesleyanos devem afirmar e treinar todos os cristãos para serem baptizados. O baptismo é considerado pela Igreja como algo ordenado por Deus como cura e entrada na Igreja e como uma aliança com Ele. Qualquer pessoa que deseje tornar-se e ser conhecida como cristã deve ser baptizada. Uma pessoa não baptizada que crê no Evangelho de Cristo é alguém que está a perder esse meio peculiar de graça de cura que Deus deseja oferecer a todos na comunidade de fé.

Num espírito de inclusão, João Wesley, seguindo as suas raízes anglicanas, afirmou que o baptismo pode ser "feito ao lavar, mergulhar os aspergir a pessoa em nome do Pai, Filho e Espírito Santo, que é assim dedicado à sempre abençoada Trindade."[18] Portanto, os wesleyanos podem e devem usar todos os meios para o baptismo. Num nível prático, algumas pessoas podem realmente temer a imersão e isso torna-se um obstáculo. Se as igrejas regularmente realizam baptismos por imersão, os pastores também fariam bem em informar a congregação que também estão disponíveis outros métodos e que eles são eficazes.

Baptismo Adulto e Infantil

Embora seja reconhecido que as práticas de baptismo da igreja primitiva variavam, é importante notar que os baptismos de adultos eram a norma inicial. É importante destacar que o sacramento do baptismo fazia parte do processo de iniciação, mas não era único. Havia um período de treino, ensino e discipulado chamado catecismo. Em algumas partes da fé, isto durava mais de três anos. A questão não era apenas sobre a duração deste período, mas sim sobre o tempo que a pessoa que buscava ser baptizada demorava a estar pronta.[19] Quando as pessoas se sentiam prontas, elas eram questionadas pelos líderes da igreja para verificar se estavam de facto prontas. O tempo de preparação imediatamente anterior ao baptismo, geralmente na Páscoa, incluía jejum, exorcismos, denunciar Satanás, afirmações do credo e unção com óleo, todos culminando com a celebração da Santa Ceia.

Muitas vezes, no clima actual, há pouca preparação para as pessoas que desejam ser baptizadas. Embora seja aconselhável um tempo organizado e definido para o catecismo intencional, também é importante notar que para todos os cristãos o catecismo, a formação espiritual e o discipulado nunca cessam. Além disso, baseando-se nas práticas da igreja primitiva, o baptismo simboliza não apenas o meu desejo de me filiar, mas também o desejo da igreja me permitir entrar. A questão é tanto uma consciência como uma vontade de se entregar à aliança em Cristo no contexto da Igreja.

Enfatizando a medição da vontade de uma pessoa e a consciência da aliança, como é que isso funciona com o baptismo infantil?[20] Como o baptismo veio substituir a circuncisão como iniciação na aliança para homens judeus de oito dias de idade, não foi uma surpresa que a Igreja tenha começado a prática de baptizar crianças. Embora os bebés não possam demonstrar disposição ou prontidão, os pais e padrinhos respondem por eles, ao mesmo tempo que prometem criá-los nos caminhos de Deus. Enquanto Deus oferece cura e graça salvadora para as crianças, elas também têm o poder de responder a essa graça à medida que crescem e amadurecem física e espiritualmente. Para as crianças que foram baptizadas, é importante que a Igreja também faça com que passem pelo catecismo oferecido a outras pessoas que buscam o baptismo. Na conclusão deste catecismo formal, tais pessoas devem ser levadas perante a congregação, onde podem fazer a sua promessa e confirmar a aliança na qual foram iniciadas.

Confirmação, Não Rebaptismo

Uma área problemática em relação ao baptismo acontece quando os pastores rebaptizam. Isto evidencia uma falta de ênfase de que *Deus* está a fazer a obra no baptismo. Embora os exemplos sejam muitos, geralmente ocorre algo assim: uma pessoa foi baptizada quando era criança e afastou-se de Deus na adolescência, passando muitos anos a vaguear e a afundar-se cada vez mais no abismo do pecado. No entanto, a graça de Deus não desistiu da pessoa e ela voltou para Deus, chegando depois ao pastor com a intenção de ser baptizada novamente como uma promessa e testemunho de fé que mostra que regressou. Neste caso, o pastor deve absolutamente dar uma oportunidade para a pessoa partilhar um testemunho e celebrar o seu regresso a casa e *confirmar* o seu baptismo. No entanto, a Igreja universal mais ampla é absolutamente clara sobre isto: o rebaptismo não é ortodoxo. Baptizar novamente seria dizer a Deus: "Deus, não foste bom o suficiente da primeira vez, mas desta vez espero que consigas que isto dure". Claro que ninguém quer dizer isto, mas é precisamente isto que está a ser praticado teologicamente. Lembre-se que Deus é o actor do baptismo. Aquele que foi baptizado em nome do Pai, do Filho e do Espírito Santo não precisa ser novamente baptizado. Além disso, as pessoas podem apresentar-se a qualquer momento (e muitas vezes), especialmente durante a celebração do baptismo e confirmar a aliança que elas e Deus fizeram anteriormente. Existem muitos recursos para os pastores levarem as pessoas a confirmarem e a reafirmarem a sua fé à frente do corpo, sem a prática heterodoxa de rebaptizar. Na verdade, cada baptismo e Santa Ceia deve ser uma ocasião para todos os baptizados renovarem a sua aliança e compromisso com Deus e com o Corpo de Cristo. No final, o essencial é que haja um baptismo. Um no sentido de que todos os cristãos partilham desta experiência, mas também um como na adequação de um só baptismo na vida de uma pessoa.

A Santa Ceia

O lugar proeminente da Santa Ceia para os Wesleys foi fundamentado na ordem de Cristo para fazê-la e na prática regular da igreja primitiva. Mesmo assim, eles nunca pretenderam que a celebração da Ceia do Senhor fosse simplesmente uma regra árida de Deus a ser seguida. João Wesley afirmou que a Ceia do Senhor era um dos principais canais da graça ordenados. É no encontro eucarístico que os crentes experimentam poderosamente Deus em Cristo pelo Espírito e, consequentemente, são semanalmente transformados e renovados à imagem de Deus. Para Wesley, a Eucaristia era o sacramento central a ser celebrado semanalmente como a experiência *principal* onde a Igreja é renovada como Corpo de Cristo. É essencial para a vida da Igreja e é constitutivo do seu significado.

Além disso, Wesley deixou claro que como uma ordenança e uma misericórdia para a humanidade, por meio da recepção constante da Comunhão, "podemos ser ajudados a alcançar as bênçãos que Ele preparou para nós; para que possamos obter santidade na terra e glória eterna no céu".[21] Wesley entendeu a Santa Ceia como o meio principal do crescimento contínuo em amor e renovação à imagem de Deus, individual e corporativamente, na glorificação escatológica da Igreja. Portanto, a Ceia do Senhor é principalmente o sacramento que oferece a graça santificadora contínua. Apesar do espaço não permitir um discurso mais completo, a Ceia do Senhor é um encontro divino-humano onde a Igreja se oferece como sacrifício vivo que se junta ao sacrifício de Cristo; e depois, unida como uma no Espírito, é enviada em missão.[22]

Por outras palavras, a *Eucaristia* não apenas renova continuamente a Igreja como Corpo de Cristo, mas tal cura também implica uma vocação na qual é soprada pelo Espírito para ser o corpo e sangue de Cristo no mundo. À mesa, a Igreja é renovada como Corpo de Cristo, que é tanto uma chamada como uma capacitação para continuar o ministério de Cristo como Seu corpo partido e sangue, dados para amar e servir ao mundo. Mas não termina aí. A missão final da Igreja não é simplesmente amar, servir e cuidar do mundo, mas é que o mundo seja convidado pela Igreja e reunido por Deus de volta à mesa e, assim, encontre vida real e plena comunhão com Deus como o corpo de Cristo. É o alento vital de Deus que inala a Igreja apenas para então ser exalado (expirado) por Deus para ser exalado no próximo Dia do Senhor. É este ritmo litúrgico que proporciona a própria vida da Igreja que vive para Deus. É possível fazer eclesiologia sem teologia sacramental. Mas é impossível ser wesleyano e ignorar o lugar essencial que os sacramentos ocupam na Igreja.

Questões para Debate

1. O que é que achou mais útil neste capítulo em relação aos sacramentos do baptismo e da Santa Ceia?

2. Como é que este capítulo afirma e desafia a sua anterior compreensão em relação aos sacramentos?
3. Qual o aspecto deste capítulo em que tem maior dificuldade?
4. Como é que este capítulo irá melhorar as suas celebrações dos sacramentos?
5. Está encorajado/a a perceber que Deus oferece cura nos sacramentos? Se sim, como e porquê?

Sugestões para Leitura Adicional

Borgen, Ole E. *John Wesley on the Sacraments*. Grand Rapids: Francis Asbury Press, 1972.

Staples, Rob L. *Outward Sign and Inward Grace*. Kansas City: Beacon Hill Press of Kansas City, 1991.

White, James F. *The Sacraments in Protestant Worship*. Nashville: Abingdon Press, 1999.

dez
A PROCLAMAÇÃO DA IGREJA
James N. Fitzgerald

Na sua obra inspiradora em 1974, *Models of the Church*, Avery Dulles ofereceu "A Igreja como Arauto" como um dos cinco modelos eclesiológicos.[1] Nesta eclesiologia:
> A missão da Igreja é a proclamação da Palavra de Deus a todo o mundo... A Igreja é essencialmente uma comunidade querigmática que sustenta, através da Palavra pregada, as obras maravilhosas de Deus na história passada, particularmente o Seu acto poderoso em Jesus Cristo. A própria comunidade acontece onde o Espírito respira, onde a Palavra é proclamada e aceita na fé.[2]

Tendo como pano de fundo o modelo de arauto de Dulles, este capítulo abordará o papel da pregação na eclesiologia de João Wesley e da Igreja do Nazareno. Começaremos por considerar a eclesiologia de João Wesley - até que ponto é que o modelo de arauto descreve a visão de Wesley da Igreja? Depois, será considerada a eclesiologia da Igreja do Nazareno à luz das visões de Wesley e do modelo de arauto de Dulles. Por fim, ofereceremos algumas orientações para uma reflexão posterior e um refinamento da articulação de uma eclesiologia para a Igreja do Nazareno.

A Eclesiologia de João Wesley

À primeira vista, há evidências consideráveis da vida e ministério de João Wesley que parecem alinhá-lo com o modelo de arauto da Igreja. "Realmente *vivo* da pregação", escreveu Wesley no seu diário,[3] e este certamente parecia ser o caso. Por insistência de George Whitefield, Wesley começou a pregar no campo em 1739, o que abriu a porta para pregar várias vezes ao dia. Ele fê-lo num ritmo incrível, pregando mais de quarenta mil sermões na sua vida.[4]

Embora o próprio Wesley tenha sido ordenado, o Metodismo era conhecido pelo seu uso generalizado de pregadores leigos, o que desencadeou um vasto exército de pregação, primeiro em Inglaterra e depois nos Estados Unidos. Por causa da urgência que o movimento sentiu para pregar a Palavra, homens e mulheres que sentiam uma chamada para pregar foram capacitados para o fazer, mesmo que nunca procurassem ser ordenados. A admoestação de Wesley aos seus pregadores foi "vocês não têm nada a fazer a não ser salvar almas. Portanto, gastem e sejam gastos nisso."[5]

Nas suas *Notes* sobre o livro de Actos, Wesley enfatizou a primazia da pregação na igreja primitiva. "Na primeira igreja, o principal negócio dos apóstolos, evangelistas e bispos era o de pregar a palavra de Deus".[6] No entanto, apesar da ênfase inegável que Wesley tinha na pregação, a sua eclesiologia era na verdade muito mais ampla do que o modelo de arauto abrange.

A eclesiologia de João Wesley só pode ser entendida no contexto da sua conexão ao longo da vida com a Igreja de Inglaterra e o desenvolvimento da eclesiologia anglicana. O Artigo XIX dos Artigos de Religião da Igreja de Inglaterra diz:

> A Igreja visível de Cristo é uma congregação de homens fiéis na qual é pregada a pura Palavra de Deus e os sacramentos são devidamente ministrados de acordo com a ordenança de Cristo em todas as coisas que necessariamente são requeridas para tal.
>
> Tal como a igreja de Jerusalém, Alexandria e Antioquia, erraram; a igreja de Roma também errou, não apenas na sua forma de viver e nas cerimónias, mas também em questões de fé.[7]

A redacção do Artigo XIX segue de perto a do Artigo VII da Confissão de Augsburg, que diz em parte: "A Igreja é a congregação de santos na qual o Evangelho é correctamente ensinado e os Sacramentos são correctamente administrados."[8] Isto reflecte a visão protestante clássica de que as marcas da verdadeira Igreja são (pelo menos) a Palavra e os sacramentos. Apesar do texto da Igreja de Inglaterra ter permanecido inalterado por mais de 150 anos antes do nascimento de Wesley, as discussões sobre a Igreja assumiram várias nuances dependendo do ponto de referência oposto. Os esforços de Thomas Cranmer para definir a Igreja de Inglaterra contra a igreja de Roma pareceram diferentes dos esforços de Richard Hooker para definir os anglicanos contra Roma e contra os puritanos, e ambos pareceram diferentes dos esforços de Jeremy Taylor para definir a Igreja de Inglaterra contra os reformadores continentais.⁹ João Wesley não apresentou em lugar nenhum uma nova doutrina da Igreja porque ele não tinha intenções de formar uma nova igreja. No entanto, o que ele ofereceu foram as suas próprias reflexões matizadas sobre o Artigo XIX. Como seus predecessores anglicanos, as discussões de Wesley sobre a doutrina da Igreja reflectiam tanto o seu público-alvo como os seus oponentes.

Na sua primeira defesa impressa completa do movimento metodista, "An Earnest Appeal to Men of Reason and Religion" (publicado em 1743), João Wesley discutiu a sua visão da natureza da Igreja. Ele refere-se ao Artigo XIX da Igreja de Inglaterra e destaca três partes principais da declaração sobre a igreja:

> O artigo menciona três coisas como essenciais para uma Igreja visível. Primeiro: fé viva; sem a qual, de facto, não pode haver Igreja, nem visível, nem invisível. Em segundo lugar: pregar e, consequentemente, ouvir a pura palavra de Deus - sem isso essa fé enfraqueceria e morreria. E, em terceiro lugar, a devida administração dos sacramentos - o meio comum pelo qual Deus aumenta a fé.¹⁰

Wesley prossegue ao fazer uma distinção entre a primeira parte do artigo (uma companhia de pessoas fiéis ou crentes - *fé viva*), que define como a *essência* da Igreja e as duas últimas frases (a pura palavra de Deus pregada e os sacramentos devidamente administrados), que ele define como *as propriedades* da Igreja.¹¹ A distinção de Wesley entre a essência e as propriedades da Igreja permaneceu uma constante ao longo da sua vida, (ele repetiu-a numa carta ao seu irmão Carlos em 1785),¹² mas, durante os seus anos de vida, Wesley passou por uma mudança significativa nos seus pontos de vista sobre a ordem da Igreja. No início do seu ministério, Wesley tinha opiniões muito rígidas,¹³ mas aos poucos começou a incorporar práticas que eram consideradas uma violação da ordem da Igreja.

O que é particularmente significativo é a grande flexibilidade que Wesley mostrou em questões relacionadas à pregação em comparação com questões relacionadas com a administração dos sacramentos. Wesley era muito mais resistente à ideia da administração leiga da Eucaristia do que ao uso de pregadores leigos. Falando dos seus pregadores leigos, ele escreveu: "Nenhum deles sonhava que ser chamado a pregar lhes dava o direito de administrar os sacramentos."[14] Ele estava disposto a participar na pregação de campo, usar pregadores leigos e pregar em paróquias com limites reconhecidos - todos foram consideradas violações da ordem da Igreja. Por trás de tudo isso estava o seu raciocínio de que a mensagem do Evangelho devia ser proclamada e que nenhuma barreira, eclesiástica ou não, devia ceder na busca dessa missão.

Ao longo da sua vida, a eclesiologia de Wesley evoluiu na sua ênfase, embora estivesse sempre ligada ao Artigo XIX da Igreja de Inglaterra. Como Albert Outler observa, o "sotaque distintamente wesleyano é que a Igreja é melhor definida *em acção*, no seu testemunho e missão, em vez de na sua forma de governo."[15] Essa "missão" foi claramente destacada nas celebrações de pregação metodista. Apesar do facto de as celebrações de pregação metodista terem sido considerados a "glória dos metodistas",[16] Wesley fez uma distinção clara entre as celebrações de pregação metodista e a adoração adequada. Parte dessa distinção era que a adoração adequada inclui a celebração regular da Eucaristia. Porque as celebrações de pregação não eram celebrações eucarísticas, Wesley considerava-os adoração "essencialmente defeituosa".[17] Assim, embora Wesley enfatizasse o papel da pregação, ele não estava disposto a separá-la do âmbito mais amplo da vida e obra da Igreja. Ele sempre considerou a importância de *ambas* as propriedades da Igreja - a pregação da Palavra e a administração dos sacramentos.

Em resumo, o modelo de arauto da Igreja não é amplo o suficiente para abranger toda a eclesiologia de João Wesley, mas certamente é descritivo de muito do seu pensamento e prática. Muitas das suas variações da ordem estabelecida parecem inclinar-se e ser moldadas pelo modelo de arauto. Ele recusou-se a ser limitado por uma eclesiologia que inibisse a tarefa do arauto de proclamar a mensagem querigmática do reino.

A Igreja do Nazareno

O Modelo de Arauto

Existem várias características do modelo de arauto da eclesiologia que são claramente evidentes na Igreja do Nazareno. Dulles observa que "esta eclesiologia acompanha um forte impulso missionário evangelístico"[18] e é "radicalmente centrada em Jesus Cristo e na Bíblia como a sua principal testemunha",[19] e ambos permanecem verdadeiros para a denominação.

Dulles também identifica os seguintes pontos fortes do modelo de arauto, que tem uma forte afinidade com a eclesiologia implícita e explícita da Igreja do Nazareno:
- Tem um bom fundamento bíblico na tradição profética do Antigo Testamento, em Paulo e noutros lugares.
- Dá um claro sentido de identidade e missão para a igreja.
- Dá origem a uma rica teologia da Palavra.[20]

No modelo de arauto, há uma forte conexão com o ministério de pregação de Jesus e uma sensação de que, à medida que a Igreja cumpre a tarefa de pregar, está a dar continuidade ao ministério de Cristo no mundo.

> Jesus veio a pregar. A imagem é desenhada com muita clareza no Evangelho de Lucas. Foi na sinagoga de Nazaré que Jesus abriu o livro do profeta Isaías e, lendo uma passagem que falava de como o há muito prometido Messias pregaria o Evangelho, anunciou que a promessa tinha sido cumprida. No centro do ministério de Jesus estava esta leitura e interpretação das Escrituras, esta proclamação de que elas tinham sido cumpridas... Jesus veio a pregar porque tinha sido enviado para esse propósito pelo Pai. Da mesma forma, Jesus enviou os Seus discípulos para pregarem: "Assim como o Pai me enviou, também eu vos envio a vós." (João 20:21). A Igreja primitiva entendia a pregação como o centro da sua missão. A Grande Comissão deixou claro: "Portanto, ide, ensinai todas as nações, batizando-as... ensinando-as a guardar todas as coisas que eu vos tenho mandado" (Mateus 28:18-20). Encontramos a mesma coisa no longo final do Evangelho de Marcos: "Ide por todo o mundo, pregai o evangelho a toda criatura" (Marcos 16:15). E Lucas aponta o mesmo mais uma vez: "E, em seu nome, se pregasse o arrependimento e a remissão dos pecados, em todas as nações" (Lucas 24:47).[21]

Em todas estas formas, a Igreja do Nazareno exibe muitas das fortes características do modelo de arauto da Igreja. Também reflecte a descrição de Dulles do papel dos sacramentos neste modelo: "Os sacramentos neste tipo de eclesiologia, em contraste com os modelos institucional e sacramental, são vistos como definitivamente secundários à Palavra."[22] Isto não aconteceu com Wesley, que liderou um avivamento evangélico e eucarístico. Mas apesar de ele ter sido capaz de ser uma excepção à regra, a Igreja do Nazareno logo no início caiu nas categorias padrão que Dulles descreveu -

uma eclesiologia que enfatizava a pregação consideravelmente mais do que os sacramentos.

O Desenvolvimento da Eclesiologia Nazarena

Enquanto o Metodismo começou como um movimento dentro de uma igreja estabelecida, a Igreja do Nazareno foi o estabelecimento de uma igreja que surgiu de um movimento - o movimento Americano de Santidade. Sendo assim, desde o início houve um contexto eclesiástico diferente para os dois. No seu início, a Igreja do Nazareno não tinha uma expressão robusta da sua eclesiologia - nada que articulasse claramente as marcas protestantes tradicionais da Igreja como um lugar onde a Palavra de Deus é pregada e os sacramentos são devidamente administrados.

A denominação não teve Artigos de Fé até 1923, mas os primeiros *manuais* incluíam Declarações Doutrinárias (que mais tarde seriam designadas como Artigos de Fé) e uma Declaração de Fé aprovada. Nenhum deles continha uma declaração sobre a Igreja. Em vez disso, o que havia eram três declarações sobre a Igreja que têm aparecido consistentemente nos manuais nazarenos: "A Igreja Universal", "As Igrejas Individuais" e "A Igreja do Nazareno".[23]

A declaração sobre "A Igreja Universal" é a afirmação de que "A Igreja de Deus é constituída por todas as pessoas espiritualmente regeneradas, cujos nomes estão escritos no Céu". A declaração sobre "As Igrejas Individuais" afirma o princípio das igrejas serem associações voluntárias de crentes: "As igrejas individuais são constituídas pelas pessoas regeneradas que, por permissão providencial e direcção do Espírito Santo, se associam para comunhão santa e ministérios".

A terceira declaração sobre "A Igreja do Nazareno" diz:

> A Igreja do Nazareno é composta pelas pessoas que voluntariamente se associam segundo as doutrinas e forma de governo da dita igreja e procuram a santa comunhão cristã, a conversão de pecadores, a inteira santificação dos crentes, a sua edificação em santidade e a simplicidade e o poder espiritual manifestos na Igreja Neo-Testamentária, juntamente com a pregação do Evangelho a toda a criatura.

É importante notar que nenhuma das três declarações menciona o papel dos sacramentos na discussão da Igreja. Quando a denominação adoptou uma constituição pela primeira vez em 1923, a Assembleia Geral votou para incluir essas três declarações como Artigos de Fé.[24] No entanto, quando o *Manual* foi publicado essas declarações não foram incluídas nos Artigos de Fé, mas permaneceram como três declarações separadas, colocadas entre os Artigos de Fé e a Declaração de Fé aprovada que era exigida para entrar para o rol de membros da igreja.[25] A denominação não desenvolveu um Artigo de Fé sobre a Igreja até 1989.

Na falta de uma eclesiologia explícita nos primeiros anos, a Igreja do Nazareno tinha uma ênfase implícita na "fé viva" como sendo essencial para a Igreja (com as duas referências a "pessoas regeneradas") e uma ênfase expressa na "pregação do Evangelho a toda criatura".

Como Wesley, a Igreja do Nazareno tinha mais probabilidade de definir a Igreja em acção do que na política. No entanto, ao contrário de Wesley, a Igreja do Nazareno não produziu um Artigo de Fé substantivo sobre a Igreja que falasse sobre a sua natureza. Na falta de uma declaração que falasse da *essência* da Igreja, o foco da denominação estava nas suas *propriedades* e a pregação era enfatizada muito mais do que a administração dos sacramentos. Sem uma declaração que nomeasse a administração dos sacramentos como sendo constitutiva da Igreja, a denominação não teve nenhum fundamento teológico para recuperar a prática sacramental frequente de João Wesley. Havia um Artigo de Fé sobre os sacramentos e a administração dos sacramentos estava listada entre os deveres do ministro ordenado. No entanto, o papel da pregação recebeu claramente maior ênfase do que a administração dos sacramentos. No seu início, a Igreja do Nazareno tinha uma piedade essencialmente baseada na pregação e estava muito mais alinhada com o modelo de arauto da Igreja.

Articulando o Papel dos Sacramentos

No final da década de 1960, teólogos dentro da denominação estavam a chamar a atenção para a necessidade de um Artigo de Fé sobre a Igreja. Nas Conferências de Teologia Nazarena realizadas em 1967 e em 1972, o foco estava na doutrina da Igreja e foi expressa a preocupação de ver elaborada uma declaração do *Manual* articulando uma doutrina da Igreja. No entanto, só em 1985 é que a Assembleia Geral nomeou uma "Comissão da Doutrina da Igreja" para redigir um documento. A comissão apresentou um documento à Assembleia Geral de 1989, que foi adoptado como Artigo de Fé XI, "A Igreja".

O artigo XI original continha quatro parágrafos. O primeiro parágrafo fala sobre a natureza e identidade da Igreja e inclui a frase que o corpo de Cristo é "congregado pelo Espírito Santo através da Palavra".[26] O segundo parágrafo delineia estas três marcas da igreja: (1) a unidade e comunhão do Espírito, (2) a adoração através da pregação da Palavra, observância dos sacramentos e ministério no Seu nome, e (3) obediência a Cristo e a responsabilização mútua.[27]

O Artigo XI continua a ser um trabalho contínuo, mas a sua articulação teve um desenvolvimento paralelo - a Igreja do Nazareno está a ampliar o seu modelo de Igreja para além do modelo de arauto. Isto está a resultar numa eclesiologia que se alinha mais de perto com as raízes wesleyanas da denominação.

Conclusão

Embora a eclesiologia de João Wesley tivesse muitas marcas do modelo de arauto da igreja, a verdade é que ela era mais ampla do que esse modelo, particularmente na ênfase de Wesley nos sacramentos. A Igreja do Nazareno começou sem uma eclesiologia claramente definida. As várias expressões fragmentadas de uma eclesiologia eram mais estreitas do que a eclesiologia de Wesley e estavam estreitamente alinhadas com o modelo de arauto da Igreja. À medida que a denominação continua a considerar o papel da pregação na vida da Igreja, estas directrizes podem levar a essa reflexão:

- Continue a adoptar o modelo de arauto como um correctivo para os padrões de pregação que são mais terapêuticos ou "bons conselhos" do que querigmáticos.
- Considere a questão de saber se a pregação é simplesmente uma marca da Igreja ou se é constitutiva da mesma.
- Esclareça as funções de pregação e dos ofícios para o ministério ordenado.
- Inclua uma declaração sobre a Igreja na Declaração de Fé e no Ritual de Recepção dos Membros da Igreja.

A Igreja do Nazareno continua a esclarecer a sua eclesiologia e a alinhar-se mais de perto com as suas raízes wesleyanas. Neste processo, sem rejeitar nenhum dos pontos fortes do modelo de arauto, a Igreja do Nazareno pode ampliar o âmbito da sua eclesiologia para reflectir uma ênfase na pregação da Palavra e na administração dos sacramentos.

Questões para Debate

1. De que forma é que a sua congregação local exemplifica o modelo da "igreja como arauto do querigma"?

2. O papel da igreja como "arauto" é frequentemente visto como cumprido através da proclamação da Palavra na adoração. Existem outras formas da Igreja cumprir este papel? Se sim, quais?

3. Quão essencial é a pregação para uma definição/doutrina da Igreja? A pregação é *constitutiva* da Igreja ou é *uma função* da mesma?

4. Um dos lemas notáveis de Phineas F. Bresee era: "Nos essenciais a unidade, nos não essenciais a liberdade e em todas as coisas a caridade". Que coisas essenciais identificaria ao articular o *kerygma* que a Igreja proclama?

5. Ao reflectir sobre o papel da pregação na identidade da Igreja, que outras imagens ou modelos além do "arauto" deveriam fazer parte da discussão?

Sugestões para Leitura Adicional

Campbell, Ted A. *Wesleyan Beliefs: Formal and Popular Expressions of the Core Beliefs of Wesleyan Communities.* Nashville: Kingswood Books, 2010.

Cooke, Bernard. *Ministry to Word and Sacraments: History and Theology.* Philadelphia: Fortress, 1976.

Dulles, Avery. *Models of the Church*, expanded ed. New York: Doubleday, 1991.

Harper, Brad, and Paul Louis Metzger. *Exploring Ecclesiology: An Evangelical and Ecumenical Introduction.* Grand Rapids: Brazos Press, 2009.

Lischer, Richard, ed. *The Company of Preachers: Wisdom on Preaching, Augustine to the Present.* Grand Rapids: Eerdmans, 2002.

onze
A IGREJA COMO EDUCADORA CONFESSIONAL
UMA ABORDAGEM CATEQUÉTICA DA EDUCAÇÃO CRISTÃ
Mark A. Maddix

O papel da educação cristã é central para a vida da Igreja. Os cristãos são formados e moldados para viver uma vida de fiel discipulado através dos ministérios educacionais da igreja local. Os cristãos afirmam o mandato de "ir... e fazer discípulos" (Mateus 18:19), mas cada tradição de fé expressa o que significa ser um seguidor de Cristo e o papel que a Igreja desempenha na formação de discípulos fiéis. Algumas tradições de fé vêem a educação cristã principalmente como nutrição cristã; alguns veem-na principalmente como a transmissão de conhecimento através do ensino, enquanto outros veem-na como o processo de formação espiritual. Todas elas são expressões válidas da educação cristã, mas em si mesmas, não fornecem uma abordagem holística da educação cristã.

A Igreja do Nazareno, que encontra as suas raízes na tradição wesleyana da santidade, tem frequentemente lutado com o desenvolvimento de uma abordagem holística da educação cristã devido à ênfase no avivamento e na experiência instantânea. Nos anos mais recentes, tem havido um interesse crescente no desenvolvimento de uma abordagem holística para a educação cristã, enraizada na teologia e prática de João Wesley que informa a educação cristã para a Igreja hoje. Uma abordagem mais holística da educação cristã pode ser encontrada na sua teologia e na prática. Wesley, um teólogo prático, entendeu a necessidade de estabelecer práticas educacionais cristãs que ajudassem as pessoas a crescer em direcção à "santidade de coração e vida".

Catequese

O desenvolvimento de uma abordagem holística da educação cristã pode ser melhor descrito como *catequese*. A catequese é o processo pelo qual os cristãos são formados, educados e instruídos. Catequese é um termo mais amplo do que educação cristã porque inclui toda a aprendizagem intencional dentro da comunidade de fé. A catequese, segundo John Westerhoff, é uma actividade pastoral que visa transmitir a tradição da Igreja e permitir que a fé se torne viva, consciente e actuante na vida das pessoas e da comunidade em amadurecimento.[1] Não se preocupa apenas com a conversão, nutrição, compromisso e comportamento, mas também ajuda a comunidade a tornar-se cristã. Trata-se de transmitir a tradição viva na forma de história e visão, bem como para todos aqueles que partilham da vida e da missão da comunidade de fé cristã.[2]

Uma abordagem catequética para a educação cristã é reflectida no foco de João Wesley nos "meios da graça".[3] Wesley descreve-os da seguinte forma: "Por meios da graça, entendo sinais externos, palavras ou acções ordenadas por Deus, e designados para este fim - para ser os canais comuns pelos quais Ele transmite a graça preveniente, justificadora ou santificadora."[4] Wesley usa a palavra 'meios' com a palavra 'ordenança' ocasionalmente como um indicador de que esta participação era esperada por Deus.

Wesley dividiu os "meios da graça" em três: meios instituídos da graça, meios prudenciais da graça e os meios gerais da graça. Os meios instituídos da graça são práticas dadas directamente por Jesus Cristo e são a oração, o estudo das Escrituras, participação na Santa Ceia (Eucaristia), jejum e conferência cristã (conversa espiritual).

Os meios prudenciais da graça são práticas sábias e benéficas e incluem obedecer a Cristo, pequenos grupos, reuniões especiais de oração, visitar os enfermos, fazer todo o bem que pudermos a todas as pessoas que pudermos e ler os clássicos devocionais da rica tradição de dois mil anos de cristianismo. Os meios prudenciais da graça foram concebidos para ir ao encontro da pessoa na sua necessidade, por isso, são adaptáveis à situação ou ao contexto histórico particular de cada pessoa. Os meios gerais da graça incluem vigiar, negar a nós mesmos, tomar diariamente a nossa cruz e exercer a presença de Deus.

Wesley não confinou a graça de Deus apenas a estas práticas. Por entender que a graça era a presença amorosa e não criada de Deus, ele acreditava que muitas outras actividades poderiam também ser meios da graça. Assim, a graça ainda está activa mesmo entre aqueles que não têm acesso a meios específicos como o baptismo cristão, a Eucaristia ou o estudo das Escrituras.

Formação, Discernimento e Transformação

As categorias de Wesley dos meios instituídos e prudenciais da graça, juntamente com os actos de misericórdia, sugerem uma maneira de ordenar as práticas educacionais em três abordagens complementares à educação cristã: *formação, discernimento* e *transformação*.[5] Juntamente com a teologia sacramental de Wesley e o seu desejo de uma santidade transformadora de coração e vida, estas três abordagens complementares fornecem um processo catequético para a educação cristã.

Formação

O processo de formação ocorre à medida que as pessoas são assimiladas à cultura cristã através de uma série de práticas cristãs estabelecidas. Isto reflecte-se na compreensão de Wesley dos meios instituídos da graça, onde as pessoas são formadas e transformadas à medida que participam da vida total da comunidade de fé. Através da participação intencional em práticas comunitárias, as pessoas são moldadas no carácter cristão e são transformadas pela sua nova identidade.[6] Este processo de formação não ocorre individualmente, mas através da participação nas práticas comunitárias, como a adoração, a Eucaristia e os pequenos grupos. Por meio destas práticas comunitárias, as pessoas são socializadas na fé cristã.[7] Para Wesley, pela graça de Deus, o objectivo da participação nestas práticas comunitárias é a santidade de coração e de vida.

Há uma variedade de práticas formacionais, mas algumas das que reflectem a teologia e as práticas de João Wesley incluem a formação infantil, a formação de adultos (pequenos grupos) e a adoração (Eucaristia).[8]

Formação Infantil

A abordagem de João Wesley à educação cristã das crianças segue logicamente a sua teologia. De acordo com ele, tanto os jovens como os idosos carecem da imagem natural e moral de Deus. O pecado desalojou a imagem de Deus em toda a humanidade e trouxe alienação de Deus. Wesley estava preocupado principalmente com a salvação das crianças e, por isso, acreditava que a educação cristã era um dos principais meios para tal. No seu sermão "On the Education of Children", ele afirma:

> Se estas são as doenças gerais da natureza humana, não é o grande objectivo da educação curá-las? E não é parte de todos aqueles a quem Deus confiou a educação dos filhos, tomar todo o cuidado possível, primeiro, para não aumentar e não alimentar nenhuma dessas doenças (como a generalidade dos pais faz constantemente)?[9]

Foi com este objectivo que Wesley gastou muito do seu ministério a educar as crianças. Ele acreditava que o primeiro passo para a redenção da criança era o baptismo.[10] O novo nascimento, o início da transformação espiritual, era alcançado pelos adultos através do baptismo, apenas com a condição de que se arrependessem e cressem no Evangelho; que a vida espiritual é alcançada pelas crianças através de um sinal externo do baptismo sem essa condição, pois elas não se podem arrepender nem crer.[11] Isto não significa que o baptismo infantil não tem efeito. Os bebés estão num estado de pecado original, e na interpretação de alguns estudiosos de Wesley, eles não podem ser salvos da forma normal a menos que este pecado seja lavado pelo baptismo que regenera, justifica e lhes dá os privilégios da religião cristã. Esta é uma interpretação inteiramente anglicana que Wesley parece seguir. Outra interpretação de Wesley sobre o baptismo infantil foca-se não na culpa do pecado original que é lavado, mas na graça preveniente dada que chamará a criança a um relacionamento com Deus e que a manterá segura nos braços de Deus até que a criança invalide o seu baptismo pela sua vida de pecar."

O próximo passo na visão de Wesley sobre a educação cristã das crianças é a conversão. Wesley acreditava que qualquer pessoa que pecou após o baptismo negou esse direito ao baptismo e, portanto, deve recorrer a um novo nascimento. Ele julgava que a conversão é universalmente necessária tanto para as crianças como para os adultos.[12] Prince declara: "Wesley não sustentava que a educação religiosa torna a conversão desnecessária, mas que a educação religiosa e a conversão se complementam".[13] O trabalho inspirador de Prince sobre Wesley e a educação das crianças declara o propósito da educação cristã conforme expresso por Wesley:

> O objectivo de todo trabalho com as crianças em casa, nas escolas e na sociedade metodista é torná-las piedosas, levar à religião pessoal e

assegurar a salvação. Não é meramente educá-las para que não causem danos e se abstenham do pecado exterior, nem para acostumá-las ao uso da graça, fazer as suas orações, ler os seus livros e coisas do género, nem para treiná-las a ter as opiniões certas. O objectivo da educação religiosa é incutir nas crianças a religião verdadeira, a santidade e o amor de Deus e da humanidade e treiná-las à imagem de Deus.[14]

Para Wesley, isto aconteceria em casa, nas escolas e nas sociedades para tornar as crianças cristãs, interna e externamente.[15]

Quando uma criança atinge a idade de responsabilidade, por volta dos doze anos, ela passa por um processo catequético de confirmação para aprender mais sobre a teologia e as doutrinas da Igreja. Através deste processo, a criança pode afirmar ou rejeitar o seu baptismo. As congregações devem incluir um serviço de confirmação para as crianças afirmarem o seu baptismo e a sua fé em Jesus Cristo.

Uma importante abordagem catequética, baseada na eclesiologia de Wesley, inclui a formação das crianças através da sua participação nas práticas da comunidade de fé. À medida que elas se envolvem nas práticas da igreja, incluindo os encontros espirituais importantes como o baptismo e a confirmação, tornam-se membros da comunidade da aliança.

Formação de Adultos (Pequenos Grupos)

Para Wesley, viver uma vida santa requeria uma vida regular em comunhão íntima. O seu desenvolvimento de pequenos grupos deu uma estrutura educacional para ajudar as pessoas a crescerem na "santidade de coração e vida". Os grupos forneceram um contexto para que os interessados recebessem apoio, responsabilidade mútua e incentivo. O sistema de responsabilidade mútua de Wesley incluía três aspectos formativos: sociedades, classes e bandas.

As sociedades concentraram-se principalmente no ensino ou nos canais educacionais pelos quais os princípios do Metodismo eram apresentados. Estes princípios eram ensinados numa grande sala de aula principalmente através de palestras, pregação, leitura pública, hinos e "exortação". As sociedades consistiam em pessoas sentadas em fileiras, mulheres e homens separados de cada lado, onde ouviam uma palestra preparada. As sociedades eram lideradas por João e Carlos Wesley, mas mais tarde, com a expansão do movimento, os assistentes leigos ficaram responsáveis pela supervisão na ausência de clérigos ordenados. Naturalmente, considerando a pregação apaixonada e o canto fervoroso, havia uma dimensão afectiva da instrução. Mas o objectivo principal era apresentar a verdade bíblica e fazer com que essas verdades fossem claramente compreendidas.

As *reuniões de classe* eram a unidade de instrução mais influente no Metodismo e provavelmente a maior contribuição de Wesley para o crescimento espiritual. As reuniões de classe recebem muito crédito por causa da sua transformação radical das massas trabalhadoras da Inglaterra. O seu sucesso centra-se no design instrucional de mudança comportamental.

As classes eram encontros íntimos de dez ou doze pessoas que se reuniam semanalmente para supervisão pessoal do seu crescimento espiritual. As reuniões de classe eram experiências mistas, que incluíam mulheres na liderança. As classes eram heterogéneas em termos de idade, posição social e maturidade espiritual. Wesley queria que as classes representassem uma secção transversal do Metodismo. Alguns estavam em fases muito diferentes na sua maturidade espiritual. Além disso, as classes proporcionaram um local para aceitar pessoas de várias origens sociais, o que ajudou a quebrar as classes rígidas da Inglaterra do século XVIII.

Os líderes fariam partilhas honestas sobre as suas falhas, pecados, tentações ou batalhas internas e por isso eram os modelos para os outros. As reuniões de classe consistiam na experiência pessoal, não na ideologia doutrinária ou informações bíblicas. O amor perfeito era o objectivo das reuniões de classe. Os líderes eram companheiros de luta que começavam a reunião, davam supervisão espiritual ou cuidado pastoral a outros - pastores auxiliares na hierarquia organizacional metodista - e deveriam suportar as preocupações da classe durante a semana. Os líderes criavam uma atmosfera de confiança para que todos os membros "suportassem todas as coisas". As reuniões de classe proporcionaram comunidade e o desenvolvimento de relacionamento e responsabilidade espiritual para aqueles que estavam a lutar com problemas comuns.

As *bandas* facilitaram o redireccionamento afectivo. Ao contrário das classes, era um agrupamento homogéneo por género, idade e estado civil. As bandas eram células voluntárias de pessoas que professavam uma clara fé cristã e desejavam crescer em amor, santidade e pureza de intenção. As bandas incluíam uma honestidade implacável e franqueza, em que os seus membros buscavam melhorar as suas atitudes, emoções, sentimentos, intenções e afeições. A função central das bandas era o que Wesley chamava de "conversa íntima", pelo qual se referia a um exame da alma, não tanto de comportamento e ideias, mas de motivos e impressões sinceras.[16]

O desenvolvimento das sociedades, classes e reuniões de bandas proporcionou um sistema educacional que formou e moldou discípulos fiéis. David Michael Henderson desenvolve uma taxonomia que fornece uma estrutura externa para identificar condições psicológicas em grupos wesleyanos, que incluem três "modos" primários ou sociedades (modo cognitivo), reuniões de classe (modo comportamental) e as bandas (modo afectivo).[17]

Certamente que é difícil replicar completamente o processo de Wesley, mas estes princípios podem ser incluídos nas nossas congregações locais. Reunir-se em grupos para responsabilidade espiritual mútua pode ajudar a promover a fé e o crescimento à semelhança de Cristo. É através destes grupos que se dá a formação que leva à santidade de coração e de vida. As congregações que desejam reflectir uma eclesiologia wesleyana, devem incluir grupos que ajudem a facilitar a aprendizagem, relacionamentos e responsabilidade mútua para com a santidade de coração e vida.

Adoração como Formação

Visto que as comunidades de fé são a "agência natural" para comunicar a fé cristã, a liturgia e a adoração são uma via vital para esta comunicação. Westerhoff diz que "a questão fundamental para a educação cristã é a eclesiologia, a natureza da Igreja ou da comunidade cristã".[18] A comunidade de fé tem um "carácter narrativo" em que a liturgia e os rituais são ricos, as memórias são passadas de geração em geração e a "visão comum" conecta o presente ao passado e conectará o presente ao futuro. A adoração é o âmago da comunidade de fé e é a sua autoridade e, portanto, é essencial para definir o significado da Igreja. "A nutrição cristã (...) depende da experiência e da reflexão dentro de uma comunidade de fé".[19] Para facilitar a socialização, deve haver catequese na Igreja, porque ela pressupõe uma compreensão comum da natureza humana e da necessidade de uma comunidade fiel. Uma comunidade partilha uma memória e visão comuns; é consciente das suas raízes e comprometida com a visão de futuro.[20]

Na adoração, o povo de Deus reúne-se para louvar e agradecer ao Deus trino. Os adoradores respondem à graça de Deus através da proclamação da Palavra e da Eucaristia. Debra Dean Murphy acredita que "os cristãos são formados e transformados através da adoração, louvor e doxologia: todos os esforços para formar e discipular os cristãos devem presumir a centralidade da adoração."[21] A Palavra e a mesa eram fundamentais para a adoração metodista durante o tempo de João Wesley, mas são não tão comuns hoje em muitas congregações metodistas e de santidade. A maioria das congregações evangélicas identifica-se com a proclamação do Evangelho por meio da pregação. Essas congregações vêem as Escrituras como centrais para a formação e a proclamação. Isto reflecte a influência da Reforma Protestante, que valorizou muito as Escrituras e a proclamação. Muitas dessas congregações têm menos probabilidade de participar regularmente da Santa Ceia (ou da Eucaristia). Uma das razões principais é que muitas congregações wesleyanas de santidade se consideram uma igreja de liturgia simples, com uma visão reduzida da liturgia, leituras leccionárias e teologia sacramental.

A Eucaristia, de acordo com Wesley, servia como um canal de graça que formava e transformava o crente. O sermão de Wesley, "The Duty of Constant Communion", pergunta porque é que os cristãos deveriam participar da Santa Ceia regularmente e dá uma resposta. Ele disse que devemos participar da Santa Ceia tanto quanto possível porque Cristo nos ordenou "fazei isto em memória de mim" (Lucas 22:19). Wesley argumentou contra aqueles que temiam que a sua frequência diminuísse o seu impacto, defendendo que os benefícios da Santa Ceia para todos os que participam da obediência a Cristo incluem o perdão de pecados passados e o presente fortalecimento e refrigério das nossas almas. Wesley afirmou,

> A graça de Deus dada aqui confirma o perdão dos nossos pecados, permitindo-nos deixá-los. Assim como os nossos corpos são fortalecidos pelo pão e pelo vinho, também as nossas almas o são por estes sinais do corpo e do sangue de Cristo. Este é o alimento das nossas almas: dá força para cumprir o nosso dever e conduz-nos à perfeição.[22]

Para Wesley, a Eucaristia era uma oportunidade de experimentar e comungar com Cristo. Por meio dela, as pessoas experimentam a própria presença de Cristo. Para Wesley, uma vez que Cristo estava presente, todos eram convidados a participar, tanto crentes como não crentes. Cristo estava presente espiritualmente, imediatamente e independentemente, interagindo com o destinatário para transmitir graça. A Eucaristia pode, portanto, ser uma experiência de conversão para os não crentes, se eles responderem em fé. A visão de Wesley da Eucaristia como um sacramento reflecte a sua crença de que a pessoa pode receber perdão e reconciliação através da resposta obediente à graça de Deus, incluindo a participação na Eucaristia. Ele acreditava que algo divino acontece quando uma pessoa chega com o coração aberto para receber a dádiva vivificante do pão e do vinho como a Palavra de Deus.

A este respeito, Wesley acreditava que a Eucaristia era um elemento de conversão para aqueles que confessavam e criam *durante* a Ceia do Senhor, bem como um elemento de sustentação e santificação. O seu desejo de ver os seguidores metodistas tomarem a Santa Ceia regularmente era baseado na obediência a Cristo e na esperança de que a bênção e a santidade seguissem o uso deste meio da graça essencial. A Ceia do Senhor, como meio da graça, é formativa para aqueles que são atraídos para a santidade e para aqueles que foram santificados. Para aqueles que desejam crescer na graça de Deus, que é um aprofundamento do amor a Deus e ao próximo, a comunhão é o meio comum de tal crescimento. O sacramento não serve apenas para preservar e sustentar, mas também para promover o progresso e o crescimento na fé e na santidade.

A Centralidade das Escrituras na Adoração

Os cristãos podem encontrar a leitura transformadora das Escrituras na adoração através de uma variedade de práticas. Primeiro, os cristãos envolvem-se nas Escrituras através da pregação da Palavra. Historicamente, a pregação na igreja primitiva precedia a escrita dos textos do Novo Testamento. As testemunhas oculares do evento de Cristo deram testemunho do que tinham visto e ouvido.[23] A pregação tocou e transformou a vida dos primeiros cristãos. De maneira semelhante, quando a Escritura é hoje pregada, a esperança é que vidas sejam mudadas e transformadas através da obra do Espírito Santo. A proclamação da Escritura enfatiza a Palavra de Deus falada que dá testemunho da Palavra encarnada de Jesus Cristo. Mas há mais nisto do que dar testemunho. Através da proclamação das Escrituras, a palavra falada torna-se uma expressão nova da palavra viva e activa de Deus. Neste sentido, a palavra falada torna-se num "meio da graça".

O pregador fala *por* Deus, a *partir* das Escrituras, *pela* autoridade da Igreja, *para* o povo. Deus fala através da proclamação da Palavra, por meio da inspiração das Escrituras, para dar cura e reconciliação. Como escreve Marva Dawn, "os sermões devem moldar os ouvintes trazendo a Palavra transformadora para nutrir o desenvolvimento do carácter e do padrão de Cristo."[24] Quando a pregação é mantida como central para a liturgia, através do seguimento do leccionário e do calendário cristão, é o acto guiado pelas Escrituras e centrado na adoração que dá sentido para a vida de uma comunidade enquanto ela se esforça para dar testemunho da verdade do Evangelho no mundo.[25] O pregador interpreta as Escrituras para a comunidade, colocando-as dentro da narrativa mais ampla do testemunho bíblico e ajuda os congregados a darem sentido à vida. A pregação bíblica permite que eles ouçam e descubram o seu papel na narrativa mais ampla da obra redentora de Deus no mundo.

Em segundo lugar, as Escrituras são encontradas por meio da celebração de adoração ou liturgia. É a Palavra de Deus, lida, pregada e recebida, que reúne a comunidade cristã para adorar. Quando o povo de Deus se reúne à volta das Escrituras, isso revela algo sobre o âmago da adoração cristã. Sem a adoração cristã, não haveria Bíblia. A Bíblia, num sentido muito real, é o produto da oração comum da igreja primitiva. As primeiras comunidades cristãs circulavam entre si e liam, na adoração comum, histórias da vida e ministério de Jesus e dos primeiros apóstolos para que pudessem ouvir e responder. Da mesma forma, a inter-relação entre a adoração e as Escrituras é evidente hoje à medida que as Escrituras são pregadas, lidas e experimentadas na adoração.[26]

Através da adoração, as Escrituras ganham vida à medida que a comunidade de fé se reúne. As congregações que seguem o calendário cristão e as leituras do leccionário dão aos congregados oportunidades de participarem da história de Deus. A leitura das Escrituras é um acto interpretativo que oferece uma oportunidade para os adoradores encontrarem a Palavra viva de Deus. Para que a Escritura seja formativa na vida da Igreja, ela deve ser lida, experimentada e interpretada como um aspecto central da comunidade de adoração. Além disso, através de leituras responsivas, hinos e coros (assumindo que tenham uma base bíblica), a comunidade de fé fornece vários caminhos para os adoradores interagirem com a mensagem de Deus através das Escrituras.

Sendo assim, uma eclesiologia wesleyana inclui a Palavra e a Mesa como práticas significativas que formam e moldam os discípulos fiéis. A combinação da participação semanal na Mesa com a leitura e interpretação das Escrituras na adoração cria um ambiente no qual as pessoas estão a ser formadas e moldadas em discípulos fiéis.

Discernimento

Os meios prudenciais da graça incluem uma variedade de práticas contextuais que podem se tornar num meio da graça. A provisão de Wesley para um conjunto contextual de práticas prudenciais convida os cristãos à tarefa contínua de discernir que práticas realmente transmitem graça.[27] O discernimento começa com a consciência de Deus a operar nas nossas vidas por meio de Cristo e move-se para a indagação sobre como viver uma vida mais fiel como resultado da graça de Deus.

Frequentemente, o processo de discernimento começa com as Escrituras e como devemos interpretá-las no nosso contexto. À medida que os crentes se reúnem em comunidades para estudar as Escrituras, eles buscam a orientação de Deus para discernir como entender e interpretá-las. O processo de estudo da Bíblia é um meio da graça que forma e transforma. O processo de discernimento prepara os cristãos para ouvirem mais plenamente o que as Escrituras têm a dizer para desafiar a Igreja e a nossa caminhada cristã.

O estudo das Escrituras em comunidade inclui uma ampla gama de métodos e abordagens. O processo de discernimento é praticado melhor através do processo indutivo, em vez do dedutivo. A abordagem indutiva para o estudo da Bíblia é mais objectiva e imparcial porque exige que a pessoa examine as particularidades das Escrituras e depois tire conclusões. Ela produz pessoas que ouvem e escutam o texto e permite ao leitor interpretar a Bíblia através da observação e reflexão, extraindo ideias e verdades nas Escrituras. O estudo indutivo da Bíblia é uma abordagem de investigação na qual as pessoas aprendem ao examinar os próprios objectos de estudo e ao tirar as suas próprias conclusões sobre estes materiais a partir do seu encontro directo com eles (Maddix e Thompson). O processo dedutivo é mais subjectivo, uma vez que o leitor chega à Bíblia com conclusões e prossegue então para o texto para encontrar provas para essas ideias.[28]

Esta abordagem indutiva permite que o intérprete descubra o que Deus pode dizer através do texto bíblico como Escrituras e permite que essas descobertas sejam internalizadas, resultando na formação e na transformação. É importante notar que nenhuma pessoa pode ler a Bíblia de maneira puramente indutiva pois as experiências de vida do leitor, o seu contexto e o preconceito pessoal têm impacto. Uma abordagem wesleyana do estudo da Bíblia não começa com pressuposições dedutivas *per se*, mas procura um envolvimento criativo e um encontro indutivo com Deus através das Escrituras - que leva o leitor fiel a um nível mais profundo de compreensão e experiência do que simplesmente a recolha de informações factuais.

Outro processo de discernimento das Escrituras é a prática da *lectio divina* (leitura sagrada). Esta prática antiga que se originou com os pais e mães do deserto consistia em ruminar orações sobre os textos bíblicos. Hoje, muitos cristãos e comunidades de fé estão a recuperar o significado desta prática antiga como uma forma de tornar a leitura das Escrituras emocionante e significativa. A *lectio divina* é um processo de encontro bíblico que inclui uma série de dinâmicas de oração que levam o leitor a um profundo envolvimento com o texto escolhido e com o Espírito que o anima. Inclui escuta reflexiva e leitura silenciosa, seguida de um tempo de meditação e oração. A *lectio divina* pode ser uma prática espiritual pessoal ou corporativa. Em ambos os casos, a *lectio divina* proporciona um encontro directo e subjectivo com as Escrituras que forma e transforma os cristãos.

À medida que os cristãos buscam a orientação do Espírito Santo, no contexto da comunidade, podem discernir o significado das Escrituras e como ela se aplica às suas vidas. O discernimento das Escrituras, tanto individual quanto corporativamente, é uma parte importante do processo catequético. À medida que os cristãos encontram as Escrituras, são formados e transformados em santidade de coração e vida.

Transformação

Wesley confirmou a sua ênfase nas obras de misericórdia por meio das suas próprias práticas para aqueles que estão à margem.[29] Como uma abordagem educacional, o propósito da transformação é curar e libertar pessoas, comunidades cristãs, sociedade e, finalmente, toda a criação. Uma abordagem wesleyana da eclesiologia procura cumprir estes objectivos através de actividades educacionalmente transformadoras.[30] Estas actividades incluem evangelismo, discipulado e missão.

Historicamente, a Igreja adoptou uma variedade de abordagens como formas válidas de discipulado, mas frequentemente os cristãos lutam para saber como é que ele está relacionado ao evangelismo. O evangelismo é visto como um processo de converter alguém e o discipulado é o processo de educar e equipar os novos crentes para se tornarem discípulos fiéis de Jesus Cristo. Aqueles que enfatizam o evangelismo geralmente estão preocupados principalmente com a decisão de fé da pessoa pois o foco é garantir que a pessoa seja salva. No entanto, o que às vezes sofre é o crescimento a longo prazo que acontece através do processo de discipulado. Da mesma forma, os educadores cristãos frequentemente se concentram nos aspectos de nutrição e educação, sem dar ênfase à missão e ao serviço.

Como os cristãos hoje são chamados a serem discípulos fiéis, eles devem-se envolver na missão de Deus no mundo. O discipulado missional inclui tanto envolver-se na missão como ser intencional sobre o discipulado fiel. Dada esta realidade, muitas congregações estão a reorientar-se para incorporar o Evangelho através de actos de compaixão, justiça e amor ao próximo e à comunidade. Este movimento da igreja missional está profundamente ligado a uma teologia da Igreja que se expressa na própria natureza de Deus como missão. O próprio coração do Deus trino é a missão. Na verdade, *missio Dei* significa simplesmente a *missão de Deus*. O padrão missional do Deus trino é captado nas palavras de Jesus, que disse aos seus discípulos: "Assim como o Pai me enviou, também eu vos envio a vós" (João 20:21). Deus Pai enviou Jesus Cristo para redimir toda a humanidade e a criação; Jesus enviou o Espírito Santo para nos capacitar e guiar; e o Deus trino enviou a Igreja ao mundo para participar da nova criação. A missão de Deus no mundo chama, reúne e envia a Igreja ao mundo para participar da missão de Deus. A natureza da Igreja continua a ser buscar e seguir onde quer que Deus continue activo no mundo.[31]

Uma eclesiologia wesleyana inclui o envolvimento na missão de Deus no mundo. A ênfase de Wesley na reforma social é um lembrete de evangelizar para "salvar almas" e participar da redenção de toda a criação. O consenso é que a reforma social de Wesley foi intencional, tomando as estruturas definidas que envolveram outros na sua execução e proporcionando a sua continuidade. A sua vida foi um modelo para todos os metodistas. Ele queria moldar como é que poderiam aplicar-se em projectos semelhantes dentro da sua esfera do ministério. Henry Abelove afirma que, para onde quer que Wesley viajasse, ele prestava gratuitamente serviços médicos.[32] Quando os pobres estavam doentes, raramente tinham dinheiro para ir a um médico ou farmácia e por isso eles iam para a porta dos fundos de uma casa paroquial próxima, onde poderiam obter uma sopa, vinho, medicamentos comuns, conselhos ou um favor.[33] Wesley empregava a caridade gentil e aberta, não apenas dando carvão, pão e roupas aos necessitados, especialmente entre os seguidores que ele visitava de casa em casa e supervisionava de perto, mas também ao criar trabalho para os desempregados e, numa certa altura, ao assumir a responsabilidade por uma criança órfã.[34]

O envolvimento missional de Wesley é um reflexo da sua missão de ser enviado ao mundo para ser parceiro de Deus na redenção de toda a criação. Como os cristãos hoje são chamados a envolverem-se no discipulado fiel, eles envolvem-se na missão de Deus no mundo através de actos de compaixão, justiça social e cuidado com os pobres e oprimidos.

Conclusão

Com base numa compreensão wesleyana dos meios da graça, uma abordagem holística da educação cristã pode ser melhor expressa através de um processo catequético que inclui *formação, discernimento* e *transformação*. À medida que os pastores e líderes da igreja desenvolvem este processo catequético nas suas congregações locais, a educação cristã pode ajudar as pessoas a crescerem em santidade de coração e vida. Além disso, à medida que as igrejas wesleyanas de santidade procuram recuperar uma eclesiologia enraizada na teologia e prática de João Wesley, uma abordagem catequética dá à igreja uma perspectiva holística da educação cristã.

Questões para Debate

1. Quais são alguns exemplos de catequese na sua igreja local? Eles incluem aspectos de formação, discernimento e transformação?
2. Como é que a sua igreja local pode desenvolver um processo catequético de educação cristã que forme e transforme as pessoas em discípulos fiéis? O que precisa de ser adaptado e mudado na sua congregação para incorporar este processo catequético?

3. De que formas é que a sua congregação local está a moldar a fé infantil através da prática do baptismo infantil e da confirmação?

4. Como é que a sua abordagem de formação de adultos se relaciona com os pequenos grupos de Wesley? O que podemos aprender sobre o discipulado fiel com os seus pequenos grupos? De que forma é que eles podem ser aplicados hoje ao nosso contexto?

5. De que forma é que as práticas comunitárias de adoração estão a formar e a transformar as pessoas em santidade de coração e vida? Elas incluem a Palavra e a Mesa?

Sugestões para Leitura Adicional

Blevins, Dean G., and Mark A. Maddix. *Discovering Discipleship: Dynamics of Christian Education*. Kansas City: Beacon Hill Press of Kansas City, 2010.

Foster, Charles R. *Congregational Education: The Future of Christian Education*. Nashville: Abingdon Press, 1994.

Henderson, Michael D. *A Model for Making Disciples: John Wesley's Class Meeting*. Nappanee, IN: Evangel Publishing House, 1997.

Maddix, Mark A., and Richard Thompson. "Scripture as Formation: The Role of Scripture in Christian Formation," in *Wesleyan Theological Journal* 46(1) (Spring 2011): 134-49.

Maddix, Mark A., and Jay R. Akkerman, eds. *Missional Discipleship: Partners in God's Redemptive Mission*. Kansas City: Beacon Hill Press of Kansas City, 2013.

Matthaei, Sondra H. *Making Disciples: Faith Formation in the Wesleyan Tradition*. Nashville: Abingdon Press, 2000.

Murphy, Debra Dean. *Teaching that Transforms: Worship as the Heart of Christian Education*. Grand Rapids: Brazos, 2004.

Westerhoff, John. *Learning Through Liturgy*. New York: Seabury Press, 1978.

doze
A IGREJA COMO COMUNHÃO FORMACIONAL
Dean G. Blevins

Introdução: Porquê a Comunhão?

Desde a igreja cristã primitiva a *koinonia*, ou comunhão, tem caracterizado a natureza de uma comunidade que se reunia para cuidar e apoiar. No entanto, a comunhão cristã existe principalmente para o bem do cuidado emocional e nutrição dos crentes, ou será que os crentes podem esperar mais da comunidade cristã? As congregações reúnem-se como comunidade, seja em reuniões de todas as igrejas ou em grupos mais pequenos, principalmente para se apoiarem emocionalmente umas às outras em tempos de provação e necessidade? A comunhão pode definir outro propósito, que vá além de apenas atender às necessidades emocionais e estimule as pessoas a algo maior dentro e entre elas?

Uma perspectiva wesleyana oferece uma estrutura mais ampla para os encontros de *koinonia*, que provê um *habitus* para a cura espiritual mais profunda e fortalecimento. Para Wesley, a comunidade cristã forneceu o contexto e os meios para a formação espiritual através de um discipulado responsável, ancorado na história partilhada, nas práticas partilhadas e nos laços relacionais. Em última análise, esta combinação wesleyana de devoção e disciplina dá uma visão da comunhão eclesial, tanto na congregação como através da responsabilização mútua dos pequenos grupos. Esta visão lembra as pessoas wesleyanas da santidade que o discipulado, ou formação, existe principalmente como um esforço comunitário, menos preocupado com a orientação individual ou consumo emocional privado. As comunhões wesleyanas, em última análise, formam os crentes em santidade de coração e vida, tanto como pessoas como também como comunidades.

Para compreender o poder formativo da comunhão wesleyana, este capítulo explora os próprios esforços de Wesley para combinar a disciplina comunitária e a acção devocional através de diferentes expressões de comunidade: igreja, sociedade, classes e bandas. Seguindo a revisão das várias comunidades de Wesley, o capítulo resume os seus esforços para conectar essas várias comunidades através da prática dos meios da graça e dos relacionamentos forjados na responsabilização mútua cristã. O capítulo debate então como é que as congregações, ancoradas na adoração e na comunhão, podem incorporar os princípios de uma história cristã partilhada, práticas cristãs e relacionamentos de aliança. Esta abordagem resulta numa visão teologicamente correcta de comunhão, que vai além da nutrição pessoal ou da socialização corporativa, para assegurar uma busca wesleyana de santidade de coração e vida para pessoas e comunidades.

Comunhões de Wesley

Os wesleyanos frequentemente admitem que a comunhão cristã constitui muito do ministério de João Wesley para as pessoas chamadas metodistas. O Metodismo começou principalmente como um movimento de renovação, nascido da pregação evangélica, mas sustentado primeiro como uma ordem religiosa dentro da Igreja de Inglaterra e mais tarde como uma igreja denominacional.[1] A própria permanência de Wesley em diferentes formas de comunhão incluiu os seus primeiros envolvimentos com sociedades religiosas e comunhões estabelecidas para renovação religiosa. Estas sociedades são anteriores à própria participação de João e Carlos, mas acabaram por constituir o núcleo da comunhão metodista posterior.[2] Richard Heitzenrater observa três comunidades proeminentes que moldaram a vida espiritual e o ministério público de João Wesley: o Clube Santo dos dias de João e Carlos Wesley em Oxford, as sociedades missionárias e as influências da comunidade da morávia na Geórgia e, por fim, o desenvolvimento da sociedade Fetter Lane e as Sociedades Foundry em Londres, que combinavam a improvisação anglicana, morávia e metodista numa comunhão comunitária única que marcaria futuros encontros metodistas.[3] Começando em Bristol e Kingswood em 1743, Wesley combinou a pregação itinerante e as sociedades ao longo do seu ministério.[4]

As sociedades forneceram uma forma primária de comunhão para o movimento metodista (Metodismo organizado como Sociedades Unidas); no entanto, estes grupos de forma alguma serviram como a única forma de responsabilização mútua comunitária. Wesley também importou o uso de bandas morávias (grupos centrais menores projectados para renovação pessoal) antes do estabelecimento de sociedades metodistas exclusivas.[5] Mais tarde, ele adoptou e improvisou a estrutura de reunião de classes mais conhecida que orientou a maior parte da responsabilização mútua wesleyana conhecida hoje.[6] As reuniões de classe, compostas por doze pessoas e um líder de classe, surgiram de um esforço para levantar fundos para a capela de pregação de Bristol, o New Room. Originalmente, os líderes reuniam-se individualmente com os membros. No entanto, a conveniência de se reunirem, juntamente com o poder da responsabilização relacional mútua, logo estabeleceu as "classes" como a reunião comunal central dentro da sociedade, mesmo com a continuação das bandas e encontros maiores da sociedade.[7] A importância estrutural dessas comunidades será analisada abaixo. Colectivamente, estas reuniões de comunhão (incluindo bandas penitentes para aqueles que buscam a reabilitação de volta aos grupos), juntamente com outros eventos como a noite de vigília e as celebrações de festa do amor, forneceram uma variedade de reuniões comunitárias teologicamente informadas e guiadas por missões, todas destinadas a renovar a Igreja.[8]

A Igreja, particularmente a congregação local, também merece consideração como uma comunhão formativa. João e Carlos Wesley, ambos ministros ordenados dentro da Igreja de Inglaterra, consideravam a sua tradição uma expressão importante, mas não exclusiva, da Igreja universal.[9] A própria perspectiva de Wesley da Igreja incluía vários traços distintivos, incluindo a ênfase anglicana de pregar a verdadeira palavra de Deus e a administração dos sacramentos.[10] No entanto, Wesley também entendia que a congregação servia como uma comunhão sagrada. Wesley escreve:

> Por último, para que os seus seguidores possam provocar uns aos outros com mais eficácia ao amor, temperamento santo e boas obras, o nosso bendito Senhor uniu-os num - a Igreja, dispersa por toda a terra; um pequeno emblema, da Igreja universal, que temos em cada congregação cristã particular.[11]

O sermão de Wesley "Of the Church" expandiu Efésios 4:1-6 incluindo disposições ou traços-chave que marcaram a vida individual e congregacional: humildade, fortaleza, amor e unidade.[12] Uma revisão do envolvimento de Wesley com diferentes formas de comunhão revela que ele imaginava a vida cristã como uma vida de amor santo ou santidade de coração e vida.[13]

A igreja local, entre outras coisas, servia como comunhão primária para provocar a transformação das pessoas tanto para temperamentos santos (santidade como atitude ou disposição) como para as boas obras (santidade como estilo de vida expresso em relação aos outros).[14] Pequenas comunidades, sociedades, classes e todas as bandas serviram como comunidades estratégicas para ajudar as congregações e a Igreja em geral a cumprir esta missão. Para cumprir os seus objectivos pretendidos através dessas comunidades, Wesley empregou práticas cristãs específicas e modos de relacionamento, moldando os participantes na sua visão sobre a santidade de coração e vida.

Formação dentro da Comunhão: Os meios da Graça e o Discipulado de Responsabilização Mútua

Como é que os wesleyanos podem ligar as comunidades metodistas mais pequenas (sociedades, classes e bandas) com a congregação como uma comunhão formativa dedicada ao amor santo? Talvez o melhor lugar para começar seja ao explorar as práticas dentro destes ambientes, muitas vezes conhecidas como os meios da graça, que formam e transformam os crentes.[15] Wesley combinou uma série de práticas cristãs essenciais (o que podemos chamar de actos de devoção e caridade) juntamente com fortes níveis de responsabilização mútua (o que podemos chamar de relacionamento disciplinado). Esta combinação de devoção e disciplina forneceu uma base para a formação wesleyana nos dias de Wesley e potencialmente nos nossos.[16]

João Wesley definiu uma série de práticas religiosas, como jejum, oração, adoração e estudo das Escrituras, como meios da graça. O seu uso do termo para abranger uma ampla gama de actividades devocionais e compassivas parecia bastante novo, embora o conceito por detrás dos meios da graça provasse, sem dúvida, ser muito mais antigo.[17] A definição mais explícita de João é encontrada no seu sermão com o mesmo título. "Por 'meios da graça' entendo sinais externos, palavras ou acções ordenadas por Deus, e designadas para este fim - para serem os canais *comuns* pelos quais Ele transmite aos homens a graça preveniente, justificadora ou santificadora".[18]

Wesley pregou este sermão no meio de uma disputa com um grupo de morávios que adoptou o quietismo e desafiava o valor de qualquer participação na obra redentora de Deus.[19] Esta disputa deu o catalisador para Wesley enfatizar os meios da graça. Albert Outler observa que o termo aparece pela primeira vez na edição de 1662 do Livro de Oração Comum em "The General Thanksgiving".[20]

Wesley categorizou os meios da graça em vários escritos. Às vezes, ele enfatizava a formação espiritual pessoal (obras de piedade) ou actos específicos de compaixão para com os outros (obras de misericórdia). Outras vezes, enfatizava as práticas estáveis que acreditava terem sido instituídas por Cristo e sustentadas pela Igreja (meios instituídos da graça); outras vezes, ele permitia as práticas mais contextuais que provavam ser prudentes ou sábias de adoptar e adaptar (meios prudenciais da graça). Colectivamente, à medida que os membros participavam destas práticas, Wesley acreditava que eles seriam moldados num povo de amor santo.

As congregações servem como um contexto primário para praticar os meios da graça, particularmente a participação por meio da oração corporativa, pregação das Escrituras e celebração da Santa Ceia, tudo o que Wesley esperava como parte da adoração semanal. No entanto, ele também imaginava práticas cristãs que ocorriam em comunidades mais pequenas. Particularmente, imaginava uma vida de responsabilização mútua a emergir nas congregações mais pequenas que forneciam uma estrutura relacional para as reuniões de pessoas. Wesley incorporou questões e orientações para guiar as reuniões de classe e de banda, especificamente questões que convidavam à transparência a respeito da jornada espiritual da pessoa. As pessoas eram convidadas não apenas a partilhar a sua jornada, mas também a submeterem-se às perguntas de outras pessoas, sempre sob a orientação pastoral do líder da classe.[21]

O poder desta forma de responsabilização relacional mútua residia nas conversas simples de natureza religiosa. Na verdade, Wesley incorporou a conversa cristã como o meio principal da graça, instituída e mantida dentro da Igreja. Juntamente com a oração e o jejum, o estudo das Escrituras e a participação da Ceia do Senhor, Wesley pedia aos pregadores leigos metodistas (ou "ajudantes") que considerassem as suas conversas um meio de graça.[22] Wesley escreve:

> Conferência Cristã: Está convencido de como é importante e difícil

"organizar a sua conversa da forma correcta"? É "sempre na graça? Temperada com sal? Reúne-se para ministrar graça aos ouvintes?". Não conversa durante muito tempo?²³

Wesley insistiu que a "conferência" cristã deve ser um discurso simples, mas gracioso, dotado de verdade.²⁴ Tal conferência espelhava e acompanhava a santidade de coração e de vida.²⁵ Tom Albin observa que o poder destas comunidades é a responsabilização mútua. Pesquisando os primeiros diários metodistas, Albin descobriu que muitos metodistas passaram por transformações dentro destes grupos, em vez de na pregação de campo ou nas reuniões congregacionais demonstrativas.²⁶

No geral, o nível contínuo de responsabilização mútua garantiu que esses grupos mantivessem um foco intencional no objectivo da vida cristã: santidade de coração e de vida. Para ter a certeza, até mesmo a Igreja era entendida como um meio da graça, dando uma forma de "graça social", enquanto que as reuniões de comunhão dentro do Metodismo serviam colectivamente como uma *ecclesiolae in ecclesia* (pequenas igrejas na igreja), ou reunião evangélica dentro da igreja católica.²⁷ O Metodismo posterior lutou para manter a consistência em fornecer uma liderança sólida para os grupos, mas os metodistas nunca perderam de vista a comunidade em prol da vitalidade espiritual.²⁸ Esta perspectiva ligava os variados encontros intencionais com o culto corporativo e com a vida congregacional.

Comunhões Formativas: Mais do que Nutrir

Para ser honesto, deve-se reconhecer que muitos na tradição wesleyana vêem a comunhão como uma componente chave da nutrição emocional e da cura terapêutica.²⁹ A nutrição acontece através de encontros de *koinonia*, particularmente quando as pessoas passam a conhecer-se e cuidar umas das outras. As pessoas que lutavam com problemas específicos encontraram cura e nova liberdade que muitas vezes marcavam futuros grupos de auto--ajuda ou de recuperação.³⁰ No entanto, esta liberdade surge dentro de uma comunhão disciplinada formada por uma comunidade comprometida além das necessidades pessoais.³¹A visão de cura de Wesley incluía a possibilidade de transformação espiritual da pessoa como um todo em amor santo, transformando as afeições ou disposições das pessoas (as suas próprias atitudes e desejos), moldando os seus hábitos e práticas para expressar esses desejos santos para com o povo de Deus e a criação de Deus: santidade de coração e de vida.³²

A formação da santidade de coração e de vida acontece primeiro através da expressão mais ampla de comunhão, a vida da congregação local.³³ Os educadores cristãos enfatizam frequentemente o poder cultural da congregação através da socialização ou da inculturação. À medida que as pessoas participam da vida da Igreja, são moldadas pelos valores partilhados dessa comunidade, comunicados na linguagem, rituais específicos ou acções comunitárias, na disposição do espaço, no uso do tempo e na incorporação de símbolos.³⁴ À medida que elas adoptam a cultura da congregação, a sua identidade cristã é moldada pelas acções e expectativas dessa cultura. Uma congregação que tende a adoptar uma linguagem de mercado para divulgação e nutrição, que se concentra nas necessidades individuais, tende a moldar as pessoas na identidade de um consumidor. Uma congregação ancorada nas experiências religiosas demonstráveis, como conversões radicais, tende a moldar as expectativas das pessoas de modo a que apenas esses tipos de experiências espirituais importam.³⁵

Uma abordagem wesleyana da vida congregacional começa primeiro com a adoração como a prática central da formação.³⁶ A disposição da adoração convida os participantes a entrarem na própria presença de Deus através do louvor, oração e confissão; para ouvir o poder da história cristã nas Escrituras, canções e pregação; responder e celebrar as boas novas de Deus no altar e através da Santa Ceia; e para ser enviado para viver o amor santo de Deus no mundo. Para os wesleyanos, a adoração molda tanto a ordem como a vida da Igreja, guiando os outros processos que constituem a vida congregacional. Para Wesley, a adoração deu a lógica que governava toda a vida do movimento Metodista inicial.³⁷ No entanto, esta prática corporativa também penetra profundamente na identidade das pessoas que participam da narrativa e das práticas que constituem a adoração.³⁸

Da mesma forma, os wesleyanos acreditam que as vidas das pessoas são moldadas em comunidades mais pequenas. Revendo os diferentes grupos wesleyanos, teóricos como John Drakeford e David Michael Henderson argumentam que as sociedades, classes e bandas serviam funções distintas que enfatizavam diferentes conexões relacionais e diferentes exigências cognitivas, comportamentais ou de aprendizagem afectiva.³⁹ Outros estudiosos afirmam que os encontros em grupo precisam de incorporar compromissos com práticas específicas ancoradas na devoção a Deus ou serviço para com outras pessoas.[40] Independentemente do propósito ou das práticas, cada grupo requer uma liderança cuidadosa; e algumas comunidades, como as sociedades selectivas, forneciam treino específico de liderança.[41] Através destas diversas comunidades mais pequenas, as pessoas uniam-se para participar dos meios da graça e também para trazer a sua vitalidade espiritual partilhada para a relação que tinham umas com as outras, para que pudessem crescer juntas em santidade de coração e de vida.[42]

Seja ancorada na estrutura de adoração ou na responsabilização relacional mútua do discipulado disciplinado, em última análise, a história no meio dessas comunidades mostra-se central para manter e orientar a comunhão.[43] Dentro da comunhão cristã, esta narrativa surge das Escrituras e da história da tradição cristã, e a história incorpora os contextos que moldam a missão e o ministério da congregação local. Charles Foster observa que esta história comum permite a existência de comunhões através de gerações, liga pessoas em parcerias para o ministério e convida estranhos para a comunidade.[44] A história pode ser expressa em adoração e testemunho, explorada no estudo das Escrituras e tradição e demonstrada no ministério e vida missional.

Juntamente com o poder comum da história cristã, deve-se notar agora que a formação ocorre através de práticas cristãs partilhadas (os meios da graça) e por meio da responsabilização mútua - uma interdependência elegante, mas disciplinada, à medida que as pessoas crescem juntas no amor. Em última análise, as pessoas precisam de fazer uma aliança e entrar em algum acordo - um que integre práticas partilhadas e responsabilização comunitária mútua.[45] A natureza deste tipo de acordo de aliança começa quando alguém se junta a uma congregação local, tanto como testemunho de fé salvadora e como compromisso com a comunidade cristã. Na época de Wesley, e na nossa, esse compromisso requer frequentemente proibições, ou a disposição de evitar certos hábitos destrutivos que desafiam qualquer busca pela santidade de coração e de vida.[46] Além disso, o compromisso significa a aceitação e adopção de outras práticas, como as listadas como meios da graça. Estas práticas atendem às necessidades espirituais fundamentais de forma concreta, são feitas com outras pessoas à medida que continuam ao longo do tempo e fornecem implicitamente uma sensação de realização à medida que as pessoas se envolvem em cada prática.[47] No geral, estas práticas ligam as nossas vidas na comunhão cristã à vida quotidiana, demonstrando como Deus está a agir no mundo.[48] Neste sentido, a prática litúrgica da adoração e o envolvimento comunitário dos meios da graça fornecem uma "liturgia de vida" em geral, reconhecendo que Deus está a agir no mundo, bem como na comunidade de comunhão.[49]

A singularidade destas relações de aliança em pequenos grupos gira à volta do sentido de transparência e responsabilização mútua que emerge na comunidade. Wesley reconheceu não apenas o poder da mentoria individual, mas também a força da responsabilização mútua dentro de grupos onde a transparência existia ao lado de diversos dons e graças de diferentes indivíduos. Wesley sempre imaginou o relacionamento pessoal de um crente com Deus através da estrutura de múltiplos relacionamentos. Um exemplo clássico surge no seu sermão "The Means of Grace". Neste sermão, Wesley oferece um encontro evangelístico de conversão. No entanto, a pessoa é transformada apenas depois de encontrar vários meios da graça através do seu envolvimento com diferentes relacionamentos, incluindo a vida corporativa da Igreja.[50] A formação wesleyana ocorre principalmente através da comunidade, seja na comunidade de adoração ou através de comunidades mais pequenas de discipulado disciplinado - comunidades onde as pessoas têm uma aliança entre si numa história cristã comum para praticar diferentes meios da graça e amorosamente responsabilizarem-se uns aos outros através de relacionamentos transparentes, mas disciplinados.

Questões para Debate

1. Já teve uma experiência num pequeno grupo que incluísse devoção e disciplina (enriquecimento espiritual, mas também responsabilização mútua)?

2. Porque é que é importante incorporar a vida congregacional juntamente com o ministério de pequenos grupos para um modelo verdadeiramente poderoso de comunhão?

3. Pode citar uma altura em que viu a intersecção da história, práticas e relacionamentos cristãos de aliança na vida da Igreja?

4. Pode citar exemplos em que as práticas congregacionais (adoração, compaixão, serviço, discipulado) fomentaram a santidade de cora-

ção e de vida? Quais foram os principais factores que estimularam este tipo de discipulado profundo?

5. Quais são os perigos de buscar a comunidade apenas para atender as necessidades pessoais?

6. Como é que as congregações podem ordenar as suas práticas para incentivar uma cultura que reflicta a identidade cristã?

Sugestões para Leitura Adicional

Bass, Dorothy C., ed. *Practicing Our Faith,* 2nd ed. San Francisco: Jossey-Bass, 1997, 2010.

Blevins, Dean G., and Mark A. Maddix. *Discovering Discipleship: Dynamics of Christian Education.* Kansas City: Beacon Hill Press of Kansas City, 2010.

Chilcote, Paul Wesley. *Recapturing the Wesleys' Vision.* Downers Grove, IL: InterVarsity Press, 2004.

Henderson, D. Michael. *A Model for Making Disciples: John Wesley's Class Meeting.* Nappanee, IN: Francis Asbury Press, 1997.

Watson, David Lowes. *Covenant Discipleship: Christian Formation through Mutual Accountability.* Nashville: Discipleship Resources, 1991.

treze
A IGREJA COMO LIBERTADORA IGUALITÁRIA
Kristina LaCelle-Peterson

Afirmar que um dos esforços essenciais da Igreja é ser um libertador igualitário provavelmente pareceria um pouco estranho para alguns cristãos - e para não cristãos. Afinal de contas, muitas igrejas parecem confortáveis com o papel de conservar a cultura, de apoiar o status quo, seja no que diz respeito ao lugar das mulheres, às relações raciais ou às estruturas económicas que oprimem muitas pessoas na nossa sociedade. É claro que o perigo nisto é que as pessoas, tanto dentro como fora da igreja, comecem a confundir os costumes sociais mais tradicionais com a mensagem da Igreja. Em vez de ouvir o Evangelho libertador de Jesus, as pessoas percebem a Igreja como um lugar de preservação de privilégios. Este capítulo tenta quebrar o pressuposto de que a mensagem de Cristo e a Igreja são seguras; a mensagem do Evangelho vira o mundo de cabeça para baixo.

Por exemplo, quando eu estava na pós-graduação, as mulheres perguntavam-me frequentemente como é que eu suportava fazer parte de uma igreja tão centrada no homem. Elas não conseguiam ouvir o Evangelho em igrejas que tratavam as mulheres como cidadãs de segunda classe, auxiliares da história principal: os homens. Elas não percebiam que havia tradições, como a tradição wesleyana de santidade, da qual faço parte, que desafiava essa visão errónea do cristianismo como inerentemente anti-mulher. Obviamente, é algo muito sério permitir que suposições culturais sobre religião, por exemplo, impeçam as pessoas de ouvir o Evangelho verdadeiro e libertador. Os cristãos não devem ser como as pessoas que estão à porta para que o paralítico e os seus amigos não se possam aproximar de Jesus.

Mas o facto da igreja promover uma visão culturalmente conservadora das mulheres leva a que, por exemplo, as mesmas pessoas que Jesus libertou sejam amarradas e isso acaba por prejudicar a própria igreja e a sua eficácia. Muito frequentemente as mulheres são encorajadas pela Igreja, mesmo a evangélica, a enterrar os seus talentos, apesar do ensino expresso de Jesus contra isso. No final das contas, como mostram as pesquisas de Pew e Barna, muitas mulheres estão a deixar a Igreja. Não é que o mundo do trabalho seja perfeito, mas muitas mulheres ocupam cargos de responsabilidade e são tratadas como adultas competentes durante a semana. Mas no domingo são tratadas com condescendência e são frequentemente consideradas menos capazes em muitas áreas. (Por exemplo, onde estão as tesoureiras, as mulheres que cuidam das propriedades, as mulheres nas direcções de construção, as mulheres no grupo de pregadores regular, as anciãs, etc.? Porque é que tudo isto não é completamente normal, dada a preponderância de mulheres no rol de membros e na frequência à igreja?) Não é surpreendente que elas estejam a sair em massa.

A boa notícia aqui, como um dos meus professores do seminário costumava dizer, é que pelo menos na Igreja há um padrão pelo qual as pessoas devem viver; as Escrituras, como nosso texto partilhado, tem autoridade na forma como construímos a nossa vida cristã em comunidade. Como pessoas na tradição wesleyana, também temos a nossa herança teológica para a qual chamamos as pessoas. Primeiro, vamos olhar para as Escrituras. Os movimentos interpretativos que se seguem estão de acordo com a nossa tradição, mesmo que alguns dos nossos membros não tenham consciência deles e das suas implicações.

A primeira afirmação nas Escrituras a respeito da humanidade - que fomos criados à imagem de Deus - é o fundamento para pensar sobre a nossa identidade como seres humanos e, portanto, o fundamento de qualquer discussão sobre como a Igreja deve funcionar como libertadora igualitária. Então, se na nossa sociedade qualquer classe de pessoas é considerada inferior e menos digna de atenção, deveria encontrar na Igreja uma atitude diferente, um tratamento diferente, porque afirmamos que todos nós, homens e mulheres, temos a imagem do todo-poderoso. Em Génesis 1, aprendemos outra coisa sobre homens e mulheres: que Deus investe-os com um trabalho a ser feito em conjunto. Eles devem ser frutíferos, multiplicar-se, encher a terra, subjugá-la e assim por diante. É óbvio que a lista se aplica a homens e mulheres, uma vez que nenhum deles pode ser frutífero sem o outro. Significativamente, nenhum dos dois é descrito como superior, mas são simplesmente comissionados para fazer a obra de Deus juntos. No próximo capítulo, o texto oferece-nos uma imagem da criação da mulher (ou a divisão do humano assexuado original), e se as suposições sobre a superioridade masculina não tivessem turvado a nossa leitura e transformado Eva numa reflexão tardia ou uma pequena ajudante de Adão, veríamos que o drama gira à volta da igualdade essencial dos dois seres humanos. Como sabemos, Deus leva em conta a necessidade que o homem tem de uma companheira, pois é um ser social e não florescerá num ambiente solitário. Então, Deus exibe os animais e Adão nomeia-os, reconhecendo-os pelo que são: criaturas de Deus, mas não são seres capazes da comunhão de que ele precisa. Por outras palavras, os animais falham por causa da sua inferioridade inata a Adão, enquanto que a mulher, criada a partir de um pedaço do corpo de Adão, partilha a sua substância e também a imagem de Deus com o homem. Onde os animais foram rejeitados com base na sua falta, a mulher é afirmada porque ela é um ser humano pleno e completo. Não é uma história sobre a sua inferioridade, mas sobre ela estar no mesmo nível de Adão. Para enfatizar ainda mais esta questão, o texto dá-nos a reacção de Adão: "osso dos meus ossos"! Finalmente alguém que pode ser um parceiro que se compara a ele. É por isso que eles se apegam um ao outro: eles ajudam-se um ao outro para sustentar a vida. (A palavra para 'ajuda', como ajudante para descrever Eva, é usada principalmente no Antigo Testamento para Deus ajudar Israel ou ajudar as pessoas. Não é uma palavra que denota um papel de ajudante subordinado ou auxiliar.) Um texto que ressalta o prazer no ser humano em conjunto foi distorcido para retratar as mulheres como tendo menor valor e até mesmo como periféricas à história de Deus.

As narrativas da queda também foram lidas de forma problemática, de tal modo que a culpa do pecado ter entrado na história é atribuída a Eva e assume-se que a punição subsequente foi o que Deus quis desde o início. Nenhum deles representa uma leitura directa do texto. No que diz respeito a culpar Eva pela queda, é importante ler todo o versículo - Génesis 3:6 - para compreender melhor a cena: ela comeu e deu um pouco ao marido *que estava ali com ela* (itálicos meus). Se ele está lá com ela e eles estão a comer juntos, como é que ela é a única parte culpada? Além disso, quando Adão culpa Eva por tudo isto, Deus não fica especialmente impressionado. Então, porque é que a Igreja adquiriu o hábito de perpetrar a acusação de Adão? Em vez disso, o texto sugere que assim como eles foram igualmente criados à imagem de Deus, eles estão agora juntos na queda, igualmente caídos. Além disso, eles partilham os resultados do pecado, a dificuldade em cultivar a terra (a agricultura como uma tarefa humana), a dor de ter (e criar?) filhos, a interrupção do seu relacionamento. A celebração da reciprocidade e do apego uns aos outros mudou para o domínio e subserviência como resultado do pecado, não como a vontade perfeita de Deus. O desejo dela será para ele, mas ele irá governá-la e esse domínio sobre ela será uma expressão da fragilidade da humanidade após a queda. É claro que isto não faz parte do desígnio de Deus para a humanidade e, como tal, é certo trabalharmos contra isto, assim como é certo usar ferramentas para arar e tractores para trabalhar a terra. Afinal, nas palavras de Isaac Watts, "[Cristo] veio para fazer fluir as suas bênçãos, desde que se encontrasse a maldição". Ele veio para reparar o que foi quebrado na queda, não apenas a intimidade entre Deus e os humanos, mas também a intimidade entre eles. Em Cristo somos redimidos e renovados à sua imagem como indivíduos; juntos somos feitos uma nova criação (2 Coríntios 5:17). Parte do nosso trabalho é ser reconciliadores, renovando o que o pecado quebrou; fazendo a obra de Deus juntos. Esta reversão da queda é vista na forma como o movimento de santidade entendeu o Pentecostes. Eles acreditavam fortemente que o Espírito Santo foi dado, por exemplo, para que todas as pessoas fossem tratadas com igualdade e dignidade.

Claro que foi isto que Jesus modelou para nós. Ele mostrou-nos como a recepção igualitária e a libertação seriam com pessoas reais, de facto, com os rejeitados sociais de vários tipos. Por exemplo, Ele fez com que os Seus discípulos chamassem o cego Bartimeu para ser curado, apesar de lhe terem dito para se calar. A mesma coisa aconteceu com a mulher cananeia que tinha fé suficiente para acreditar que a sua filha poderia ser curada, mesmo à distância, e coragem suficiente para discutir com Jesus enquanto Ele destacava a intolerância de quem estava à volta dela. Ele curou pessoas com doenças de pele e elogiou o samaritano em particular por ter voltado para expressar a sua gratidão. Em ambas as histórias, Ele dirige a graça às minorias étnicas, as minorias desprezadas, e destaca a fé delas, sublinhando o amor delas diante de Deus.

Ele ficou comovido de compaixão por uma mulher aleijada na sinagoga e ficou com raiva com aqueles que se preocupavam mais com a ordem e com as regras religiosas do que com o seu bem-estar. Ele recebeu bem o toque de uma mulher cerimonialmente impura e à voz dela numa conversa pública sobre a graça de Deus que lhe tinha sido dada. Ele pegou na mão de uma menina que tinha morrido. Ele não apenas cura, mas dá as boas-vindas a Maria Madalena, Susana e outras mulheres no Seu círculo de seguidores (Lucas 8). E talvez o mais reconfortante de tudo isto é que Ele estendeu bondade, até mesmo amor, aos pecadores: a "mulher pecadora" na mesa do fariseu e Mateus, o cobrador de impostos desonesto.

Embora Jesus tenha dirigido a sua pregação à elite religiosa da sua época e aos ricos, Ele concentrou-se nas massas, especialmente nos marginalizados sociais, incluindo mulheres e pobres. Ao transgredir as fronteiras sociais, Jesus questiona-as, rejeitando as suposições da sociedade sobre o valor inferior das pessoas em grupos específicos. Por outras palavras, Ele estende o amor extravagante de Deus a todos e, ao fazê-lo, redefine-os como valiosos aos olhos de Deus. Claro que esta é uma das coisas que mais irritou os Seus críticos: Ele era libertino com a graça de Deus. E é aí onde começa a libertação igualitária, com a graça transbordante de Deus que irrompe das categorias sociais restritivas que usamos para definir as pessoas e o "lugar delas" nas nossas hierarquias sociais.

No resto do Novo Testamento, vemos que este tema volta a ser analisado. Por exemplo, Paulo lembra à igreja de Corinto que Deus dá dons conforme a sua vontade. Para eles, talvez também para nós, a distribuição de dons parece um pouco inconveniente, levantando a questão de quem achamos que deveria fazer o quê. Veja o exemplo das viúvas, por exemplo. Os ensinos de Jesus frequentemente incluíam viúvas, mas demonstravam o seu status como um grupo desprezado na sociedade: como vítimas dos ricos, como desprezadas por um juiz, como pessoas facilmente esquecidas quando a piedade está a ser julgada na caixa de ofertas do templo. Em Actos 6, elas são representadas como estando simplesmente à espera por uma distribuição justa de alimentos, mas no final do ministério de Paulo, elas são uma classe particular de mulheres que se dedica ao ministério e que renuncia a um casamento posterior. O status delas muda mesmo dentro dos anos em que os documentos do Novo Testamento estão a ser escritos e desenvolve-se nos próximos séculos no maior grupo de ministério da Igreja. Tudo começou com as boas-vindas aos membros de uma classe desprezada na comunidade, que eventualmente se tornaram indispensáveis no ministério da Igreja.

E isto leva-nos a considerar, por um instante, a história da Igreja. Obviamente que a Igreja não tem sido perfeita, mas também não tem existido sem os seus movimentos e indivíduos inspiradores, sacrificiais e capacitadores. Escrevendo sobre a igreja primitiva, por exemplo, Glen Hinson discute algumas das razões pelas quais as pessoas se filiaram à Igreja desde o início: não apenas ao dar esmolas, mas também a ajudar os pobres, até ao enterrar os mortos; tirar pessoas da escravidão; redes de hospitalidade em todo o império. Muitos notaram que nos primeiros séculos do cristianismo esta nova fé apelava aos escravos, às mulheres, aos pobres, aos etnicamente marginalizados, porque era em Cristo que eles se encontraram plenamente afirmados. Na criação e na redenção, as pessoas ficavam em pé de igualdade diante do Deus todo-poderoso e a Igreja era esse lugar, mais ao menos perfeitamente, de libertação equitativa. A graça estendeu-se aos "menores destes" e acolheu-os numa comunidade dos remidos chamados a servir juntos.

Pode-se também apontar para o ideal igualitário que permeou o desenvolvimento do monaquismo. Na *Regra de São Bento* (o guia para a maioria das comunidades monásticas na Europa Ocidental durante muitos séculos), todos se deveriam envolver na *ora et labora*, ou seja, na oração e no trabalho. Todos têm de orar; todos têm de trabalhar. E não só isso, mas todos deveriam fazer turnos em cada tipo de trabalho; ninguém se deveria considerar acima das tarefas mais servis - como limpar o chão da cozinha ou descascar cebolas - sejam elas quais forem. Em relação ao ministério nas suas comunidades, muitas casas monásticas aproximaram-se do ministério de Jesus, proporcionando um lugar de educação, cuidado com os pobres, saúde e evangelismo.

Este igualitarismo radical foi uma característica do Wesleyanismo desde o início. O alcance do Clube Santo, o pequeno grupo de João e Carlos Wesley em Oxford, e mais tarde das capelas de avivamento metodista, foi tipificado por uma preocupação por aqueles que lutavam com a falta de recursos. Wesley não acreditava simplesmente no envio de dinheiro, mas acreditava em ir aos lugares onde viviam os pobres, interagir com eles como seres humanos. Ele lutou contra o uso de cereais para fazer uísque e rum, quando deveria ser usado para fazer pão barato para que ninguém tivesse de passar fome. Ele condenou o uso de "bebidas fortes" por causa da vulnerabilidade das mulheres e das crianças num sistema onde elas eram apenas um membro da família alcoólatra em ruína total. Ele era um crítico declarado do mal que é assumir a *posse* de outra pessoa, alguém feito à imagem de Deus que é na verdade filho de Deus.

A afirmação da tradição wesleyana da liderança das mulheres está relacionada com isto. Está além do âmbito deste capítulo examinar esta questão em detalhe. Pode ser suficiente dizer que os metodistas e outros wesleyanos durante os dias de Wesley e cem anos mais tarde concordariam que o impulso de dirigir o Evangelho às pessoas em todos os níveis da hierarquia social é igualitário pela sua própria natureza. Se acreditarmos que todos são considerados recipientes igualmente dignos da graça de Deus (por Deus), então, todos são bem-vindos para participarem da comunidade redimida. Os papéis nesta nova comunidade são baseados nos dons dados pelo Espírito Santo, não em marcadores sociais importados das culturas nas quais a Igreja funciona.

Devemos ser uma nova família. Lembra-se da história em Marcos 3 em que os membros da família de Jesus foram falar com Ele? Quando soube que a sua mãe e os Seus irmãos estavam ali para vê-Lo, Jesus respondeu: "Quem é minha mãe e meus irmãos? E, olhando em redor para os que estavam assentados junto dele disse: Eis aqui minha mãe e meus irmãos. Porquanto qualquer que fizer a vontade de Deus, esse é meu irmão, e minha irmã, e minha mãe" (Marcos 3:34-35). Jesus usa uma imagem que acentua o terreno plano em que nos posicionamos e a base sobre a qual nos aproximamos de Deus. Somos bem-vindos - uma condescendência divina, com certeza - como membros da família e uma família diversa, não apenas os pares opostos (a mãe não é oposta à irmã ou ao irmão). Por esta razão, no início do Metodismo Americano, o único termo que se utilizava entre as pessoas no corpo era "irmã" e "irmão" e não reverendo, pai, reitor, etc.

Em última análise, pode-se argumentar que as ideias de libertação igualitária são baseadas numa compreensão da Trindade. Rejeitando as teologias actuais entre alguns grupos cristãos conservadores que ensinam uma subordinação de Jesus ao Pai como forma de defender a subserviência das mulheres aos homens, esta tradição afirma que o Deus trino não está em relacionamento hierárquico dentro da Divindade. Em vez disso, a Trindade é uma comunidade de personagens poderosos e amorosos que trabalham juntos na criação e na nova criação. Isto serve como um modelo da natureza igualitária e partilhada da tarefa da Igreja. Também nós, capacitados pelo Espírito Santo, trabalhamos juntos com amor pela nova criação de Deus. Isto não exige que "mantenhamos a ordem", como se a ordem social na qual fomos socializados fosse de alguma forma universal, embora isso seja o que os proprietários de escravos do século XIX afirmavam e a liderança masculina do século XXI ou os defensores da liderança exclusivamente masculina da Igreja também alegam. (Na verdade, isto deveria dar uma pausa aos defensores da liderança contemporânea, que estão a usar os mesmos argumentos fracassados - quanto mais assustadoramente desamorosos - que os proprietários de escravos usaram.) Em vez disso, seguindo Wesley, a tradição wesleyana retractou a actividade de Deus que gira à volta do fecundo, energético, e até mesmo confuso trabalho da criação e da recriação.

Uma nota adicional sobre a ordem - aqueles que acreditavam que as mulheres (ou negros, ou qualquer grupo marginalizado que existia) eram verdadeiramente inferiores tinham motivos legítimos para atribuir-lhes um papel menor em nome de Deus. As pessoas modernas, porém, que afirmam a igualdade das mulheres, mas argumentam que Deus deseja que elas assumam um papel secundário em relação aos homens, estão a sugerir que Deus Se preocupa mais com a ordem do que com a justiça. Neste esquema, Deus preocupa-se mais com a ordem do que com as mulheres usando os dons que Deus lhes deu! Por exemplo, em muitas igrejas as mulheres são ensinadas a ficar em segundo plano na tomada de decisões na igreja e nos seus casamentos ou mesmo a assumirem o papel de filho ao permitir que outra pessoa decida o que é melhor para elas. Podemos e devemos perguntar: De que forma é que isto reflecte como Jesus tratou as mulheres? Jesus libertou-as para O seguirem pelo campo; Ele desafiou-as teologicamente; Ele redefiniu-as, recusando-se a fazer com que Maria se juntasse a Marta na cozinha e rejeitando o comentário: "Bem-aventurado o ventre que te trouxe e os peitos em que mamaste!" (Lucas 11:27). Não, pelo contrário, aqueles que fazem a vontade de Deus, aqueles que fazem a sua obra são abençoados. Se a própria Maria não deveria ser homenageada por causa do bebé que deu à luz, porque é que a Igreja comunica com tanta frequência que a principal chamada das mulheres é criar os filhos? Em vez disso, a Igreja deve ser aquele lugar que promove o mais pleno florescimento dos dons de todos, para a sua própria saúde espiritual e para a nova criação que esses dons ajudariam a edificar.

Há alguns anos, um orador de capela no colégio desafiou-nos com este pensamento: devemos esforçar-nos para ler os evangelhos, não sempre como se fôssemos discípulos fiéis, mas como se fôssemos aqueles que estavam confusos ou mesmo contra Jesus. Voltemos novamente às histórias do cego Bartimeu ou da mulher siro-fenícia. Ambos estavam na base da escada socio-económica e a ambos foi dito que deixassem Jesus em paz - pelos Seus próprios seguidores. Jesus modelou um tipo diferente de ministério e convidou, de forma gentil e consistente, os Seus discípulos a juntarem-se a Ele. Em vez de afastar Bartimeu, eles são instruídos a chamá-lo e dizer-lhe que Jesus quer vê-lo. Esse é o mesmo desafio para as nossas igrejas agora: não afastem a mulher siro-fenícia - ou qualquer outra mulher - mas dêem-lhe as boas-vindas. Não afastem aqueles que são diferentes - os que têm problemas económicos, aqueles de outras etnias, os deficientes, só para referir alguns exemplos. Vamos comemorar que foi Deus quem nos formou, nos perdoou, nos redimiu, nos chamou para uma nova família e nos capacita a todos para o serviço. Em vez de ser vista como uma das instituições mais restritivas, que a nossa comunidade seja conhecida pelas suas boas-vindas libertadoras e graça extravagante para todos.

Questões para Debate

1. A primeira pergunta para cada um de nós deve ser: em que aspecto da vida me sinto um estranho? Onde é que preciso das boas-vindas igualitárias de Deus e da libertação que Jesus veio trazer? Posso deixar essas histórias encorajarem-me a receber a graça de Jesus, Aquele que estende a graça a todos?

2. Quem na sua comunidade é como a mulher cananeia ou o cego Bartimeu? Estas pessoas sentiriam que Jesus deseja ajudá-las ou que não tem tempo para elas porque a igreja não tem tempo para elas?

3. De que formas é que a sua igreja tem acolhido todos igualmente à Mesa e os tem equipado a serem úteis no reino de Cristo?

4. De que forma é que a sua igreja tem espelhado a dinâmica de poder da sociedade, permitindo que pareça que os homens estão naturalmente "no comando" e mais adequados para representarem Deus?

Sugestões para Leitura Adicional

Chilcote, Paul. *She Offered Them Christ: The Legacy of Women Preachers in Early Methodism*. Nashville: Abingdon, 1993.

Dayton, Donald. *Discovering an Evangelical Heritage*. New York: Harper and Row, 1976.

Hardesty, Nancy. *Women Called to Witness: Evangelical Feminism in the Nineteenth Century*. Nashville: Abingdon, 1984.

LaCelle-Peterson, Kristina. *Liberating Tradition: Women's Identity and Vocation in Christian Perspective*. Grand Rapids: Baker Academic, 2008.

Stanley, Susie. *Holy Boldness: Women Preachers' Autobiographies*. Knoxville, TN: University of Tennessee Press, 2004.

catorze
A IGREJA DA COMPAIXÃO E DA JUSTIÇA
Stephen Riley

A Missão Central da Igreja

A missão central da Igreja é a proclamação das boas novas, a verdade de que Deus está a redimir toda a criação. Por causa do Seu grande amor - mais plenamente demonstrado na vida, morte e ressurreição de Jesus Cristo - todos são convidados a participar de uma nova família que modela o que sempre foi o desígnio de Deus para a criação.

Quando a Igreja é fiel a esta missão central, vidas são transformadas e é aberta a possibilidade de relacionamentos correctos. A resposta às boas novas traz consigo a oportunidade de viver não apenas num relacionamento correcto com Deus, mas também com os outros humanos e com toda a criação. Quando somos capazes de viver em relacionamentos correctos, somos libertados para viver como Deus planeou. Este modo de vida é descrito de várias formas na nossa tradição. Palavras como *salvação, santidade* ou até *glória* podem ser usadas para descrever partes ou todo o processo que se segue quando as pessoas respondem às boas novas. No entanto, gostaria de sugerir um conceito útil para considerarmos enquanto pensamos sobre como é quando as pessoas respondem às boas novas, o conceito de *shalom*.

Shalom como o Desejo de Deus para Toda a Criação

Shalom é um conceito hebraico frequentemente traduzido para o inglês como "paz". Infelizmente, embora a palavra *paz* seja uma parte importante de *shalom*, por *si* só não capta o significado completo do conceito. *Shalom* é melhor compreendido capturando um conjunto de ideias como integridade, justiça, compaixão, rectidão e segurança. Como disse um autor, *shalom* é um lugar onde "toda a criação é uma, cada criatura em comunidade com todas as outras, vivendo em harmonia e segurança para a alegria e o bem-estar de todas as outras criaturas."[1] Portanto, eu sugeriria que quando a Igreja é fiel à sua missão central, a possibilidade de *shalom* ocorre aqui na terra como uma visão de como será a vida no mundo vindouro.

Esta visão de *shalom* é central no nosso cânon das Escrituras pois elas testificam que *shalom* tem sido a esperança de Deus desde o início, é para isso que Ele continua a trabalhar ao longo da história e que será a sua vitória final. A evidência de que *shalom* foi o primeiro desejo de Deus vem da primeira aliança que Deus fez com os humanos. Génesis 1:26-31 dá um relato poético da primeira aliança que Deus fez com a humanidade e com a criação. "E criou Deus o homem à sua imagem; à imagem de Deus o criou; macho e fêmea os criou. E Deus os abençoou e Deus lhes disse: Frutificai, e multiplicai-vos, e enchei a terra, e sujeitai-a; e dominai sobre os peixes do mar, e sobre as aves dos céus, e sobre todo o animal que se move sobre a terra. E disse Deus: Eis que vos tenho dado toda erva que dá semente e que está sobre a face de toda a terra e toda árvore em que há fruto de árvore que dá semente; ser-vos-ão para mantimento" (versículos 27-29). A aliança de Deus com a humanidade é baseada no Seu bom cuidado com toda a criação. O relacionamento correcto resultaria no florescimento para todos como Deus desejou. Da mesma forma, a aliança de Deus com Abraão, registada em Génesis 12, está enraizada na visão *de shalom*. Abraão e os seus descendentes são escolhidos e abençoados para que todo o mundo seja abençoado. O desejo de Deus por *shalom* também é visível na entrega da Torá, a lei para a vida em comunidade. Estas instruções estabeleceram limites para relacionamentos correctos, ordenaram a comunidade e forneceram uma forma para que toda a criação pudesse prosperar.

O nosso cânon também dá testemunho do trabalho contínuo de Deus para sustentar a possibilidade de *shalom*. Quando Israel foi oprimido e escravizado pelo Faraó, Deus levantou Moisés para liderar o povo no êxodo para a liberdade. Na terra, Deus atribuiu aos reis de Israel a responsabilidade de cuidarem do povo de tal forma que a Torá fosse cumprida e que o *shalom* fosse possível. Quando os reis e o povo de Israel falharam em cumprir a sua aliança com Deus, foram enviados profetas para exortar o povo a voltar à fidelidade. Estes profetas ofereceram palavras de julgamento e esperança para que Israel pudesse responder à chamada de Deus e regressar à oferta de viver em *shalom*.

Na vida de Israel com Deus, o exemplo mais claro do que significa viver em *shalom* é encontrado na vida, morte e ressurreição de Jesus Cristo. A vida de Jesus entre as pessoas trouxe oportunidades para que os outros vissem a própria imagem de *shalom*. Quando Ele estava presente, o amor reinava e as pessoas eram curadas de fraquezas físicas, emocionais e espirituais. Na sua morte e ressurreição, Deus engoliu o aguilhão da morte como inimigo do *shalom* de uma vez por todas. Ao fazê-lo, Jesus Cristo não apenas modelou uma forma de viver para todos nós, mas também iniciou uma nova família que mudou os limites de *shalom* além da família de Abraão para todas as pessoas. Como o missionário Paulo diria mais tarde: "Nisto não há judeu nem grego; não há servo nem livre; não há macho nem fêmea; porque todos vós sois um em Cristo Jesus. E, se sois de Cristo, então, sois descendência de Abraão e herdeiros conforme a promessa" (Gálatas 3:28-29). Jesus Cristo quebrou as barreiras para o *shalom* e é-nos possível vivermos num relacionamento correcto uns com os outros como Deus planeou.

Embora acreditemos que Jesus Cristo nos possibilitou viver em *shalom* aqui e agora, também reconhecemos que haverá uma vitória final onde o *shalom* de Deus será completo. Este é o testemunho final das Escrituras. O Cânon termina com a visão de um novo amanhã, onde não haveria mais relacionamentos rompidos, não haveria mais abusos, não haveria mais morte. O Apocalipse de João termina com um retrato de um novo céu *e* uma nova terra onde Deus governará e fará novas todas as coisas. Toda a criação viverá num relacionamento correcto naquele novo amanhã. *Shalom* será a vitória final de Deus. A grande esperança da nossa tradição é que, por ser o desejo de Deus que inicia e completa o *shalom*, não estamos sozinhos no nosso trabalho aqui na terra. Somos guiados e apoiados pelo poder de Deus em acção em nós que o levará a bom termo.

Impedimentos para o Shalom

Embora o desejo de Deus seja pelo *shalom*, nem toda a criação participa já totalmente dele. Às vezes, os indivíduos não participam por causa das escolhas que fizeram. Outras vezes, é por causa de estruturas, políticas ou instituições da comunidade que inibem as pessoas e a criação de participarem do *shalom* de Deus. Esta é a beleza da nossa tradição, que afirma que a nossa liberdade de escolha vem com frutos positivos e negativos. As Escrituras dão testemunho de como as escolhas destrutivas e egoístas tanto de indivíduos como de comunidades podem causar a perda do *shalom*. Um exemplo disso ocorreu durante a vida do profeta Isaías. O capítulo 6 de Isaías relata uma visão que o profeta tem da santidade de Deus e que ocorre durante uma época de agitação política e social em Israel. As influências estrangeiras pressionavam fortemente a monarquia e o povo enfrentava escolhas difíceis. Muitos, incluindo a monarquia, fizeram escolhas que se afastaram de *shalom*. É nesta situação que Isaías recebeu a sua visão e foi convencido ao ponto de proclamar: "ai de mim, que vou perecendo! Porque eu sou um homem de lábios impuros e habito no meio de um povo de impuros lábios; e os meus olhos viram o rei, o Senhor dos Exércitos!" (Isaías 6:5). Isaías reconheceu que os seus lábios eram impuros e que era o responsável pela confusão em que Israel estava. Da mesma forma, há alguns hoje que deixam de participar do *shalom* de Deus por causa das suas próprias escolhas.

A nossa tradição tem uma história maravilhosa de falar sobre o pecado individual que nos separa de viver num relacionamento de amor com Deus, a humanidade e a criação. No entanto, o profeta também reconheceu que a comunidade à qual pertencia era responsável pelas estruturas, políticas e instituições que causavam a perda de *shalom*. Infelizmente, a nossa tradição não falou sobre o aspecto comunitário da responsabilidade tanto quanto sobre o indivíduo, pelo menos em certos contextos. Isto é particularmente triste, visto que os nossos pais espirituais entenderam que o indivíduo e a comunidade não podiam ser separados. João Wesley e os seus seguidores entenderam que, se alguém não assumisse a responsabilidade pela comunidade, a sua vida espiritual não estaria completa.

Não devemos descartar o facto de que alguns deixam de participar do *shalom* por causa dos poderes que estão além do seu controlo, poderes que trabalham contra o desejo de Deus. Enquanto tais poderes existirem nas nossas comunidades, este aspecto comunitário da responsabilidade, que é tão importante para o testemunho bíblico como para o indivíduo, deve ser enfatizado se se pretender que o *shalom* seja uma possibilidade.

O Shalom vem pela Justiça

Portanto, quando qualquer parte da criação deixa de participar totalmente do *shalom*, temos trabalho a fazer - o trabalho que Deus sempre quis do povo da aliança. O profeta Miquéias resume melhor esse trabalho ao registar estas palavras de diálogo há muito tempo: "Ele te declarou, ó homem, o que é bom; e que é o que o Senhor pede de ti, senão que pratiques a justiça, e ames a beneficência, e andes humildemente com o teu Deus?" (Miqueias 6:8). As coisas que Deus deseja para que toda a criação participe do *shalom* são justiça, amor fiel e humildade. Quando bem compreendidos, os dois últimos podem ser combinados numa única categoria: compaixão. Quando as pessoas adoptam o amor fiel (o termo hebraico é *hesed* - um termo amplo que abrange muito mais do que sentimentos de amor por alguém) e caminham com humildade, elas tornam-se compassivas para com toda a criação de Deus. Assim, o trabalho da Igreja torna-se o trabalho de compaixão e justiça. Ao estarmos envolvidos neste trabalho, ajudamos a criar espaço para que toda a criação possa participar do *shalom* de Deus aqui na terra e, eventualmente, da vitória final de Deus.

Como é trabalhar pela justiça? Muitas vezes, o termo *justiça* está vinculado exclusivamente a categorias jurídicas, como indivíduos "a receberem o que merecem" aos olhos da lei. Embora este seja certamente um aspecto importante da nossa concepção moderna de justiça, não é tudo o que o testemunho bíblico sustenta, especialmente quando se trata da obra de *shalom*. Justiça, amplamente entendida como um conceito bíblico, é um quadro de referência onde as pessoas são capazes de florescer e de se tornarem plenamente humanas como Deus planeou. Num livro curto, mas convincente, Carol Dempsey aponta que as Escrituras testemunham várias formas pelas quais a justiça pode ser realizada. Há ocasiões em que ela é feita pela libertação, como quando Deus libertou os israelitas da escravidão no Egipto. Há outras ocasiões em que ela é realizada através de leis promulgadas para cuidar daqueles que muitas vezes são esquecidos pela sociedade, como as ordens para que Israel cuide dos órfãos, viúvas e estrangeiros no seu meio. Ainda assim, há oportunidades para as pessoas falarem contra a injustiça e a desumanização, como quando os profetas de Israel condenaram o fracasso da sua comunidade em ser uma bênção para as nações. Tudo isto, argumenta Dempsey, são formas pelas quais Deus e o povo de Deus podem trabalhar pela justiça no mundo. Nos nossos dias, devemos discernir que coisas inibem a criação de participar do shalom de Deus. Que formas de injustiça estão presentes, tanto a nível individual como a nível comunitário, e que devem ser enfrentadas para que o *shalom* possa reinar? Talvez seja uma forma de opressão na sua comunidade. Existe um grupo de pessoas marginalizadas e desumanizadas por certas formas de opressão económica ou social? Algumas igrejas envolveram-se no trabalho com a imigração ou com pessoas apanhadas na opressão do tráfico humano. Outras identificaram trabalhadores mal pagos ou escolas carentes nas suas comunidades como grupos para trabalharem pela justiça. As pessoas presas no ciclo destrutivo da violência doméstica, abuso sexual ou de químicos podem ser outra área que requer a sua atenção. Estas são apenas algumas das estruturas comunais que devem ser tratadas para que o *shalom* aconteça.

O Shalom vem pela Compaixão

Devemos trabalhar pela justiça nas suas várias formas; no entanto, a justiça por si só fica aquém de tudo o que é necessário para que o *shalom* reine completamente. A justiça pode certamente ser administrada sem compaixão, como costuma ser o caso em situações jurídicas. No entanto, como Dempsey escreve: "Se alguém deseja viver uma vida enraizada no Espírito de Deus e no Espírito de Jesus, então a sua resposta à vida - à criação - exige uma resposta que enraíza a justiça em algo que é muito mais profundo do que aquilo seria exigido pela lei."[2] Isto é muito parecido com o que o apóstolo Paulo disse na sua carta aos coríntios quando escreveu: "E ainda que distribuísse toda a minha fortuna para sustento dos pobres, e ainda que entregasse o meu corpo para ser queimado, e não tivesse amor, nada disso me aproveitaria" (1 Coríntios 13:3). Quando Paulo fala sobre este tipo de amor, ele está a falar de algo muito mais profundo do que bons sentimentos e boas acções. Ele está a falar de uma convicção fundamental que motiva as pessoas a viverem certo tipo de relacionamento com outras pessoas. É o que Jesus modelou quando andou entre nós. Um grande exemplo do que significa ter compaixão por outra pessoa está registado no Evangelho de Lucas na parábola do samaritano compassivo. Na parábola narrada por Lucas, Jesus convida os Seus ouvintes a considerarem a relação entre a compaixão e a justiça. Um homem sem nome foi roubado, espancado e deixado como morto na beira da estrada. Dois líderes do povo, um sacerdote e um levita, passam pelo homem do outro lado da estrada. Eles teriam sido restringidos pelas leis da pureza no contacto com outras pessoas, especialmente aquele que era "impuro". A terceira pessoa, um samaritano, é movida por compaixão e não apenas toca o homem, mas cuida dele com grande custo. Muitas vezes concentramo-nos na etnia do samaritano como a questão principal da parábola. Dizemos: "Oh, a questão é que devemos procurar o indesejável que faz um bom trabalho?" Isto pode ser parte da questão; no entanto, acho que o maior problema é que o samaritano teve compaixão e que aquele que fez a pergunta a Jesus foi instruído a "ir e a fazer o mesmo". Em última análise, também devemos ir e fazer o mesmo. Como o samaritano, temos de trabalhar pela justiça com compaixão por quem precisa. A nossa tradição insiste no facto de que o nosso trabalho pela justiça deve ser feito com um coração de compaixão que foi transformado pelo amor de Deus. Mais importante ainda, Jesus foi claro: aqueles que desejam segui-Lo devem ter um coração compassivo.

O Shalom quebra as Barreiras entre Nós

Uma das questões mais difíceis de trabalhar para o *shalom* de Deus é superar a mentalidade "nós/eles". É o pensamento de que existe uma divisão entre quem tem e quem não tem. É frequentemente definida entre pessoas de diferentes etnias, regiões geográficas, estado social ou género. A infeliz consequência desta mentalidade é que perpetua uma forma errada de pensar que existem alguns que são mais desejáveis e, talvez, em melhor posição para dispensar o amor de Deus aos outros. No entanto, o nosso cânon dá testemunho de que devemos viver como se não houvesse uma mentalidade nós/eles. Jesus viveu assim, acolhendo todos os que O procuravam e dando a cada um a dignidade de ser igual aos olhos de Deus. O apóstolo Paulo declarou as boas novas desta forma na sua carta aos Gálatas: "Nisto não há judeu nem grego; não há servo nem livre; não há macho nem fêmea; porque todos vós sois um em Cristo Jesus. E, se sois de Cristo, então, sois descendência de Abraão e herdeiros conforme a promessa" (Gálatas 3:28-29). Paulo entendeu que em Cristo não havia mais barreiras. Portanto, como pessoas que trabalham para o *shalom*, devemos superar a nossa propensão para a divisão e ver-nos uns aos outros através dos olhos de Cristo. Isto significará algumas mudanças na forma como vemos os outros. Não seremos mais capazes de dizer coisas como "eles são pobres e sujos", ou "ela é apenas uma mulher", ou "eles não podem ajudar porque são do terceiro mundo". Estas formas de pensar não têm lugar no *shalom* de Deus porque limitam os nossos irmãos e irmãs e a sua capacidade de participarem plenamente. Não, no *shalom* de Deus viveremos uma nova forma de pensar sobre nós mesmos e sobre os nossos vizinhos. Vamos viver sem medo do outro. Vamos ver o outro como um possível aliado, e não como um inimigo. Ao fazer isto, entenderemos o que Paulo entendeu e o que Desmond Tutu tentou capturar ao descrever o conceito africano de Ubuntu. Ubuntu, diz ele, é um conceito que significa que uma pessoa está "aberta e disponível para os outros, afirmando-os; não se sente ameaçada em relação àquilo que os outros são capazes e bons, pois tem uma autoconfiança adequada que vem de saber que pertence a um todo maior e é diminuído quando os outros são humilhados ou diminuídos, quando os outros são torturados ou oprimidos".[3] Devemos ser capazes de nos ver como filhos de Deus, cada um com um valor incrível e convidado a participar da vida da nova família de Deus. Quando o amor de Deus nos permite viver desta forma de ver uns aos outros, surgirão novas possibilidades para parcerias no trabalho em direcção ao *shalom*. Aqueles que antes eram vistos como recipientes ou adversários do nosso trabalho, agora serão possíveis parceiros no nosso trabalho pela justiça através da compaixão. Aqueles que antes pensávamos que não podiam oferecer nada ou que eram simplesmente o alvo dos nossos ministérios, agora podem ser nossos parceiros em Cristo para realizar a obra de Deus no mundo.

Identificando Primeiro o Shalom

Uma vez que entendemos que todos somos criação de Deus, um em Cristo, podemos começar o nosso trabalho pelo *shalom* exactamente onde estamos. Muitas vezes, por uma variedade de razões, a Igreja sente a necessidade de partilhar as boas novas em algum lugar do mundo, em vez de perto dela mesma. No entanto, para que o *shalom* tenha qualquer tipo de impacto global, devemos primeiro localizá-lo antes de nos movermos para fora. Podemos até começar com a nossa própria comunidade de fé. A nossa igreja local pode precisar de alguma justiça e compaixão para se tornar um lugar de *shalom* onde as boas novas podem ganhar força e crescer. A partir de lá, devemos mover-nos para as nossas comunidades locais, procurando por aqueles lugares onde os obstáculos para o *shalom* são colocados e dar as mãos em compaixão para trabalhar pela justiça para que outros se possam juntar à nossa família. Só então devemos pensar em ir além da nossa comunidade.

Alguns podem perguntar se este *shalom* localizado é contrário à Grande Comissão de Mateus 28. Lá Jesus ordenou que os Seus seguidores fizessem discípulos de todas as nações. É verdade que Jesus os instruiu a fazer discípulos, baptizá-los e ensiná-los a obedecer a tudo que Ele ordenou. No entanto, muitas vezes há uma sensação de que o trabalho missionário deve ocorrer em algum lugar "ali". O "lá" é frequentemente visto como um grupo pobre de pessoas que precisam desesperadamente das boas novas. Mandamos dinheiro e pessoas para "ali" e esquecemos que são feitos à imagem de Deus, assim como nós. Muitas vezes querem partilhar connosco e não se consideram pobres ou desesperados. Se formos capazes de permitir que Deus transforme os nossos corações de forma a realmente nos vermos como parceiros iguais nas boas novas, então poderíamos repensar a missão global de tal forma que possamos cooperar criativamente para trabalhar pela justiça local e globalmente, sem a infeliz suposição de que o modelo de um hemisfério é particularmente correcto.

Os Três Rs do Shalom

Quando começamos o trabalho pelo *shalom*, não basta desejar que ele aconteça. Devem ser dados passos muito práticos no trabalho da justiça por meio da compaixão. Frequentemente, este trabalho envolve etapas muito pequenas, mas sérias, numa comunidade. Num livro muito importante sobre o ministério na área urbana de Atlanta, Robert Lupton discute os três critérios do desenvolvimento comunitário que ele acredita serem necessários para que a justiça aconteça. Os três Rs são realocação, reconciliação e redistribuição. Acredito que estes três Rs são especialmente úteis para a Igreja enquanto busca trabalhar pelo *shalom* de Deus.

O primeiro R é a realocação, pelo qual Lupton quer dizer que um ministério deve ser encarnado e deve viver entre as pessoas para ser eficaz. Devemos recuperar a compreensão de que a nossa comunidade é a nossa paróquia. Devemos encarnar a boa nova entre as pessoas que desejamos convidar para a família de Deus. Em alguns casos, isto pode significar a realocação física das nossas casas ou instalações da igreja. Noutros casos, pode simplesmente significar uma mudança no nosso pensamento sobre a comunidade para a qual estamos a ministrar. De qualquer forma, se não tivermos o sentimento de pertencer à comunidade na qual trabalhamos pelo *shalom*, deixaremos de participar totalmente da cura e da integridade que Deus deseja para toda a criação.

O segundo R é a reconciliação. Parece evidente que as boas novas de Deus devem trazer cura aos relacionamentos. Na verdade, o *shalom* trata-se de relacionamentos correctos. No entanto, devido ao nosso quebrantamento, há muito trabalho a ser feito. A obra de justiça através da compaixão requer que a Igreja se torne um lugar onde as pessoas possam ser reconciliadas não apenas com Deus, mas também umas com as outras e com a criação. Para que o *shalom* seja uma possibilidade, devemos considerar o nosso relacionamento com a criação de Deus, tanto humana como não-humana. Fazê-lo frequentemente incluirá o difícil trabalho de perdão, que requer o trabalho de restauração entre as partes alienadas. A restauração não é um trabalho fácil. Frequentemente, estamos muito mais dispostos a "perdoar e a esquecer" do que realmente a envolver-nos no corajoso esforço de cura que trará novas possibilidades relacionais ao reconhecermos a mágoa e a dor do passado, mas também a poderosa transformação possível no amor de Deus.

O R final é redistribuição, pelo qual Lupton se refere à distribuição justa de recursos entre todos. Para que o *shalom* de Deus reine, os recursos devem estar disponíveis para toda a criação. Isto significa que, se quisermos seriamente ver os propósitos de Deus a serem cumpridos aqui na terra, teremos que nos tornar sérios em ajudar o fluxo de recursos económicos e humanos para as áreas carentes nas nossas comunidades, para que todos possam ter a oportunidade de participar do *shalom*. A instrução de Jesus em Mateus 25 é particularmente importante nesta questão. Ele recorda os Seus seguidores que, quando cuidam do estrangeiro, do sem abrigo e do prisioneiro, é como se o fizessem a Ele. Nos nossos dias, estas mesmas pessoas são aquelas que muitas vezes são marginalizadas pelas estruturas da nossa comunidade que as inibem de participar plenamente no *shalom*. Jesus recorda-nos que devemos trabalhar, muitas vezes redistribuindo recursos para que mesmo aqueles que estão à margem tenham a oportunidade de desfrutar do desejo de Deus pelo *shalom*.

O Shalom parece-se com...

Uma pergunta final deveria ser: "Como seria o *shalom*, se fôssemos fiéis à nossa missão central?" Acho que um ponto de partida apropriado para isso vem da carta de Paulo aos Efésios. No capítulo 2, versículos 11-22, ele escreve uma visão sustentada daquilo que Cristo fez. Nele ele descreve o facto de que em Cristo aqueles que antes estavam longe, os "incircuncisos" ou gentios, estão agora reconciliados e em paz com a comunidade de Israel. Na cruz, Deus fundiu os dois num e não há divisão, nem alienação. Agora, em Jesus Cristo, todos nós somos um que está a ser construído como uma morada para Deus. Quando a Igreja é fiel à sua missão central, Deus trabalha em e através de nós para tornar o *shalom* uma realidade para toda a criação.

Questões para Debate

1. Como é que o *shalom* é um conceito útil para pensar sobre a missão central da Igreja?

2. Considere algumas destas passagens bíblicas em relação ao conceito de *shalom*. Que aspectos de paz, justiça e compaixão são destacados em cada uma?

    a. Salmo 72

    b. Isaías 11:1-9

    c. Ezequiel 34:25-29

    d. Mateus 12:15-21

3. Que barreiras ao *shalom* estão presentes na sua vida e na sua comunidade?

4. Como é que a sua comunidade ficaria se o *shalom* quebrasse as barreiras nós/eles?

5. Em que aspectos dos três Rs do *shalom* é que acha que a sua comunidade deveria trabalhar?

Sugestões para Leitura Adicional

Brueggemann, Walter. *Peace*. St. Louis: Chalice, 2001.
Dempsey, Carol J. *Justice: A Biblical Perspective on Justice*. St. Louis: Chalice, 2008.
Lupton, Robert D. *Compassion, Justice, and the Christian Life: Rethinking Ministry to the Poor*. Ventura, CA: Regal, 2007.
Miles, Sara. *Jesus Freak: Feeding, Healing, Raising the Dead*. San Francisco, CA: Jossey-Bass, 2010.
Nouwen, Henri J. M. *Creative Ministry*. Garden City, NY: Image, 1978.
Perkins, John M. *Let Justice Roll Down*. Ventura, CA: Gospel Light, 2012.
Woodley, Randy. *Shalom and the Community of Creation: An Indigenous Vision*. Grand Rapids: Eerdmans, 2012.

quinze
A IGREJA COMO UMA COMUNIDADE QUE TESTEMUNHA
David A. Busic

Houve um Verão em que estava a conduzir numa rua principal e parei no semáforo. Estava a anoitecer e começava a ficar escuro. De repente, ouvi alguém a chamar da esquina. Virei-me e vi um rapaz com uma Bíblia nas mãos e uma lancheira com algum escrito religioso. Ele estava a vociferar um sermão que era muito parecido com uma previsão maia sobre o fim do mundo. Não querendo ser óbvio, abri lentamente a minha janela para ouvir o que ele estava a dizer. Devo admitir que no início fiquei um bocado envergonhado por ele, até que, para minha surpresa, olhei à volta e percebi que ninguém estava a ouvir. Ninguém parou na rua para avaliar a sua mensagem e por isso não houve reclamações. Eles simplesmente passavam por ele como se fosse invisível. Não questiono os seus motivos. Na verdade, há uma parte de mim que admira a sua tenacidade e coragem. Mas será que é este o aspecto do testemunho do *kerygma*?

O Propósito do Pentecostes

O livro de Actos descreve o Pentecostes com imagens poderosas: sons de um vento impetuoso do céu; línguas de fogo a dançar nas cabeças dos discípulos; e interpretação de línguas ao estilo das Nações Unidas. Lucas está a tentar descrever um fenómeno que nunca tinha ocorrido. Ele fá-lo oferecendo metáforas que retratam o propósito do Pentecostes: a imagem do vento, do fogo e das línguas de fogo. É importante observar as palavras exactas de Lucas. Ele não disse que uma forte tempestade de vento estava a soprar na sala. Ele disse: "Veio do céu um som, *como* de um vento veemente e impetuoso, e encheu toda a casa em que estavam assentados" (Actos 2:2, itálicos meus). Foi algo que se ouviu, mas foi um acontecimento completamente único e divino. Ele também não diz que o fogo caiu do céu e queimou os cabelos dos discípulos. Ele disse: "E foram vistas por eles línguas repartidas, *como que de fogo*, as quais pousaram sobre cada um deles" (Actos 2:3, itálicos meus). Foi algo que foi visto, mas foi um acontecimento completamente único e divino.

O propósito de Lucas não era descrever cientificamente o que aconteceu no Pentecostes, mas revelar o significado espiritual mais profundo por detrás dos eventos. O que aconteceu foi *como* o vento e *como* o fogo. Foi uma invasão extraordinária do céu que não poderia ser explicada em termos comuns. Portanto, Lucas usa figuras de linguagem com significados descritivos. O vento descreve o poder, o fogo é descritivo da pureza. Mas não era o poder pelo poder ou a pureza pela pureza. Em vez disso, o poder e a pureza que foram dados destinavam-se a *fazer* algo. Este algo é expresso na próxima imagem empregue por Lucas: a imagem das línguas. As línguas referem-se à linguagem. Aqui está um dos propósitos mais importantes do Pentecostes - a proclamação de Cristo.

As últimas palavras que Jesus disse aos Seus discípulos antes de subir ao céu foram: "Mas recebereis a virtude do Espírito Santo, que há de vir sobre vós; e ser-me-eis testemunhas tanto em Jerusalém como em toda a Judeia e Samaria e até aos confins da terra" (Actos 1:8). Foi um mandato missionário. Mas como é que eles o fariam? Eles não tinham o poder, a coragem ou a paixão para serem testemunhas. Eram homens e mulheres simples que, na sua maioria, falavam apenas uma língua e, quando se tratava de partilhar o Evangelho, provavelmente até tinham medo de o fazer. Para cumprirem a Grande Comissão dada por Jesus, eles precisavam de alguma coisa que não tinham até àquele momento. Eles precisavam de um dom.

É impressionante notar que nas três imagens do Pentecostes há uma referência ao falar ou ouvir. Eles *ouviram* o som, eles receberam o dom da linguagem para *testemunhar*. Até as chamas de fogo tinham a forma de línguas. Porque é que a Igreja nasceu? Ela nasceu para dar testemunho das boas novas de Jesus. O que é que o Espírito Santo dá à Igreja? Ele dá uma vida fortalecida que dá testemunho ao falar. Não é uma linguagem mística e extática com significados obscuros, mas é uma linguagem que capacitou a Igreja a pregar e a proclamar o Evangelho a todas as nações, tribos e povos até aos confins da terra. E quando Pedro sobe ao púlpito para proclamar o kerygma, tudo muda: A Igreja nasce.

Arautos e Testemunhas

Um *arauto* é uma pessoa que proclama notícias importantes. *Kerygma* é a palavra grega para proclamação ou pregação. É um cognato do verbo grego *kerusso*, que significa proclamar como arauto. Quando as duas palavras são usadas em conjunto, referem-se à proclamação, anúncio ou pregação das boas novas. Um arauto do *kerygma* é um mensageiro de esperança (ver Mateus 3:1; Lucas 4:18-19; Romanos 10:14). Esta foi a proclamação do Pentecostes original mas hoje ele permanece como um símbolo para nós. Pentecostes é o que dá à Igreja a paixão para cuidar, a ousadia para se mover e o poder de falar. Pentecostes é o que purifica os crentes, incendeia as suas línguas e os capacita a comunicarem uma proclamação clara do Evangelho. O dom do Espírito Santo dá voz à Igreja!

Quando o Espírito Santo foi derramado sobre os primeiros cristãos, eles foram para as ruas. O Espírito compeliu a Igreja a ir para fora. Com este novo poder, a Igreja foi capaz de testemunhar e se comunicar de formas que antes eram impossíveis. O tempo de Deus para o nascimento da Igreja não poderia ter sido melhor pois havia milhares de pessoas, de muitas nações e grupos linguísticos diferentes, em Jerusalém para a Festa de Pentecostes.

Isto traz à mente a história da Torre de Babel (Génesis 11), em que Deus confundiu as línguas das pessoas e dispersou as nações à volta do mundo para impedir que as suas más intenções se multiplicassem. Houve novamente um tipo de confusão entre as nações, só que desta vez derivou do facto de que todos ouviram homens e mulheres comuns, cheios do Espírito Santo, a falar nas línguas maternas do seu próprio povo. "Todos os temos ouvido em nossas próprias línguas falar das grandezas de Deus" (Actos 2:11). Este foi um milagre de testemunho. O Pentecostes foi uma reversão de Babel. O resultado foi o nascimento de uma Igreja internacional e multilíngue.

Lucas acha importante dizer aos seus leitores que havia nada menos que dezasseis áreas mundiais representadas no Pentecostes. O que é interessante sobre essa lista é que várias nações deixaram de existir. Os partos e medos, por exemplo, eram reinos na história que não existiam mais. Lucas transmite a mensagem de que as boas novas do Evangelho são para todas as tribos, línguas e nações - passado, presente e futuro. Jovens e velhos, próximos e distantes, homens e mulheres recebem a bênção. Todos podem ouvir as boas novas e todos podem encontrar uma voz para testemunhar.

Esta é a grande ideia de Pedro para o seu sermão: "E nos últimos dias acontecerá, diz Deus, que do meu Espírito derramarei sobre toda a carne; e os vossos filhos e as vossas filhas profetizarão, os vossos jovens terão visões, e os vossos velhos sonharão sonhos; e também do meu Espírito derramarei sobre os meus servos e minhas servas, naqueles dias, e profetizarão" (Actos 2:17-18). Por causa do que aconteceu no Pentecostes, cada pessoa cheia do Espírito recebe uma voz para testemunhar sobre Jesus Cristo!

Esses sinais de poder, pureza e comunicação capacitada pelo Espírito lançaram deixaram a população agitada. Em vez de ignorar os discípulos anunciadores e a sua mensagem, todos queriam saber o que estava a acontecer. Eles ficaram surpreendidos e perplexos com as perguntas - duas para ser mais exacto. Essas duas perguntas funcionam como suportes de livros entre o início e o fim do relato.

Pergunta 1: "Que quer isto dizer?" (v. 12) e pergunta 2: "Que faremos, varões irmãos?" (v. 37). A resposta à primeira pergunta veio na forma de um sermão de Pedro sobre o Evangelho. A resposta convincente dos ouvintes do sermão precipitou a segunda pergunta. A resposta de Pedro é o âmago do testemunho querigmático: "Arrependei-vos, e cada um de vós seja batizado em nome de Jesus Cristo para perdão dos pecados, e recebereis o dom do Espírito Santo" (v. 38). Naquele mesmo dia, três mil pessoas foram baptizadas e adicionadas ao seu número.

A Igreja como Testemunha

A proclamação do Evangelho é essencial para a Igreja. Isto acontece de duas formas. Primeiro, as igrejas que estão preenchidas de pessoas cheias do Espírito dão frutos espirituais: "E todos os dias acrescentava o Senhor à igreja aqueles que se haviam de salvar" (v. 47). Todos os seguidores de Cristo são arautos do Evangelho no sentido de serem testemunhas. Mas a Igreja também reconheceu que existe quem é chamado à vocação particular da proclamação, isto é, quem é chamado a pregar.

Agostinho, que muitas vezes é considerado o autor do primeiro livro sobre pregação, disse que o propósito da pregação é ensinar, deleitar e comover. O ensino e o aspecto comovente da pregação parecem bastante auto-explicativos. Mas o que significa deleitar? No mínimo, deleitar é, certamente, tornar a pregação interessante. Mas se levarmos Actos 2 a sério, isto tem a ver necessariamente com uma vida atractiva o suficiente para chamar a atenção de outras pessoas para ouvir a mensagem. Portanto, tanto o testemunho como a pregação envolvem mais do que a mensagem; envolvem a vida dos mensageiros. Somente quando a Igreja reflectir sobre Cristo é que o seu testemunho será "encantador".

Ao lembrar-me do pregador na rua naquela noite de Verão, não tenho nenhum sentido de condescendência. Embora não esteja inclinado a concordar com os seus métodos, devo pelo menos também reconhecer que dezenas de milhares de pessoas passam todos os dias por igrejas e ignoram-nas simplesmente. Elas passam sem nunca pararem para pensar, muito menos para perguntar: "que quer dizer isto". Talvez se as vidas das pessoas da Igreja estivessem hoje cheias do Espírito do Pentecostes, mais pessoas estariam abertas a ouvir a mensagem das testemunhas da Igreja.

Eu estava a conversar com alguém que ficou muito feliz por ter encontrado a nossa igreja. Ele apresentou-se a mim depois do culto e disse: "Tenho andado noutras igrejas, mas não encontrei nenhuma onde me sentisse confortável". Fiquei feliz em ouvi-lo dizer que se sentia confortável na nossa igreja. Mas numa tentativa de me encorajar, ele continuou: "Esta igreja é um dos segredos mais bem guardados da cidade". Este comentário "encorajador" foi como uma pedra no meu sapato. Porque é que a Igreja e a sua mensagem são um segredo? Eu percebo que os eventos do Pentecostes são únicos e irrepetíveis na história da salvação. No entanto, estou convencido de que quando o Espírito de Jesus (o mesmo Espírito Santo que foi derramado no Pentecostes) capacita a sua igreja, pelo menos *algumas* das pessoas deveriam *às vezes* fazer a pergunta: "Que quer dizer isto?" Se assim não for, os arautos e as testemunhas do Evangelho passarão quase todo o tempo a responder "o que devemos fazer?" a pessoas que já sabem a resposta e que a ouvem há muitos anos. Por outras palavras, às vezes a Igreja prega apenas para Si mesma. Pregar e testemunhar exclusivamente aos já convertidos não é o objectivo ou a missão da Igreja.

O Sal da Terra

Ser e fazer estão intimamente ligados no testemunho cristão. Os cristãos não podem fazer efectivamente o que não se tornaram internamente.

O que fazemos surge de quem somos. Esta é a ordem correcta do Sermão do Monte. As bem-aventuranças indicativas (ser) precedem os comandos imperativos (fazer). A transformação precede o estilo de vida. Devemos tornar-nos pessoas da mensagem antes de a transmitir.

Jesus disse: "Vós sois o sal da terra" (Mateus 5:13). Para ouvidos modernos, Jesus pode dizer: "Tu és diferente".

Ouvi um pastor contar a história de um casamento de um jovem casal cristão na sua igreja com cerca de 250 pessoas presentes. A lista de convidados incluiu vários oficiais do governo de alto escalão e atletas profissionais. Foi uma ocasião maravilhosa.

O discurso do copo de água foi feito pelo pai da noiva. Ele contou aos convidados como o jovem noivo tinha pedido a mão da sua filha em casamento. O pai (que não era cristão) gostava muito dele e contou que disse ao rapaz (que era cristão), com a melhor das intenções: "Ainda és muito jovem. Acabaste de te formar na faculdade e o casamento é um compromisso para a vida toda. Então, porque é que simplesmente não compram um apartamento e moram juntos durante um tempo e vêem se funciona?".

O pai continuou: "Fiquei imediatamente ciente de que tinha cometido um grande erro. O meu futuro genro respondeu: 'Há três pessoas envolvidas neste casamento: a sua filha, eu e Deus. E por ser verdade, eu não poderia nem sequer pensar apenas em morarmos juntos'".

Nesta altura do discurso, os convidados, na sua maioria não cristãos, explodiram em aplausos. O pai terminou o seu discurso dizendo: "Há mais uma coisa que eu tenho que vos dizer e tenho a permissão deles para partilhar. Eles ainda não tiveram relações sexuais!".

Esta notícia surpreendente foi recebida com aplausos ainda mais altos e o meu amigo pastor disse: "Tive algumas conversas muito interessantes depois do copo de água de pessoas que queriam saber mais sobre esta coisa estranha em que os cristãos acreditam".

Quanto mais a nossa sociedade se afasta do ensino e da prática de Jesus, mais distintas devem ser as crenças e o estilo de vida dos Seus seguidores. Além disso, quanto mais distintos são os estilos de vida dos seguidores de Cristo, mais frequentemente as pessoas farão a pergunta "que quer dizer isto?".

A categoria bíblica para esta distinção é "santidade", que significa: *diferente, separado, único em carácter, como o Pai, como o Filho*. Não se trata de ser estranho ou desagradável, não se trata de ser irrelevante, excêntrico ou fora do alcance. Às vezes, nas nossas tentativas de sermos distintos, a Igreja tende a limitar a nossa distinção em relação ao que *evitamos* e ao que somos *contra*. Os primeiros cristãos, por outro lado, eram distintos pelo que *faziam* e *para* o que serviam. (Leia Actos 2:42-47; 3:1-10; 4:32-37).

Eles deram com alegria e sacrifício até que não houvesse mais pessoas necessitadas entre eles. Eles foram testemunhas destemidas em relação a ameaças e espancamentos, e até mesmo em relação à prisão e à morte. A sua adoração não se limitava a dias e lugares especiais. Eles partiam o pão nas suas casas e comiam juntos com o coração alegre e sincero, louvando a Deus e desfrutando da graça de todo o povo. E o seu amor altruísta, generosidade magnânima e compaixão ilimitada diferenciavam-nos do que aquilo que as pessoas fora da fé estavam habituadas a ver.

Como resultado, o "temor do Senhor" e a "alegria do Senhor" juntaram-se numa harmonia tão perfeita que os descrentes sentiam-se, simultaneamente, atraídos e com medo de se juntar a eles. Isto é santidade na prática! Eles eram o povo santo de Deus, eram diferentes, eram distintos. Eles eram o sal da terra. E as suas vidas imploravam pela pergunta "que quer dizer isto?".

A Luz do Mundo

Jesus também disse: "Vós sois a luz do mundo; não se pode esconder uma cidade edificada sobre um monte" (Mateus 5:14). Novamente, o que é que isto significa para os ouvidos modernos? "Tu és visível".

Quando os cristãos estão no mundo e são *do* mundo, estão a negar o seu testemunho. Mas, inversamente, quando os cristãos não são do mundo e não estão *no* mundo, também negam o seu testemunho. Existem indícios perturbadores de que muitos cristãos estão a retirar-se do mundo o mais rápido que podem.

Um pastor amigo tirou um ano sabático que lhe deu a oportunidade de visitar várias igrejas durante o período de três meses. Num determinado Domingo, após um evento muito sério no mundo, ele visitou uma pequena igreja na área em que estava hospedado. Dada a gravidade do problema e a proximidade com o lar, ele esperava que alguma coisa fosse mencionada na celebração ou pelo menos durante o tempo de oração, mas não houve nenhuma menção. Além disso, na terça-feira seguinte àquele Domingo, ocorreu uma eleição presidencial. Mas, novamente, não houve nenhuma menção em relação à eleição nem nada que tivesse algo a ver com o mundo exterior, excepto a morte de um membro idoso da congregação. O que ele disse a seguir foi revelador: "Tanto podia ser 1904 como 2004". Ao visitar várias outras igrejas, descobriu que esta não era a excepção, mas a norma. Muitas das igrejas pareciam concentrar-se em si mesmas e nas suas necessidades, excluindo qualquer coisa fora da sua órbita. Quando a Igreja começa a acreditar que o que acontece aos domingos tem pouco ou nada a ver com o resto do mundo, a nossa voz perde-se e, com ela, perde-se a nossa visibilidade.

A referência de Jesus a uma cidade edificada num monte pode parecer não ter relação com o tema da luz. No entanto, no mundo antigo, muitas cidades eram construídas em locais elevados para fins defensivos, tornando-as também altamente visíveis. Além disso, como não havia electricidade no primeiro século, a luz de qualquer cidade à noite era claramente visível, independentemente da sua elevação. Imagine uma cidade com centenas de fogos e luzes acesas e agora coloque essa cidade no topo de uma colina. Não era possível não a ver! Podia ser vista a quilómetros de distância! "Não se pode esconder uma cidade edificada sobre um monte".

A mensagem de Jesus é óbvia. Na escuridão moral do mundo, os meus seguidores devem estar de cabeça e ombros acima do resto, claramente visíveis para todos à sua volta. A luz da Igreja deve brilhar para que as pessoas vejam e ouçam a mensagem e, finalmente, louvem o nosso Pai celestial.

Se a casa fica escura à noite, não faz sentido culpar a casa. Isso é o que acontece quando o sol se põe. A questão é: onde está a luz? Se a carne se estragar, não faz sentido culpar a carne. Isso é o que acontece quando as bactérias se reproduzem sem controlo e o conservante não inibe a decomposição. A questão é: onde está o sal? Se a sociedade é sombria e corrupta, não faz sentido culpar a sociedade. Isso é o que acontece quando um mundo pecaminoso caído é abandonado e o mal humano não é controlado. A questão é: onde está a Igreja?

Os primeiros cristãos poderiam ter transformado o seu cenáculo num santuário protector e convidado as pessoas a irem até eles. Em vez disso, espalharam-se pelas ruas, por toda a decadência, corrupção e escuridão e tornaram-se sal e luz. Eles eram distintos e visíveis, Deus foi glorificado e a Igreja cresceu.

Se a Igreja não for distinta e visível, não haverá testemunho. E quando não há testemunho, não pode haver *kerygma*. A pergunta "o que devemos fazer?" não será feita até que a pergunta "que quer dizer isto?" seja atractiva.

Natasha cresceu numa família ateísta na União Soviética. Ela estudou marxismo e economia dialéctica na Universidade de Moscovo e formou-se com distinção em todos os cursos. Durante a guerra fria, viajou pelo mundo ensinando russo e espalhando a sua crença no marxismo. Ela morou em muitos países da Europa e da Ásia, incluindo na Índia, onde encontrou, em primeira mão, as principais religiões do mundo. A sua conclusão foi que todas elas eram uma perda de tempo.

Eventualmente chegou à Escócia para leccionar na Harriet Watt University. Peter Grainger, um pastor de Edimburgo, teve o privilégio de baptizá-la na sua igreja. Ele perguntou-lhe: "Natasha, estudaste todas as principais filosofias e religiões do mundo e descobriste que elas eram uma perda de tempo. O que te fez mudar de ideias?".

A sua resposta foi muito reveladora. Ela não disse que tinham sido os seus sermões (embora tenha certeza de que o Senhor os usou)! Não! Em vez disso ela disse: "eu conheci Peter e Margaret Martin e eles eram diferentes".

Peter e Margaret Martin eram adultos mais velhos na igreja de Peter. E porque Margaret sentia um peso em relação à condição espiritual da Rússia, no final dos anos sessenta, decidiu aprender a língua russa. Ela apareceu numa aula ministrada pela (adivinham quem?) Natasha. Ela aprendeu um pouco de russo, conheceu Natasha, convidou-a para ir a sua casa e ficaram amigas. Um dia Natasha perguntou-lhe: "O que é que vocês têm? Vocês são diferentes." Margaret explicou que era cristã e fez um convite: "Porque não vens à nossa igreja, onde ouvirás a mensagem cristã explicada claramente todas as semanas?".

E numa Páscoa, há vários anos atrás, ela foi. O Espírito Santo abriu o seu coração para a mensagem do Evangelho e ela ganhou uma fé profunda e viva em Jesus Cristo. Desde então, a Natasha teve um impacto incrível sobre os seus amigos e familiares nas suas visitas anuais de volta à Rússia.

Como é que ela se tornou cristã? Através de um arauto chamado Pastor Peter? Sim, graças a Deus. Mas ela nunca teria ouvido o Evangelho ser pregado a menos que o tivesse visto a ser vivido na vida de uma cristã comum, cheia do Espírito, que a fez pergunta: "que quer dizer isto?"

Questões para Debate

1. Quais são os frutos de um cristão cheio do Espírito e quais são alguns exemplos de como os seus frutos se tornam evidentes no testemunho querigmático da Igreja?

2. De que formas é que está envolvido no testemunho querigmático? Quais são os desafios que enfrenta ao ser sal e luz?

3. Quais são alguns exemplos de como a sua congregação está envolvida no testemunho querigmático? De que forma é que a sua igreja pode ser mais eficaz em testemunhar as boas novas do Evangelho?

4. Visto que todos os cristãos são chamados a empenharem-se no testemunho querigmático, que papel é que o pastor desempenha no *kerygma* (proclamação) e que papel é que os leigos desempenham? Como é que eles são semelhantes, mas também diferentes?

Sugestões para Leitura Adicional

Jones, Scott J. *The Evangelistic Love of God and Neighbor: A Theology of Witness and Discipleship.* Nashville: Abingdon, 2003.

Pohl, Christine D. *Making Room: Recovering Hospitality in the Christian Tradition.* Grand Rapids: Eerdmans, 1999.

Pointer, Lyle, and Jim Dorsey. *Evangelism in Everyday Life: Shaping and Sharing Your Faith.* Kansas City: Beacon Hill Press of Kansas City, 1998.

Stetzer, Ed. *Living the Missional Nature of the Church.* Nashville: Lifeway Publishing, 2008.

Stone, Brian. *Evangelism after Christendom: The Theology and Practice of Christian Witness.* Grand Rapids: Brazos Books, 2006.

PARTE 3
A Igreja como Organismo Organizado

dezasseis
O CORPO DE CRISTO
UMA TEOLOGIA DAS RELAÇÕES ECLESIÁSTICAS
Richard P. Thompson

O poema nos lábios das crianças na sua classe da escola dominical é familiar para a maioria de nós. Elas estavam sentadas num círculo à volta do seu professor, dando as mãos umas às outras com todos os dedos, excepto com os indicadores, pressionados contra as palmas. "Aqui está a Igreja e aqui está o campanário", gritavam elas. E então, virando as suas mãos e revelando os seus dedos a mexerem, elas exclamavam: "Abra as portas e vejam todas as pessoas!" É uma mensagem simples, com certeza. Ainda assim, diz às crianças desde tenra idade que a Igreja não é identificada por uma placa na rua, um endereço de correspondência ou um site. A Igreja é realmente sobre as pessoas!

Não há nada de novo nessa afirmação. Quando ouvimos a palavra *Igreja*, a maioria de nós não pensa primeiro sobre a construção de uma igreja ou até uma instituição, embora *associemos* essas coisas *à* Igreja (uma vez que, afinal de contas, elas normalmente vêm juntamente com a forma como temos "feito" Igreja durante séculos). Na verdade, quando usamos a palavra *Igreja* ou quando temos a ideia de Igreja nas nossas mentes, a maioria de nós provavelmente não pensa muito sobre as nossas suposições que acompanham essa palavra (ou ideia) e que informa como a usamos. Pois podemos saber *que*, em última análise, a Igreja trata-se de pessoas, em vez de um edifício, endereço ou site, mas muitas vezes damos pouca ou nenhuma atenção aos pressupostos - teológicos ou outros - que realmente moldam a nossa compreensão *daquilo que* a Igreja (a nossa eclesiologia) deveria ser. E o primeiro lugar onde vemos a influência da nossa eclesiologia "assumida" é nos diferentes tipos de relações incorporadas no contexto eclesial. Por exemplo, a frequência das instruções bíblicas sobre amar ou viver em paz uns com os outros pode dizer-nos que, nessas questões relacionais gerais, porém básicas, pode haver razões eclesiológicas por detrás delas que têm implicações no Evangelho. Ou seja, amar uns aos outros é mais do que aparenta ser!

Como wesleyanos em orientação e herança teológicas, olhamos para as Escrituras como a nossa fonte primária de reflexão teológica. E devemos reconhecer as várias coisas sobre a eclesiologia e a Bíblia desde o início. Primeiro, as contribuições da Bíblia para as discussões sobre eclesiologia e a Igreja são principalmente indirectas, em vez de específicas por natureza. Isto é, embora os textos bíblicos nos possam oferecer diferentes percepções eclesiológicas, poucos ou nenhum texto bíblico oferece uma eclesiologia explícita ou abrangente. Em segundo lugar, a Bíblia oferece uma variedade de perspectivas a respeito da eclesiologia. É claro que as contribuições do Antigo Testamento focaram-se no papel de Israel como o "povo de Deus" (e deve ser considerado nos debates teológicos), e que os textos do Novo Testamento se basearam neles à luz da vinda de Jesus como o Cristo. No entanto, também não devemos supor uma unidade de pensamento entre os próprios textos do Antigo ou do Novo Testamento, uma vez que esses diferentes textos foram escritos por diferentes autores e abordaram diferentes contextos, situações, públicos e assim por diante. Devido à diversidade inerente ao cânon bíblico, não devemos surpreender-nos com as muitas imagens diferentes usadas para descrever aspectos da igreja no Novo Testamento: "uma geração eleita, sacerdócio real, nação santa" (1 Pedro 2:9); ramos da videira (João 15:5); templo santo de Deus (1 Coríntios 3:16); a noiva do Cordeiro (Apocalipse 19:7); a circuncisão (Filipenses 3:3); lavoura de Deus (1 Coríntios 3:9); e a carta de Cristo (2 Coríntios 3:2-3), entre outros. Esta variedade indica a rica diversidade de expressão e pensamento, não uma unidade de percepção. Terceiro, as contribuições bíblicas para os debates sobre a eclesiologia às vezes vêm daqueles textos que incluem pouca ou nenhuma terminologia "eclesial". Assim, os textos narrativos podem ter uma contribuição maravilhosa no nosso pensamento, mesmo quando o "modo padrão" é recorrer às cartas do Novo Testamento por causa dos seus meios directos de discurso em contextos específicos da Igreja. Por exemplo, embora o termo *Igreja* nunca apareça no Evangelho de Lucas, as cenas de refeição que estão na paisagem narrativa oferecem imagens significativas sobre o que significa ser e relacionar-se uns com os outros como Igreja.¹ Pelo facto de no âmago do cânon bíblico estar a crença de que Deus fala através desses textos como Escrituras Sagradas para guiar e instruir a Igreja (que é o ponto de inspiração enfatizado em 2 Timóteo 3:16-17),² podemos fazer a ousada afirmação de que *todos os* textos bíblicos, aos quais a igreja reunida escuta na adoração, dão um contributo a estas discussões eclesiológicas.

Sendo estes pontos declarados, a metáfora paulina da igreja como o "corpo de Cristo" (1 Coríntios 12:12-31; veja também Romanos 12:4-8) destaca-se entre outras imagens bíblicas e contribuições para uma eclesiologia wesleyana (e bíblica). Há duas razões para tal. Por um lado, a própria passagem indica um sentido mais desenvolvido de pensamento eclesiológico, em vez de mera confiança em imagens declaradas (como muitas outras metáforas bíblicas) deixadas por conta própria. Por outro lado, e talvez mais importante, há indicações de que esta "linguagem corporal" que Paulo se apropria em 1 Coríntios 12 provocou mais desenvolvimentos ou pensamentos sobre as suas implicações para outras igrejas nos anos seguintes (ver, por exemplo, Efésios 4:1-16; Colossenses 2:16-19).³ As contribuições desta metáfora particular em termos da sua descrição de uma teologia das relações eclesiais tornam-se ainda mais impressionantes quando essa imagem e passagem são exploradas em relação à carta como um todo. Assim, este capítulo examina a metáfora do "corpo de Cristo" em 1 Coríntios 12 em termos de dois tipos de relações eclesiais: a relação eclesial entre Deus e a Igreja e as relações eclesiais entre aqueles que a compõem. A secção final explora brevemente algumas implicações desses conceitos bíblicos para uma eclesiologia wesleyana contemporânea.

A Relação Eclesial entre Deus e a Igreja

Embora o apóstolo Paulo descreva a igreja como o "corpo de Cristo" mais tarde na carta conhecida como 1 Coríntios, isso segue a sua avaliação geral da situação na congregação coríntia nos primeiros quatro capítulos da carta. Nestes capítulos iniciais, Paulo revela a orientação teológica da carta,⁴ que é assumida quando o apóstolo se apropria da metáfora do "corpo de Cristo" ao abordar questões sobre os dons espirituais dentro da Igreja. Aqui, ele reflecte sobre conhecer Deus (ver, por exemplo, 1 Coríntios 1:21;

2:8, 11, 14) e pertencer a Cristo (ver, por exemplo, 1:9; 3:23), que são temas significativos e relacionados que tecem o seu caminho ao longo da carta. O que é particularmente notável é o foco do apóstolo em Deus e na actividade salvífica de Deus. Não se deve perder o facto de que, nestes quatro capítulos, o apóstolo menciona Deus quase tão frequentemente como nos restantes doze capítulos. Foi Deus quem "chamou" e "escolheu" a Igreja de Corinto (1:9, 24, 26-28). Foi "a graça de Deus" que esta igreja recebeu (1:4). Esta igreja foi beneficiária da "sabedoria de Deus" que confundiu a sabedoria humana na cruz de Cristo (1:18-31).

Para os nossos propósitos, duas expressões acentuam o relacionamento entre Deus e a Igreja que o apóstolo Paulo entende como central para a mensagem do Evangelho. A primeira é sua identificação dos crentes coríntios como "Igreja de Deus", ekklēsia *tou theou*. Embora a expressão tenha sido entendida ou traduzida neste sentido cristão, ela origina-se na Septuaginta e traduz o hebraico *qahal Yahweh* ou "assembleia do Senhor" (por exemplo, Deuteronómio 23:2-4, 8; 1 Crónicas 28:8 ; Miqueias 2:5); o substantivo *ekklēsia* pode até referir-se ao equivalente *qahal Israel* (por exemplo, Deuteronómio 31:30; 1 Reis 8:14, 22, 55; 1 Crónicas 13:2, 4; 2 Crónicas 6:12-13). Por outras palavras, Paulo toma emprestada uma descrição para a assembleia de crentes cristãos das Escrituras dos seus dias, ligando ou colocando a Igreja em continuidade com aqueles identificados no Antigo Testamento como o "povo de Deus" da aliança.[5] Apenas como uma característica central da aliança estava a compreensão da graciosa chamada de Deus a Israel para ser propriedade e povo de Deus (ver, por exemplo, Êxodo 19:5; Deuteronómio 7:6; 14:2; 26:18), a apropriação da expressão *ekklēsia tou theou*, que literalmente significa "aqueles chamados por Deus",[6] que afirma um encontro e chamada divinos dos crentes, não muito diferente do que Israel experimentou séculos antes.[7] Claro que o que tornou a afirmação de Paulo tão radical foi que esses crentes coríntios também teriam incluído os de origem gentia. No entanto, o apóstolo reitera a sua chamada divina, embora desafiasse os argumentos da sociedade em contrário (veja 1 Coríntios 1:26-31). Esta chamada significa que devem ser formados como uma comunidade de crentes -um povo - que (*a*) pertence a Deus e (*b*) não pertence ao mundo como antigamente.

Relacionada a esta chamada divina está outra expressão paulina que descreve este relacionamento entre Deus e a Igreja, que se concentra em actividades divinas específicas em nome da Igreja. Depois de descrever os crentes de Corinto como a "igreja de Deus" - *a ekklēsia tou theou*, "os chamados por Deus" ou o povo de Deus em Corinto - ele afirma que eles são "santificados em Cristo Jesus" e, portanto, chamados de "santos" (1 Coríntios 1:2). Ou seja, Deus era responsável pela santificação da igreja de Corinto, *tornando-os* assim os "santos" de Deus (*hagioi*) que, como resultado dessa obra divina (observe o particípio passivo perfeito *hēgiasmenois*), devem viver de formas que reflictam o carácter santo de Deus (o facto de estar Igreja ter enfrentado todo o tipo de problemas indicando o seu fracasso em viver fielmente é um problema diferente). Por causa do que Deus fez, Paulo deseja que os crentes de Corinto se vejam formados numa comunidade de fé chamada à santidade. A frase preposicional "em Cristo Jesus" (1:2) deve ser entendida como indicando os meios e a esfera dessa santificação: a obra santificadora de Deus acontece *por* causa de Cristo e a comunidade crente também tem vida como povo santo de Deus *n'Ele*.[8] Assim, tal compreensão da Igreja em termos da comunidade santificada de Deus reconhece quais devem ser os papéis cooperativos de Deus e da comunidade na vida contínua e na conduta dos seus membros. Deus chamou e formou esta comunidade através da cruz de Cristo e essa comunidade partilha a sua vida colectiva enquanto se reúne e participa da taça eucarística e do pão partido (ver 10:16-17).

As Relações Eclesiais Entre Aqueles que Compõem a Igreja

É com este importante entendimento teológico da Igreja em relação a Deus que Paulo aborda uma série de questões éticas que atormentavam a igreja de Corinto (1 Coríntios 5-14). No passado, os intérpretes muitas vezes confundiram estes últimos capítulos como tratamentos separados do discurso teológico inicial, mas eles realmente reflectem a progressão natural do pensamento do apóstolo ou os "próximos passos" da sua reflexão teológica no que se refere a questões enfrentadas por aquela congregação específica.

Uma questão particular, conforme Paulo aborda em 1 Coríntios 12-14, tem a ver com alguns membros da congregação que aparentemente perceberam que alguns dons espirituais eram mais importantes do que outros e que os usaram para o seu próprio benefício (ver 14:4, 6; cf. 10:23-24). Essas práticas e atitudes colocavam em risco a unidade da congregação, uma questão que coincide com o discurso teológico anterior do apóstolo (ver, por exemplo, 1:10-17; 3:1-9). Embora Paulo seja rápido em afirmar a diversidade desses dons, ele recorda, desde o início, os crentes de Corinto da fonte divina desses dons, o que é consistente com a sua vocação e fundação como Igreja, como povo de Deus: "o mesmo Espírito" (12:4), "o mesmo Senhor" (v. 5), "o mesmo Deus que os produz a todos em todos" (v. 6). E é aqui que Paulo compara a igreja de Corinto a um corpo: "Porque, assim como o corpo é um e tem muitos membros, e todos os membros, sendo muitos, são um só corpo, assim é Cristo também" (v. 12). A analogia do corpo era frequentemente usada naquela época para ilustrar a partir da natureza a unidade essencial da ordem social, bem como o papel e a importância das diferentes pessoas dentro dela.[9] E de forma semelhante, Paulo apropria-se da analogia do corpo para afirmar a unidade da Igreja em relação ao que Deus fez e está a fazer através do Espírito (ver especialmente os versículos 7-11). Dentro deste contexto teológico, essa analogia descreve alguns conceitos eclesiológicos básicos no que diz respeito às relações entre aqueles que constituem a Igreja.

Primeiro, vemos na imagem paulina do "corpo de Cristo" que o que é central para os seus relacionamentos não é uma ideia ambígua chamada "unidade", mas o bem comum da Igreja (versículo 7; ver 10:23). Por outras palavras, o corpo de Cristo trabalha em conjunto para cumprir a sua chamada divina ou a sua razão de existir no mundo. Assim como diferentes partes de um corpo têm funções necessárias para o bem de todo o corpo, diferentes membros da Igreja têm papéis activos a cumprir para que a Igreja seja o que é suposto ser e cumpra o seu papel conforme Deus a chama de Seu povo. O relacionamento uns com os outros em papéis tão dinâmicos de ministério não acontece devido à natureza da igreja como o "corpo de Cristo", ou mais especificamente, como a extensão do próprio ministério encarnado de Jesus. Afinal, Paulo raramente enfatiza a vida de Jesus nas suas cartas e a encarnação de Jesus era uma realidade que não se repetia nem confundia com o ministério do Espírito. Em vez disso, o apóstolo afirma como a diversidade da Igreja pode realmente *servir* à sua unidade como o corpo que pertence a Cristo.[10] Paulo deixa claro que esses diferentes papéis ou "dons" (*charismata*) são dados por indicação divina (12:11, 28). É provável que Paulo não ofereça uma lista conclusiva e definitiva dos dons espirituais para os cristãos coríntios ou para todos os outros leitores cristãos. Tanto a ambiguidade como a natureza específica de alguns dons e as diferenças entre as várias listagens (vv. 7-11, 27-30; Romanos 12:6-8; ver também Efésios 4:11-13) sugerem que o apóstolo está a ser mais ilustrativo, apresentando exemplos que falam da situação específica. Também não há indicação se um dom específico deve ser compreendido como algo de natureza mais duradoura ou momentânea. Olhar muito de perto para isto distorce o cenário global: o propósito por detrás da provisão divina de dons era o bem comum da igreja, que Paulo enfatiza mais tarde como a edificação de outros (por exemplo, 1 Coríntios 14:1-12). Por outro lado, tratar algo que é resultado da graça de Deus como uma posse privada para benefício pessoal em vez de um dom divino para o benefício de outros é um grande mal-entendido da essência da obra santificadora de Deus na Igreja. De acordo com Paulo, o acto gracioso de Cristo na cruz foi o "dom" final (veja Romanos 5:6-9, 15-16) para a Igreja imitar. Assim, no pensamento de Paulo, o acto de Cristo transforma a analogia do corpo tão familiar nos círculos políticos da sua época por causa da sua abnegação ao serviço a Deus e para o bem dos outros.[11]

Em segundo lugar, a imagem do corpo de Cristo sugere que haja uma interdependência mútua entre os seus membros. Existem dois lados diferentes nesta questão. Por um lado, nenhum membro se deve considerar dispensável ou desnecessário. O apóstolo usa algum alívio cómico para ilustrar esta questão. Ele usa duas partes do corpo "falantes" - um pé que lamenta não ser uma mão e, da mesma forma, uma orelha que não é um olho - para ilustrar que não faria sentido alguém rejeitar o papel que lhe foi dado no corpo de Cristo (1 Coríntios 12:15-16). Por outro lado, ninguém deve considerar outro membro desnecessário. Paulo ilustra efectivamente um cenário de um corpo composto apenas por um olho para provar o seu argumento de quão ridículo seria depender apenas de alguns dons quando, pela graça de Deus, a igreja é constituída por várias pessoas que incorporam, respectivamente, os diversos dons que Deus deu (versículos 17, 19-21). As oito perguntas retóricas na última parte do capítulo (versículos 29-30), que são escritas para esperar respostas negativas, esclarecem que nem todos (ou ninguém!) entre a congregação coríntia possuía todos os dons listados, o que também insinua que esses crentes podem ter incorporado outros dons (talvez até aqueles que Paulo não mencionou explicitamente). A questão aqui é a interdependência mútua entre aqueles que compõem a Igreja, o corpo de Cristo.

Terceiro, a imagem do corpo de Cristo baseia-se no amor autêntico por todos os seus relacionamentos. Em vez de favorecer alguns na igreja em detrimento de outros (ver v. 21), Paulo argumenta que o amor permite que os relacionamentos dentro dela alimentem as pessoas, de modo a que todos cumpram o seu lugar dentro do corpo. No uso da metáfora do corpo, Paulo refere-se às diferentes formas como os humanos tratam e vestem as diferentes partes do corpo. Algumas partes são consideradas "privadas" (por exemplo, órgãos sexuais) e como tal vestimo-las e tratamo-las com o máximo cuidado ou honra devido à cultura e ao decoro (versículo 23). Outras partes (como a face ou as mãos) precisam de tratamento muito diferente. O apóstolo sugere que, no corpo de Cristo, algo semelhante deve acontecer entre os vários membros para que o corpo funcione de forma saudável. Tal sugestão para a Igreja vai contra as visões culturais predominantes da época de Paulo, que era baseada num sistema de "honra e vergonha" que honrava os poderosos e ricos enquanto rebaixava os fracos e os pobres. O facto de Paulo não oferecer dicas para identificar a respectiva "classificação" de vários membros, mas ao invés disso, passar a descrever o amor (13:1-13) como o "caminho mais excelente" (12:31) insinua que este cuidado mútuo no contexto da Igreja pode ser *o* aspecto essencial das relações eclesiais (ver também Efésios 4:15-16).[12]

Algumas Implicações para uma Eclesiologia Wesleyana Contemporânea

As compreensões contemporâneas da Igreja - eclesiologias, se preferir - vêm de várias fontes. No entanto, nós que vimos das tradições teológicas Wesleyanas, devemos identificar-nos com os temas centrais que fornecem a base para os comentários eclesiológicos de Paulo quando ele se dirige aos crentes de Corinto. Em vez de lermos as ideias populares na imagem do corpo de Cristo que se referem a uma "teologia encarnacional" que pode ser estranha ao pensamento paulino, podemos adoptar as ênfases de Paulo sobre (*a*) a obra santificadora de Deus ao separar a Igreja como povo santo de Deus e (*b*) a nossa parte em amar uns aos outros para que as funções da Igreja vivam o que aquela obra divina transformou a Igreja para ser e agir como povo santo de Deus. Afinal, tais ênfases também estão no centro da teologia wesleyana, já que o próprio Wesley aprontou para estes textos em 1 Coríntios quando afirmava o lugar central do amor nos seus ensinamentos.[13] Assim, estas ênfases paulinas, que estão também no centro da sua eclesiologia, estão no âmago de quem somos como wesleyanos. E isso lembra-nos que o nosso entendimento da eclesiologia deve ser activo em natureza - vivido em relacionamento amoroso com aqueles que compõem a Igreja como povo de Deus e que viverão como condutores da graça divina que nos formou e agora nos permite ser um povo missionário.

Como descendentes teológicos de João Wesley, que se descreveu como um "homem de um só livro",[14] também é essencial que permitamos que as diferentes contribuições do cânon bíblico falem e provoquem trajectórias teológicas em relação aos entendimentos contemporâneos da eclesiologia. Por exemplo, precisamos entender a metáfora do corpo e as ideias correspondentes conforme aparecem em 1 Coríntios e ver como a Igreja se apropriou delas em tempos posteriores (ver Efésios 4:1-16; Colossenses 2:16-19).[15] O que frequentemente ocorre é que as metáforas e as ideias semelhantes noutras partes do cânon são simplesmente agrupadas para entender o que as Escrituras têm a dizer sobre um assunto específico, com o resultado negativo de que as diferenças e as nuances são perdidas na busca por obter *o* entendimento bíblico da Igreja. Uma compreensão mais robusta a respeito da Igreja e da eclesiologia pode exigir uma abordagem mais paciente que exegete e escute atentamente as diferentes "vozes" canónicas, sem mencionar uma abordagem que considera a variedade de materiais e géneros em todo o cânon e como elas podem contribuir para essas importantes conversas bíblicas sobre a eclesiologia.

Questões para Debate

1. Como vê as outras imagens paulinas da igreja em 1 Coríntios - como a "lavoura" de Deus (3: 6), o "corpo" de Deus (vv. 10-15) e o "templo" de Deus (vv. 16-17) — a adicionarem ou a contribuírem para o que o apóstolo diz sobre a Igreja nos capítulos 12-14?

2. Este estudo sugere que a metáfora do "corpo de Cristo" *não* se refere à Igreja como uma extensão do próprio ministério corporal ou à encarnação de Jesus, mas em vez disso, foca-se na unidade da Igreja por pertencer a Cristo. Porque é que esta distinção é importante? E o que é que isto sugere sobre a metáfora do "corpo de Cristo" em termos de uma teologia das relações eclesiais?

3. Depois de estudar 1 Coríntios 12:1-31, leia Efésios 4:1-16. Que conceitos adicionais é que a passagem de Efésios acrescenta à ana-

logia do "corpo de Cristo"? O que considera significativo nessas contribuições? Como é que a passagem de Colossenses concorda ou difere da passagem de 1 Coríntios?

4. Depois de estudar 1 Coríntios 12:1-31, leia Colossenses 2:16-19. Que conceitos adicionais é que a passagem de Colossenses acrescenta à analogia do "corpo de Cristo"? O que considera significativo nessas contribuições? Como é que a passagem de Colossenses concorda ou difere da passagem de 1 Coríntios?

Sugestões para Leitura Adicional

Banks, Robert J. *Paul's Idea of Community: The Early House Churches in Their Historical Setting.* Rev. ed. Grand Rapids: Baker Academic, 1994.

Brower, Kent E., and Andy Johnson, eds. *Holiness and Ecclesiology in the New Testament.* Grand Rapids: Eerdmans, 2007.

Furnish, Victor Paul. *The Theology of the First Letter to the Corinthians.* New Testament Theology. Cambridge: Cambridge University Press, 1999.

Hanson, Paul D. *The People Called: The Growth of Community in the Bible.* San Francisco: Harper and Row, 1986.

Harrison, John, and James D. Dvorak, eds. *The New Testament Church: The Challenge of Developing Ecclesiologies.* McMaster Biblical Studies Series. Eugene, OR: Wipf and Stock, 2012.

Twelftree, Graham H. *People of the Spirit: Exploring Luke's View of the Church.* Grand Rapids: Baker Academic, 2009.

dezassete
O SACERDÓCIO DE TODOS OS CRENTES
UMA TEOLOGIA DO LAICADO
Rebecca Laird

Alguém contou esta história: um aluno activo no ministério fala do desejo de ir para a escola bíblica e ser ordenado, mas é claro que uma chamada para a pregação ou liderança pública não é a motivação. Quando lhe foi perguntado: "porque quer um diploma de ministério profissional?" o aluno respondeu: "pela identidade, acho eu. Assim poderia sentar-me ao lado de alguém que parecesse perturbado no autocarro e perguntar-lhe como estava sem que pensasse que estava a tentar atrapalhá-lo. Para que eu pudesse ser franco sobre o que acredito, tanto em público como em particular. Desta forma, teria as credenciais para ser o tipo de cristão que quero ser". Barbara Brown Taylor, quem contou esta história, rebate: "Deus ajude a Igreja se o clero for composto apenas pelos cristãos com 'credenciais', e Deus ajude todas as pessoas no autocarro que têm problemas se tiverem que esperar a chegada de uma pessoa ordenada antes que alguém fale com elas".[1]

Esta história ressalta a necessidade de todo o povo de Deus se lembrar de quem somos e do que fomos chamados a fazer. Todos os cristãos redimidos pelo amor estão na longa fila que vai desde o primeiro grupo de discípulos que foram chamados de empregos e vidas comuns para imitar Jesus, seguindo-O por amor aos outros. Jesus escolheu os noviços religiosos daquela época e de hoje para reconciliar todas as coisas com Deus.

O ministério é destinado a amadores - aos baptizados pela confissão de fé em Cristo, que fazem o que fazem por amor e a partir do amor.[2] Claro que a compreensão teológica, a autoconsciência e a maturidade espiritual são necessárias e progressivas, mas o ministério é uma resposta que transborda naturalmente do amor inexplicável, transformador e irresistível de Deus. O projecto de Deus para a Igreja - as pessoas separadas e chamadas que, juntas, se apresentam em resposta ao dom da graça de Deus com fé e amor - atribui o trabalho do ministério a aprendizes: aqueles que estão a aprender o que significa amar em actos de amor em relação a outras pessoas que estão nesta jornada há um pouco mais de tempo. No plano de Deus, não há cristãos ao nível do cinturão preto, nem especialistas que obtiveram um determinado diploma no amor a Deus e ao próximo. Não há especialistas que tenham resolvido os mistérios de Deus e tenham recebido um diploma avançado ou prémio especial por conhecimento especial da mente de Deus. Existem apenas santos em formação que são gratos por serem salvos pela graça e que se regularmente reúnem para adorar a Deus em palavras e acções para que possam levar essa adoração para as suas vidas quotidianas - tudo para a glória de Deus.

Então, porque é que frequentemente chamamos os líderes da Igreja de "ministros" ou normalmente dizemos que apenas os formados em religião ou estudantes da escola bíblica estão "a preparar-se para o ministério a tempo inteiro"? Estas perguntas revelam um dos mal-entendidos mais comuns na Igreja cristã. Muitos cristãos presumem erroneamente que pastores treinados que fazem o seu trabalho em público são aqueles que "fazem o ministério" enquanto os membros da congregação assistem às celebrações de adoração e dão um pouco de tempo ou dinheiro quando podem para "apoiar esse ministério". Muitos simplesmente presumem que o clero deve fazer o trabalho pesado quando se trata de assuntos da Igreja. Mas nada poderia estar mais longe da verdade!

A Visão de Ministério do Novo Testamento

Paulo, ao escrever à igreja de Éfeso, oferece uma das metáforas mais conhecidas sobre a maneira como a igreja cristã deve funcionar. "Há um só corpo e um só Espírito, como também fostes chamados em uma só esperança da vossa vocação; um só Senhor, uma só fé, um só batismo; um só Deus e Pai de todos, o qual é sobre todos, e por todos, e em todos. Mas a graça foi dada a cada um de nós segundo a medida do dom de Cristo" (Efésios 4:4-7). Depois de deixar muito claro que a Igreja é "uma", composta de pessoas unidas numa única vocação partilhada, Paulo continua a listar alguns dos diversos dons antes de descrever que cada um é dado "para a obra do ministério, para edificação do corpo de Cristo" (versículo 12). Em algumas versões da Bíblia, as expressões "equipar os santos" e "para a obra do ministério" são separadas pelo que às vezes é referido como "vírgula fatal". Esta pontuação não está presente no grego original e tem servido para dividir erroneamente o equipar dos santos e a obra do ministério. Eles nunca deveriam ser separados. Os santos - os chamados das trevas para a gloriosa luz de Deus (1 Pedro 2:9) - devem servir uns aos outros e ao mundo. Não há outra classe de pessoas para fazer a obra de Deus. Alguns membros do corpo recebem dons públicos para pregar, ensinar ou liderar, mas esses dons são dados apenas para equipar os santos. Os santos são *todos* aqueles que João Wesley poderia dizer que "estão a avançar para a perfeição" ao buscarem amar com o motivo perfeito de querer o que Deus deseja para o mundo. Uma pessoa que é chamada e ordenada para o ministério público tem um certo papel funcional para treinar outros para o ministério no mundo. No entanto, um membro do clero, um pastor, nunca deixa de ser um aprendiz, aluno e discípulo, a par de todos os outros que confessam o nome de Cristo. Deus é justo quando se trata de distribuir dons e chamar todo o Seu povo para servir. Alguns têm o dom de treinar, liderar e edificar outros, mas o músculo da Igreja é encontrado nas pessoas que se dedicam ao ministério no mundo do lar, do trabalho e do serviço.

Divisão do Trabalho no Sacerdócio de Todos os Crentes

Uma leitura do evangelho de Lucas mostra que apenas João Baptista veio da classe sacerdotal. Jesus, seu primo, não. Jesus aprendeu no templo, estudou na sinagoga; no entanto, ao iniciar o Seu ministério público, Ele chama pescadores e cobradores de impostos para a sua equipa em missão. Não há um profissional religioso à vista. Lucas 8 descreve Jesus rodeado pelos doze discípulos nomeados e um círculo de outros que incluía homens e mulheres que tinham sido chamados, curados e convidados a segui-los. Enquanto viajavam com Jesus, aprendiam na estrada. E logo de seguida "os setenta e dois", nenhum sacerdote ou membro ordenado do clero entre eles, tanto quanto sabemos, foram enviados a todas as cidades e vilas para pregarem o reino de Deus, envolvendo-se com aqueles que encontravam, para fazerem o que Jesus lhes tinha mostrado (Lucas 10:2). Quando voltaram, continuaram com Jesus, que declara que o caminho para herdar a vida eterna é cumprir o grande mandamento: "Amarás ao Senhor, teu Deus, de todo o teu coração, e de toda a tua alma, e de todas as tuas forças, e de todo o teu entendimento e ao teu próximo como a ti mesmo" (versículo 27). Jesus conta a história do Bom Samaritano, destacando o não profissional da história como aquele que faz o que é certo e dizendo: "Vai e faze da mesma maneira" (versículo 37).

Em todo o Novo Testamento, a palavra grega para pessoas (*laos*), refere-se a pessoas sem distinção que estão reunidas e envolvidas em conjunto no novo e um tanto desorganizado movimento de Jesus que se tornaria a Igreja cristã. A forma anglicizada de *laos*, traduzida como *leigo*, é a linguagem da Igreja para todos aqueles que buscam ser discípulos de Jesus. 1 Pedro 2:9 oferece uma descrição inspiradora do papel de todas as pessoas na igreja: "Mas vós sois a geração eleita, o sacerdócio real, a nação santa, *o povo adquirido,* para que anuncieis as virtudes daquele que vos chamou das trevas para a sua maravilhosa luz" (itálicos meus). Os leigos, o próprio povo de Deus, têm a tarefa de proclamar e testemunhar. Estas tarefas essenciais do ministério não são deixadas para nenhuma pessoa ou grupo com dons ou temperamentos especiais, pois elas constituem o trabalho dos leigos.

A nossa comum distinção eclesial entre clero e leigo toma uma palavra bíblica simples, *kleros* (que descreve um método de tirar o palito, "escolher por sorteio") e a aplica-se àqueles que testemunharam o ministério de Jesus em primeira mão. Os primeiros cristãos usavam a palavra para designar tarefas (Actos 1:26); o conceito de *kleros* (ou clero) desenvolve-se ao longo do tempo. Frequentemente, as nossas suposições actuais para o clero exigem uma descrição de trabalho altamente profissional e anos de treino para qualquer pessoa chamada clero. Mas um membro do clero, em termos bíblicos, é simplesmente aquele que tem dons reconhecidos pela Igreja, mas que é escolhido por sorteio para realizar uma tarefa pública necessária na Igreja. Na expressão mais antiga da Igreja, a sabedoria acumulada em anos de serviço fiel era vista como qualificação para a liderança pelos *presbíteros*. Maturidade espiritual, sabedoria e dons espirituais afirmados pelas pessoas reunidas eram as qualificações para a *liderança* do ministério, mas toda a Igreja ministrava.

A Igreja Primitiva

Com o tempo, à medida que a Igreja se organizava e se institucionalizava, começou a educar e a escolher líderes da mesma forma como os líderes noutras áreas públicas eram preparados ou designados. O que começou como uma designação bastante funcional acumulou poder e estratificou-se, fazendo distinções mais nítidas entre os papéis dos discípulos do clero e dos discípulos leigos em função e tarefa. Os relatos da igreja primitiva dos primeiros séculos após a ressurreição de Jesus mostram que os leigos estavam envolvidos na liderança litúrgica[3] no primeiro século; no segundo, Irineu escreveu: "Todos os que são justificados por meio de Cristo têm a ordem sacerdotal (eclesiástica)".[4] A adoração divina não era conduzida por uma pessoa singular ou de uma forma prescrita. Não havia uma descrição de trabalho singular para a liderança na igreja primitiva. Pessoas de bom carácter, reputação, disciplina, fé forte e dons óbvios eram escolhidas para liderar pelas pessoas na comunidade local onde partiam o pão. Ficou claro que todos os baptizados eram "ordenados" e designados para testemunhar, testificar e responder eticamente ao amor de Deus no mundo. As categorias entre os leigos eram designações baseadas na fé e no baptismo, e não principalmente pela função. Os baptizados foram separados daqueles que estavam a ser preparados para o baptismo (o catecúmeno) e que foram separados do mundo (os não reconciliados com Cristo). A Igreja existia para promover a missão de Deus através de um modo de vida partilhado que exigia liderança, mas a Igreja era, em última análise, liderada pelo Espírito Santo e composta por leigos. A forma e a função do laicado e do clero eram fluidas. Ainda não era a instituição formal em que se tornaria.

Quando o cristianismo se tornou a religião imperial de Roma em 313 sob o imperador Constantino, uma estrutura cada vez mais formalizada liderada pelo bispo de Roma reflectia as estruturas governamentais de administração e disciplina. (Havia excepções em lugares como o Norte da África, onde os anciãos fiéis trabalhavam com o bispo na liderança administrativa, disciplinar e de adoração. Os cristãos leigos também se retiraram da Igreja estruturada e formaram mosteiros que eram principalmente comunidades de adoração comunais de homens ou mulheres leigos). Com o tempo, em muitos lugares, os padres cristãos assumiram o papel de dispensadores de salvação sancionados pelo governo através de rituais formais da igreja organizada. Os leigos tornaram-se destinatários de um rito e seguidores de uma tradição religiosa. A visão ousada do povo pleno de Deus, como co-herdeiros na comunidade de fé que foram enviados para a missão no mundo, às vezes obscureceu-se, mas nunca se apagou.

O Período da Reforma

Uma das lentes através das quais a Reforma Protestante pode ser vista pela lente de um movimento para restaurar o ministério dos leigos na Igreja. Martinho Lutero, um monge e sacerdote antes de renunciar aos votos formais, defendeu a reforma do *sacerdócio de todos os crentes*. Ele pediu que a Igreja se recordasse que todos os cristãos têm a mesma posição diante de Deus através da fé e defendeu a necessidade de todos terem acesso à Palavra de Deus escrita na sua própria língua. Como co-herdeiros de Cristo, ele protestou que os cristãos não precisam de sacerdotes mediadores, uma vez que todos são chamados à obediência para carregar a cruz e louvar a Deus em todas as vocações e posições na vida.

A história frequentemente contada de Martinho Lutero é a sua resposta ao pedido do seu barbeiro Pedro por instruções sobre como orar; ilustra o desejo do reformador de voltar a capacitar os leigos para que aprendam e vivam uma vida devotada. Lutero aconselhou Pedro a orar a "guirlanda de quatro fios" usando a Oração do Senhor, os Salmos, os Dez Mandamentos e o Credo dos Apóstolos como uma forma de conectar o ensino cristão com as disciplinas espirituais pessoais na vida - seja na barbearia, na mesa da sala de jantar ou no mercado. A vocação não era apenas uma chamada a uma vocação religiosa de padre ou freira; era a chamada cristã para serem "pequenos Cristos" em todos os locais de trabalho e relacionamento, desde a cadeira do barbeiro até à cadeira do bispo.

Movimento Leigo de Wesley

João Wesley, o filho e neto do clero do século XVIII e o fidalgo altamente educado de Oxford, começou o seu ministério numa época em que a Igreja em geral ainda estava preocupada com os direitos da Igreja de Inglaterra estabelecida e o nível de liberdade que seria concedido às igrejas desactivadas ou "livres" que não eram subsidiadas ou totalmente administradas pelo rei. Wesley dificilmente era um candidato principal para projectar um movimento leigo para capacitar "um genuíno povo de Deus de dentro da Igreja institucional."[5] Ele trabalhou de dentro do movimento da Igreja estabelecida, embora o tenha feito frequentemente nas margens. Ele não pretendia começar uma nova igreja ou dispensar a necessidade de estruturas institucionais, mas tinha uma esperança paralela. Enquanto a igreja local e os presbíteros continuavam a administrar os sacramentos e fornecer o lugar e a graça do culto ordenado, ele perguntava, podem os leigos ser capacitados e liberados para cumprirem a sua função: deixar o edifício da igreja e testemunhar, cuidar e educar nos seus bairros, humildes ou elevados, e especialmente naqueles lugares onde as pessoas trabalham por pouco e a quem nunca se sentará em bancos polidos?

Os primeiros leigos metodistas eram um grupo altamente disciplinado que ordenava as suas vidas pessoais frequentando o culto na igreja, mas acrescentando muito, muito mais. Muitos se comprometeram com uma vida comum partilhada em pequenas sociedades devocionais onde oravam, liam a Bíblia e conversavam de forma confessional sobre assuntos que tanto edificariam como os responsabilizariam mutuamente pelas suas vidas diante de Deus e pelos seus ministérios activos ao próximo. Eles procuraram seguir a injunção em Tiago 5:16, "Confessai as vossas culpas uns aos outros e orai uns pelos outros, para que sareis", e, então, pôr em prática a sua fé pregando o Evangelho aos pobres em palavras e actos. João e Carlos Wesley tinham sido treinados durante muito tempo nessas sociedades e viram uma delas - liderada pela sua mãe, Susanna, na sua própria casa - a crescer a partir de devoções familiares que incluíam mais de duzentas pessoas.

Libertar os leigos perturba frequentemente as estruturas e normas da Igreja, e isto era verdade nos dias de Wesley. Ele desafiou a Igreja estabelecida a responder a Deus somente pela fé e não assumir que o status social ou privilégio educacional eram marcas automáticas de vitalidade espiritual. Como resultado, ele descobriu que muitos púlpitos lhe foram fechados. A pedido de George Whitefield, Wesley concordou em pregar ao ar livre em Bristol, perto das minas de carvão. Multidões significativas reuniram-se e as pessoas responderam com fé. Os pontos de pregação começaram a surgir oferecendo sociedades para edificação, aulas para instrução aprofundada e bandas para cuidado pastoral em pequenos grupos. Essas "capelas" cresceram fora das estruturas da Igreja de Inglaterra em muitos lugares e muitas vezes eram assistidas por pregadores leigos viajantes que frequentemente eram treinados no trabalho através de leituras rigorosas e "conferências" regulares.[6] Mineiros de carvão, algumas mulheres (como Sarah Crosby e Mary Bosanquet Fletcher), e pessoas de todas as classes sociais e económicas estavam inflamadas de amor e começaram a testemunhar o que Deus estava a fazer. Líderes leigos, que nem sempre eram treinados na universidade, mas que eram rigorosamente disciplinados e buscavam formação e responsabilidade na prática, assumiram a liderança do movimento metodista.

A chamada de Wesley à fé como medida de liderança abriu uma porta para muitos se estrearem na pregação, ensino e funções administrativas que se opunham ao modelo dos ordenados qualificados em Oxford como líderes singulares na Igreja. O impulso de Wesley de renovar a Igreja por meio dos leigos devolveu a energia do povo à missão. Embora não se tenha empenhado em redefinir o papel do pregador e líder leigo, isso foi o que aconteceu quando o novo movimento metodista cruzou o Atlântico para o Novo Mundo.

A Igreja na América do Norte

Na América colonial, o impulso democrático para consagrar a liberdade individual e a eventual separação entre a Igreja e o estado levou à necessidade dos membros assumirem a responsabilidade pela vida da Igreja. O clero deixou de receber contribuições ou nomeações governamentais como acontecia no continente. Não havia fundos do governo. Muitos dos primeiros clérigos e ministros eram itinerantes ou bi-vocacionais. Aqui, nesta nova terra, as igrejas tornar-se-iam focadas na congregação ao invés de orientadas nacionalmente. E, com o tempo, a liderança começaria a assumir o carácter da cultura à sua volta, assim como nos séculos anteriores. Quando finalmente havia um clero estabelecido, em vez de pilotos de circuito que procuravam manter em funcionamento as várias capelas rurais dirigidas por leigos, os ministros muitas vezes tornavam-se líderes cívicos e educadores, bem como pregadores.[7] Havia uma ênfase renovada e necessidade de pessoas do clero altamente educadas. Por isso, na segunda metade do século XX, o modelo de liderança de CEO começou a substituir e a usurpar a expectativa do clero de serem treinadores teológicos e o clero começou a ser visto como dispensador de uma experiência de adoração bem preparada no Domingo. Durante grande parte do século XX, os leigos eram frequentemente tratados e agiam como accionistas que compareciam para votar ou avaliar o que estava a acontecer no ministério. As igrejas tornaram-se um lugar de ajuntamento, como um clube ou equipa desportiva. A compreensão da Igreja como pessoas numa missão diminuiu. Os programas da Igreja dirigidos por clérigos e funcionários profissionais para o benefício dos que compareciam tornaram-se normais. Mas então alguns amadores começaram a perguntar: Novamente, para quem e para que serve a Igreja?

A Lógica do Laicado

Nas últimas décadas nos Estados Unidos, as igrejas têm procurado crescer em número através de estratégias de multiplicação. Quase todos estes métodos mobilizaram os leigos para levar a Igreja para fora das suas paredes para convidar familiares, amigos e colegas de trabalho a unirem-se em pequenos grupos e empreendimentos missionários. O movimento de pequenos grupos iniciado em muitas igrejas começou a ajudar os leigos a descobrirem os seus dons espirituais e a libertá-los para servirem numa miríade de ministérios. Pequenos grupos surgiram à volta de fases da vida, afinidades profissionais ou passatempos. Os leigos estavam novamente a construir relacionamentos de responsabilização mútua e serviço. Parte disto levou pessoas a unirem-se a igrejas, mas também levou a uma explosão simultânea de organizações de ministério sem fins lucrativos e não afiliadas para serviços de compaixão, acção profética e desenvolvimento comunitário. De muitas formas, nas últimas décadas, os leigos fortalecidos deixaram o edifício gloriosamente.

Pessoas da Missão

A boa teologia sempre mantém o fim à vista. O objectivo ou propósitos, o *telos* em grego, de Deus é a reconciliação de todas as coisas. Colossenses 1:19-20 lembra-nos que em Cristo "porque foi do agrado do Pai que toda a plenitude nele habitasse e que, havendo por ele feito a paz pelo sangue da sua cruz, por meio dele reconciliasse consigo mesmo todas as coisas, tanto as que estão na terra como as que estão nos céus." Quando consideramos o papel dos leigos, fazemo-lo tendo em mente a reconciliação de todas as coisas. A missão de Deus é reconciliar todas as pessoas e todos os propósitos sob o céu com os caminhos e a sua vontade. O Seu plano para realizar isto é chamar as pessoas comuns, baptizá-las nos caminhos e na obra de Cristo, capacitá-las através da energização do Espírito, para que possam participar com Deus enquanto este propósito eterno se torna uma realidade sempre presente. Deus escolheu pessoas comuns que encontraram amor e restauração de coração, mente e alma por meio de Jesus e que continuam a ser discipuladas até à maturidade espiritual para saírem e caminharem à beira do lago, andarem de autocarro, pregarem e testemunharem ao ar livre, estabelecerem pontos de pregação, começarem agências, e seja o tipo de cristão que testemunha em palavra e cuidado prático aos tristes, enfermos, solitários, isolados e irreconciliáveis. O ministério dos leigos é para que as pessoas comuns e fiéis vivam a missão, sejam a missão, proclamem a missão e cuidem da missão. O povo de Deus é enviado ao mundo numa missão extraordinária diária, por, para e pelo amor misericordioso do nosso Deus missionário. Somos todos chamados para ser o tipo de cristãos que queremos ser, que temos o dom de ser, e que Deus precisa que sejamos para o bem de toda a criação que geme na expectativa de plena redenção e restauração (Romanos 8:22-23). Temos um trabalho e um testemunho alegres a fazer como o povo com propósito da missão de Deus.

Questões para Debate

1. Quais são os pontos fortes e os desafios de deixar o ministério para os amadores e os novatos? Concorda que este é o modelo de ministério do Novo Testamento? É isso que vê na sua igreja local ou congregação? Dê exemplos.

2. Faça uma lista de todas as expectativas que tem para um pastor de uma igreja local. Se estiver num grupo, pensem em todas as coisas que o pastor "perfeito" seria capaz de fazer. Se "equipar os leigos para o ministério" é a primeira prioridade dessa lista, o que mais poderia ser feito pelos outros? Se voltasse para a sua igreja local e sugerisse reordenar as funções para o ministério, o que imagina que poderia acontecer?

3. Cite o maior número possível de primeiros discípulos de Jesus. Visto que nenhum deles era religioso ou treinado na escola bíblica, o que é que os qualificava para o serviço? Discuta as características e dons de alguns dos vários discípulos. O que é que acha que Jesus viu neles?

4. Como é que definiria a palavra *leigo* para alguém que não está familiarizado com o termo? Que sinónimos ou outras palavras pode usar para descrever este grupo de pessoas na Igreja? Faça uma descrição do trabalho dos leigos.

5. Como é que a Igreja cristã se organizou e entendeu a liderança nas variadas formas ao longo dos séculos? Como é que os diferentes conceitos sociais de liderança impactam as expectativas dos líderes públicos da Igreja?
6. Como é que entende a missão de Deus no mundo e o seu papel nela? O que é que Deus está a tentar fazer através de si?

Sugestões para Leitura Adicional

Bonhoeffer, Dietrich. "Ministry," in *Life Together*. New York: Harper and Row, 1954.

Christensen, Michael J., and Carl E. Savage. *Equipping the Saints: Mobilizing Laity for Ministry*. Nashville: Abingdon, 2000.

Garlow, Jim. *Partners in Ministry: Laity and Pastors Working Together*. Kansas City: Beacon Hill Press of Kansas City, 1986.

Mallory, Sue. *The Equipping Church: Serving Together to Transform Lives*. Grand Rapids: Zondervan, 2001.

Trueblood, Roy W., and Jackie B. Trueblood. *Partners in Ministry: Clergy and Laity*. Nashville: Abingdon, 1999.

dezoito
UNIFICAR A IGREJA
UMA COMPREENSÃO TEOLÓGICA DA ORDENAÇÃO
Brent Peterson

Os cristãos familiarizados com o termo *ordenação* provavelmente pensam que ele tem alguma coisa a ver com sacerdotes ou pastores. Claro que isso é verdade, mas será que eles são os únicos que Deus pelo poder do Espírito ordena na Igreja? Quando se olha para trás na história do povo de Deus, é notável que Ele chama e equipa muitas pessoas, até à parte dos líderes clericais da Igreja. Este capítulo tem duas teses primárias e inter-relacionadas: *Primeiro, a ordenação cristã é um dom que Deus dá para a cura e o amadurecimento da Igreja, que está unida como o corpo de Cristo. Em segundo lugar, a principal função e propósito da Igreja é participar da redenção de toda a criação na plenitude do reino de Deus.* Embora seja dada mais atenção neste capítulo à primeira tese, a segunda está potencialmente latente na extrapolação da primeira. Também é importante que este capítulo seja lido em conversa com os capítulos anteriores e posteriores. Este capítulo passará a maior parte do tempo com aqueles que são ordenados entre os leigos para a liderança na igreja como presbíteros e irá *primeiro* sugerir uma teologia cristã e um propósito para a ordenação. *Em segundo lugar,* à luz desse entendimento, será sugerido que todos os cristãos são ordenados ao ofício de leigos no seu baptismo. *Terceiro,* Deus também chama, equipa e capacita pessoas de entre os leigos baptizados. *Quarto,* o capítulo considera algumas coisas que a ordenação não é. Finalmente, o capítulo sugere que o clero ordenado é principalmente consagrado para pregar a Palavra, administrar os sacramentos e providenciar ordem na igreja local a fim de estar em comunhão com a Igreja universal.

Ordenação como Ordem Fortalecedora e Consagrada

À medida que o diálogo de todo o livro se desenvolve, é crucial reconhecer que a compreensão e o dom da ordenação caem completamente dentro da esfera da Igreja e, portanto, fazem parte de uma eclesiologia adequada. Além disso, um diálogo sobre a ordenação não pode ser posto à parte de um emaranhado robusto com cristologia, pneumatologia, teologia trinitária, escatologia e muito mais. Embora tudo isto não possa ser feito neste curto capítulo, é perigoso quando a ordenação se torna segmentada da plenitude da tradição cristã. Esperançosamente, o leitor também verá este capítulo como uma conversa multifacetada com várias categorias de teologia.

Num nível muito básico, a ordenação tem a ver com *ordem*, em oposição ao *caos*. Ordenar significa nomear, investir ou consagrar algo ou alguém com um propósito específico, geralmente para um lugar específico e por um tempo específico. William Willimon observa que a ordenação deve ser celebrada como *"um acto criativo de Deus,* não muito diferente da criação do mundo ou da chamada de Israel, que traz ordem ao caos, que traz um mundo do vazio".[1] Embora algumas coisas possam ser ordenadas para a eternidade, a maioria das coisas ou das pessoas são ordenadas para contextos específicos. Quando uma lei é decretada, é ordenada com certas implicações. Da mesma forma, quando as pessoas são ordenadas, elas são separadas; são consagradas com funções e responsabilidades específicas que geralmente são muito contextuais (mais sobre isso será dito a seguir). Além disso, no acto de ordenar alguém ou algo, é investido e colocado poder naquilo que é ordenado, como uma lei ou uma pessoa. Portanto, à luz do acto criativo de nascimento e ordem de Deus, quem exactamente é ordenado?

O Sacerdócio de Todos os Crentes

Para começar, sacerdotes e pastores (também conhecidos como os que são pagos para ir à igreja) não são as únicas pessoas ordenadas na Igreja. Lembre-se de que uma das principais ênfases de Martinho Lutero e da Reforma Protestante foi a celebração do "sacerdócio de todos os crentes". Um dos temas presentes na Reforma Protestante foi a celebração de que uma pessoa pode estar ligada a Deus sem a ajuda de um sacerdote. No entanto, a afirmação primária não é que cada pessoa seja o seu próprio sacerdote, mas que cada cristão pode ser um sacerdote, advogado, intercessor e evangelista para os outros.² No entanto, nesta celebração em que todos os cristãos podem estar ligados a Deus, o papel de ser um sacerdote também implica que *todos* os cristãos são chamados, encarregados e autorizados a pregar o Evangelho em todos os momentos e em todos os lugares que o Espírito Santo fornece. Lembre-se de que no Pentecostes o Espírito desce sobre todos, especialmente sobre os marginalizados, para serem testemunhas para todo o mundo.³ De facto,1 Pedro 2:9-10 afirma: "Mas vós sois a geração eleita, o sacerdócio real, a nação santa, o povo adquirido, para que anuncieis as virtudes daquele que vos chamou das trevas para a sua maravilhosa luz; Vós, que em outro tempo não éreis povo, mas agora sois povo de Deus; que não tínheis alcançado misericórdia, mas agora alcançastes misericórdia".

A ideia da Igreja como uma nação santa vinda daqueles que antes não eram um povo está directamente ligada a Deus chamar, abençoar e criar o povo de Israel. É possível lembrar-se que em Génesis, quando Deus Se aproximou de Abrão e Sarai, eles eram velhos, estéreis e não tinham futuro. Deus tomou, abençoou e providenciou uma vida a partir da esterilidade. Muitos lembram-se da promessa de Deus de abençoar e amaldiçoar aqueles a quem Abraão abençoa e amaldiçoa, mas também devemo-nos lembrar que essa vocação para ser povo de Deus implica uma comissão de responsabilidade. "E em ti serão benditas todas as famílias da terra" (Génesis 12:3). Assim como Abrão e Sarai, que eram nómadas errantes e sem rumo, sem povo e futuro, a Igreja cristã emerge de um grupo desorganizado de seguidores de Jesus. Pelo poder do Espírito Santo, é ordenada (encarregada, chamada e equipada) para espalhar o reino de Deus às nações.⁴ As pessoas são resgatadas do pecado e do isolamento, num povo que está a receber a graça e a misericórdia, que têm sido trazidas das trevas para a luz, da morte para a vida. Dentro da aliança abraâmica de ser uma bênção para todo o mundo, a Igreja como sacerdócio real escolhido tem uma chamada (latim, *vocare*—"vocação") para proclamar os actos poderosos do que Deus fez por ela e o que Deus está a fazer no mundo.

Portanto, embora não haja espaço adequado para apresentar o caso por completo, os cristãos devem considerar que todos eles são ordenados ao ofício de leigos no seu baptismo. Martinho Lutero afirmou que no baptismo a pessoa também entra no sacerdócio dos crentes.⁵ Assim como o baptismo é a entrada da pessoa no povo da aliança de Deus, a Igreja, ser parte do povo de Deus também acarreta uma vocação missionária de proclamar

Deus às nações.⁶ Reflectindo sobre a vida de Jesus, cujo ministério começa após o Seu baptismo, Willimon observa que "ministério é um dom do baptismo".⁷ Ser trazido para o povo da aliança de Deus é também ser capacitado para viver na missão do povo de Deus, como um acto de O adorar para se tornar quebrantado e espalhar-se diante dos perdidos e quebrantados. À luz de todos os cristãos ordenados no ofício de leigos, o foco agora muda para os que foram ordenados de entre os leigos para a liderança na igreja.

Ordenado para a Liderança na Igreja

Enquanto que a aliança abraâmica para ser uma bênção para todos os povos da terra pertencia a todas as tribos e assim como todos os cristãos devem viver na vocação da Grande Comissão, Deus, pelo poder do Espírito, chama, equipa, separa e capacita as pessoas para a liderança dentro do povo de Deus. Lembre-se de que a ordenação tem a ver com ordem, recusando o caos. Da mesma forma, Deus chamou os levitas, como uma das Doze tribos, para liderar o povo, principalmente pelas suas práticas de culto e adoração.⁸ Ao considerar a ordenação de sacerdotes e pastores, é curioso notar a especificidade de propósito e função que os levitas tinham em relação à adoração comunitária. Infelizmente, é comum que os ordenados como sacerdotes e pastores (pelo menos entre os protestantes evangélicos) não vejam a sua chamada como algo dirigido principalmente para a liderança na adoração comunitária.

O Novo Testamento é um pouco confuso no que diz respeito aos títulos para aqueles que são líderes na igreja. Algumas igrejas referem-se a "bispos" (episkopoi—"supervisores"), que também eram chamados de pastores. Noutras, havia um conselho de anciãos (*presbuteroi*) que recebia responsabilidades distintas da congregação. Parece que, após a era apostólica, os bispos foram encarregados de várias congregações, enquanto que os anciãos eram aqueles que presidiam as congregações..⁹ Há também uma história maravilhosa para aqueles que foram criados pela Igreja como diáconos, para o ministério de ajuda da Igreja tanto dentro como fora da congregação. O capítulo seguinte tratará do papel do episcopado como superintendentes/bispos (supervisores) que têm responsabilidades além das da igreja local. O foco deste capítulo é especificamente sobre os que foram chamados para o cargo de presbítero, que têm como tarefa principal a liderança numa igreja local.

O Propósito da Ordenação Apoia o Propósito da Igreja - Unidade em Cristo

O apóstolo Paulo oferece uma exposição poderosa que ilumina o dom e o propósito da ordenação do clero imaginada dentro do alcance total do reino de Deus. Paulo acaba de lembrar aos efésios que a unidade é a base da esperança e da confiança no cristianismo. Como há "um só Senhor, uma só fé, um só batismo; um só Deus e Pai de todos" (4:5-6), parece que Paulo também afirmaria que o que foi confessado com o Concílio de Nicéia: há uma igreja.[10] No entanto, esta unidade também celebra a diversidade da criação de Deus. Embora existam outras passagens paulinas que celebram os dons do corpo de Cristo fora do clero na Igreja, esta passagem foca-se no propósito daqueles que são ordenados para posições de liderança na Igreja.[11]

Os dons que ele mencionou foram que alguns seriam apóstolos, profetas, evangelistas, pastores e professores, para equipar os santos para a obra do ministério, para edificar o corpo de Cristo, até que todos cheguem à unidade da fé e do conhecimento do Filho de Deus, até à maturidade, à medida da plena estatura de Cristo. Não devemos continuar a ser crianças, mandados e levados de um lado para o outro por todos os ventos de doutrina, pela malandragem das pessoas, pela sua astúcia em maquinações enganosas. Mas, dizendo a verdade em amor, cresçamos em tudo naquele que é a cabeça, Cristo, do qual todo o corpo, bem-ajustado e ligado pelo auxílio de todas as juntas, segundo a justa operação de cada parte, faz o aumento do corpo, para sua edificação em amor. (Efésios 4:11-16)

Esta rica passagem celebra a diversidade de dons daqueles que têm responsabilidade na liderança da igreja. É fundamental afirmar que não existe uma hierarquia de dons, mas *carismas* únicos - dons para cada um à medida que o Espírito trabalha. A ordenação ao sacerdócio não trata principalmente de autoridade, mas de ordem e serviço. Cada um tem o dom de servir, não de dominar os seus dons sobre o outro.[12] O versículo 12 dá um propósito principal daqueles que são ordenados para a liderança na igreja: "equipar os santos". Qual é então o propósito de equipar os santos: para que o corpo de Cristo - a Igreja - seja edificado? Qual é o objectivo desta jornada de crescimento? A Igreja deve ser unida pela fé e, em tal unidade, um encontro mais profundo e pleno com Jesus Cristo capacita a Igreja a tornar-se mais plenamente o que é - o corpo de Cristo. Num nível muito básico, uma explicação da ordenação é que ela é um dom de Deus para que a Igreja se possa tornar plenamente mais unida. No versículo 14, Paulo fala sobre os desafios para a unidade no corpo de Cristo. No fundo, o oposto da unidade é um enganoso caos relacional de discórdia. Em oposição a tal caos, Deus chama e o Espírito capacita os líderes na igreja, a fim de facilitar que ela tenha um corpo mais saudável e em forma, edificado pelo e no amor de Deus.

A ordenação é sobre a *ordem* que vai contra e revoga o caos e a doença do pecado. Antes de prosseguir, é necessário esclarecer o que é que a ordenação não é.

Más Ideias e Práticas de Ordenação

Ao afirmar o dom e a celebração da ordenação na liderança da igreja, é preciso dar atenção a alguns cuidados e limites. A maior parte é óbvia, mas é importante tê-los em mente.

Não é o Mais Santo

Um dos meus brilhantes professores da universidade, que mais tarde se tornou meu colega, ofereceu alguns sábios conselhos a um grupo de jovens ministros em formação. Embora não me recorde o contexto específico, ele essencialmente olhou para nós, futuros ministros, e disse com grande intensidade e seriedade: "Amigos, depois de muitos anos no ministério, estou convencido de que Deus frequentemente chama pessoas para o ministério a tempo inteiro porque de outra forma a sua fé provavelmente não seria forte o suficiente". É claro que ele disse-o com um sorriso, mas depois de todos estes anos, como tive o privilégio de pastorear e ensinar como um dos ordenados, o que fica rapidamente claro é que o clero não é composto, em grande parte, pelas pessoas mais santas ou justas na congregação. Isto não é uma desculpa para o pecado de quem quer que seja na Igreja, mas para o laicato e para o clero ordenado, é um lembrete importante de que o clero ordenado não é o "super justo" simplesmente por causa da sua ordenação como líder. No entanto, em toda a tradição cristã, o presbítero ordenado deve ser um líder espiritual exemplar para a congregação.

Não é o Mais Inteligente

Foi quando estava no seminário, que comecei a minha primeira designação de ministério de tempo inteiro. Esta congregação estava localizada numa cidade que tinha uma universidade, seminário e sede denominacionais. Como tal, a congregação que tive o privilégio de servir tinha mais de 140 anciãos ordenados que participavam dela. No meu quarto domingo na equipa, fui convidado a pregar. Eu estava muito ciente da sabedoria desses anciãos e de minha imaturidade como pregador e teólogo. É claro que a congregação foi muito gentil e apoiou-me. Quanto mais eu permanecia naquela congregação, não apenas a sabedoria fluía daqueles anciãos ordenados, mas uma grande quantidade de sabedoria e cuidado vinha de agricultores, professores, assistentes sociais, mães e pais solteiros, banqueiros, trabalhadores da construção e assim por diante. Embora eu estivesse a fazer mestrado em teologia, também ficou claro que havia muitas pessoas na congregação que tinham vida e conhecimentos teológicos suficientes para me ensinar e me formar. O presbítero ordenado, portanto, tem o encargo de ser um teólogo da congregação. No entanto, isso não significa que ele é automaticamente o melhor teólogo na congregação ou que está certo em todos os assuntos teológicos.

Não é CEO de uma ONG

Um dos desafios para muitas pessoas, considerando a sua chamada para o ministério de liderança a tempo inteiro, é discernir qual é precisamente o papel e a tarefa de cada um. Abaixo, este capítulo irá delinear algumas das chamadas e *carismas* básicos dados e atribuídos àqueles ordenados como anciãos. Embora tenham a tarefa de fazer muitas coisas que estão fora dos *carismas* específicos que lhes foram atribuídos, é importante que não se imaginem como oficiais executivos de uma organização sem fins lucrativos. Parte da preocupação é que alguns clérigos esquecem-se do foco principal da sua chamada e ocupam-se num trabalho importante que está fora do que a Igreja universal e Deus realmente os chamou e capacitou para fazer. Embora eles precisem ser muito bem versados em muitos campos, incluindo liderança e jurisprudência fiscal, eles podem não ser os mais qualificados nesses aspectos. O presbítero ordenado não é principalmente o chefe que dirige uma corporação. Para os ordenados como anciãos e aqueles em congregações que têm clero, muitas vezes há falta de clareza e foco sobre as expectativas dos ordenados como anciãos.

Não um Salto Institucional ou de Credenciamento

É curioso para mim que, com a era da Internet e a perda da "autoridade", muitos dos meus alunos considerem o processo de procurar ser ordenado, e a própria ordenação, simplesmente como um jogo de progressão na carreira. Além disso, muitos estudantes (frequentemente protestantes) têm dificuldade em afirmar que o próprio acto da ordenação realmente faz mais do que oferecer uma bela oração sentimental de afirmação. O processo de ordenação afirma que simplesmente porque alguém se sente chamado ao ministério, não significa que foi realmente chamado e dotado por Deus para o ministério. Para muitas pessoas, este é um longo processo de discernimento, tanto para a pessoa que procura ser ordenada como para aqueles que, em espírito de oração, estão a considerar se devem ou não ordenar. É claro que estes processos de discernimento podem ser parecidos com saltos de arco e, obviamente, todos os processos podem ser melhorados. No entanto, o processo de procurar ser ordenado também pode ser visto como um meio da graça pelo qual uma comunidade local de fé e outros presbíteros ordenados podem afirmar e celebrar a chamada para o ministério. Além disso, como cristãos que acreditam no poder da oração, devemos também afirmar que a apresentação pela Igreja do ordenando a ser ordenado pelo episcopado (bispos/superintendentes) afirma que Deus dá *carismas* extras para aqueles que são ordenados. Por outras palavras, todo o processo e o próprio acto da ordenação são ocasiões em que o Espírito equipa e capacita os chamados para as tarefas e responsabilidades específicas para as quais foram chamados. Além disso, lembrando que todos os cristãos são ordenados para o ofício de leigos no seu baptismo, aqueles entre eles que são designados para a liderança na igreja têm dons e *carismas* únicos que apenas os presbíteros são chamados, autorizados e com poderes para fazer. Lembre-se da analogia de Paulo da Igreja como corpo de Cristo. Cada parte é chamada e equipada para fazer a sua parte. Assim como os levitas foram designados para liderar a adoração dos israelitas, também os anciãos ordenados foram designados por Deus e pela Igreja para tarefas específicas que somente eles foram autorizados e equipados para fazer. Não se trata de hierarquia, mas de um discernimento adequado dos dons únicos de serviço no corpo. Depois de considerar algumas coisas que a ordenação não é, vamos agora considerar brevemente o dom da ordenação.

O Dom da Ordenação

Como afirmado acima, no processo de discernimento e no próprio acto de ordenação, a Igreja autoriza e o Espírito capacita o ordenando com dons específicos (*carismas*) para o ministério. Com a imposição de mãos (1 Timóteo 4:14; 2 Timóteo 1:6), o acto celebra "o dom do Espírito Santo e a concessão de autoridade por aqueles que precederam o candidato no ministério".[13] Também é essencial que tal ordenação seja feita na presença da assembleia reunida. O acto da ordenação *não* é feito *por* e *para* as elites, mas como todos os ordenados são chamados e capacitados por Deus, a igreja local desempenha um papel crucial em nutrir, testar e afirmar a chamada para o ministério clerical. Como tal, a ordenação é um acto de Cristo, pelo poder do Espírito, e da Igreja como corpo de Cristo. Parte do desafio é lembrar os *carismas* únicos que se aplicam à ordenação de alguém e lembrar as limitações e os limites dos *carismas* de um presbítero ordenado. Além disso, dentro deste processo de discernimento, foi acima afirmado o perigo do presbítero pensar que a ordenação era sua propriedade a ser usada numa multiplicidade de contextos. Não apenas os *carismas* do ancião são específicos, como historicamente uma pessoa é ordenada para um determinado lugar e povo. Embora certamente haja diversidade na prática da ordenação, era comum notar que alguém que foi criado num lugar tinha dons exclusivos para a liderança na igreja. Visto que essa pessoa também testificaria de tal chamada, as pessoas naquele lugar, nutririam esses dons com essa pessoa. Visto que tanto a pessoa como a comunidade afirmavam esses dons, aqueles do episcopado também seriam convidados a treinar e a discernir a aptidão dessa pessoa para o ministério. Neste processo de discernimento, reconheceu-se muitas vezes que as pessoas não apenas são chamadas e equipadas com dons únicos para a liderança na igreja, mas são também dotadas de forma única para ocupar um lugar único para um povo único.

Quando João Wesley foi questionado sobre o que define uma Igreja verdadeira, ele baseou-se nos Artigos de Fé Anglicana, que copiou amplamente para os Artigos de Fé Metodista. "O nosso vigésimo artigo define uma Igreja verdadeira, como 'uma congregação de pessoas fiéis, onde a verdadeira Palavra de Deus é pregada e os sacramentos devidamente administrados'".[14] De acordo com Wesley, a adoração comunitária e especificamente a celebração da Santa Ceia definem o desempenho principal da Igreja. Assim, os *carismas* básicos oferecidos ao presbítero estão à volta da pregação da Palavra, da administração dos sacramentos e do fornecimento de ordem à igreja. Nesta carga e *carismas* há uma grande diversidade. Muitas vezes, é sob este cargo que surge a tentação de imaginar o mais ancião como CEO. O Credo Niceno confessa e proclama a "Igreja una, santa, católica e apostólica". Uma das celebrações da apostolicidade da Igreja é a de que cada presbítero ordenado foi fielmente transformado e pode ensinar e conduzir as pessoas ao *kerygma* ortodoxo da fé. Embora a contextualização seja contínua, como o apóstolo Paulo, os presbíteros são encarregues de repassar fielmente o que receberam.[15] Além disso, cada presbítero representa a conexão da igreja local com outros cristãos presentes, passados e futuros. O presbítero ordenado torna-se uma celebração física e conexão universal com a Igreja para cada igreja local. Uma ordenação adequada da Igreja exige que o presbítero seja o pastor e que guie a igreja local para ser um fiel posto avançado de missão, uma expressão fiel do corpo de Cristo. O presbítero deve auxiliar e orquestrar os diversos *carismas* e ministérios para trazê-los a uma grande unidade de serviço.

Questões para Debate

1. O que acha da ideia de que todos os cristãos são ordenados para o ofício de leigos no baptismo?

2. Como é que pensar sobre a ordenação como um dom de Deus, edificando a unidade e evitando o caos, molda a sua visão acerca da ordenação?

3. O que é que muitos leigos e clérigos acham que são as "tarefas primárias" do clero?

4. O que achou útil ou inútil neste capítulo em relação à ordenação?

5. Quais são as maiores áreas que a Igreja precisa para crescer e amadurecer no que diz respeito à ordenação de presbíteros e a sua função no corpo?

Sugestões para Leitura Adicional

Pelzel, Morris. *Ecclesiology: The Church as Communion and Mission*. Chicago: Loyola Press, 2002.

Peterson, Brent. *Created to Worship: God's Invitation to Become Fully Human.* Kansas City: Beacon Hill Press of Kansas City, 2012.

Willimon, William. *Pastor: A Theology and Practice of Ordained Ministry.* Nashville: Abingdon Press, 2002.

dezanove
O "LEITOR DESIGNADO"
UMA METÁFORA ECLESIOLÓGICA PARA A LIDERANÇA PASTORAL
Jeff Crosno

Parafraseando o dilema relatado pelo romancista alemão Thomas Mann, escritor é alguém para quem escrever se apresenta *mais difícil* do que para outras pessoas. Presumivelmente, Mann tinha em mente a miríade de obstáculos criativos para escrever *bem*, em vez do desafio físico de manipular com sucesso um teclado de computador ou caneta de tinta permanente e bloco de notas. Mas talvez a sua observação irónica também sugira uma situação familiar para muitos pastores trabalhadores. Pois, ao reconhecer a distância ocasional que muitos pastores tentam navegar entre os compromissos eclesiológicos declarados e as responsabilidades vocacionais, alguns podem ser tentados a abandonar qualquer pretensão de rigor teológico e integridade. Sob pressão para encontrar "algo que funcione" nesta tarefa de liderar uma congregação (que muitas vezes pode parecer um exercício de pastorear gatos), quem poderia culpar o pastor por lançar olhares ciumentos para estratégias de liderança mais autoritárias ou mesmo manipuladoras? Mas, mantendo os votos de ordenação em mente, talvez esses ministros tentados, em vez disso, confessem como Mann que aprender a ser um verdadeiro líder pastoral é uma jornada na qual a liderança se torna mais difícil do que para outras pessoas.

Considere, por exemplo, a recente "Declaração de Eclesiologia" oferecida no "Relatório do Futuro Nazareno" como uma descrição de trabalho implícita para aqueles que servem como presbíteros na Igreja do Nazareno: "Os presbíteros são ordenados para moldar o corpo de Cristo através da pregação do Evangelho, administração dos sacramentos, nutrição do povo na adoração e *ordenação da vida congregacional*" (itálicos meus).¹ Pode-se facilmente presumir que a maioria dos anciãos seria capaz de oferecer descrições articuladas das três primeiras acções ministeriais mencionadas. Afinal, que parte da nossa "vida corporal" está mais rotineiramente em exibição do que estas práticas de ministério cristão realizadas através da pregação, observâncias sacramentais e celebração pública do culto congregacional? Mas como é que os pastores devem entender e explicar a quarta expectativa de que os presbíteros nutrirão o corpo de Cristo ordenando a vida congregacional? Suspeita-se que pelo menos para alguns presbíteros da Igreja, este quarto imperativo pode facilmente ser algo como um "mandato sem fundos" para o qual os pastores podem carecer de uma base teológica convincente e coerente. E na ausência de tais fundamentos eclesiológicos, é assim tão difícil imaginar que um ponto principal de ênfase para muitos pastores degenere em considerações de *técnica* ministerial? Quão estranho seria para os herdeiros de Wesley desvalorizarem o seu direito de primogenitura, dedicando tanta atenção às técnicas e métodos pastorais às custas de compromissos mais profundos requeridos para a formação do carácter cristão evidenciado pelos santos *afectos* e *temperamentos* que Wesley frequentemente descreveu.

Ao falar sobre papéis eclesiásticos numa cultura com energia e apetite aparentemente ilimitados para o desenvolvimento de métodos e tecnologias, devemos provavelmente afirmar que os nossos pastores são um grupo extremamente inventivo que parece bastante capaz de ordenar e reordenar a vida congregacional através da aplicação de conhecimento espiritual supostamente pioneiro (ou de ponta, inovador, etc) e técnicas de ministério. Assim, com uma previsibilidade verdadeiramente impressionante, vez após vez, esses bens e serviços religiosos embalados de forma atractiva invadem as nossas congregações. Mas depois de navegar na maré de uma sucessão interminável de ênfases congregacionais, os nossos pastores e leigos podem ser perdoados por ficarem céticos em relação à última promessa de que o reino virá na sua plenitude assim que todos se inscreverem para as aulas e comprarem um exemplar de capa dura do *DaVinci-Uma-Vida-Com-Propósitos-Deixados-Para-Trás-Oração-de-Jabez*.² Alguém suspeita (e espera) que as congregações estão agora à espera de algo mais profundo e mais substancial do que uma dieta açucarada e insubstancial dos chamados doces gospel³ que parece pelo menos parcialmente responsável pelo aumento alarmante de congregações com déficit de participação e desordem espalhadas pela paisagem religiosa da América do Norte.[4] Simultaneamente superestimuladas e desnutridas, tais igrejas representam um desafio significativo para os pastores de santidade responsáveis por ordenar a vida congregacional em direcção aos resultados do ministério consistentes com os seus compromissos eclesiológicos declarados.[5]

Na medida em que estou correcto no meu palpite de que muitos pastores discernem uma lacuna entre as suas responsabilidades e os recursos disponíveis da sua *eclesiologia funcional*, podemos antecipar uma resposta comum a qualquer sentimento de inadequação que possam estar a experimentar no seu papel ministerial. Respondemos frequentemente com recursos de teologia prática fortemente devotados ao desenvolvimento de *técnicas* de ministério mais eficazes.[6] Mas tais materiais de auto-ajuda pastoral também demonstram o que Heifetz descreveu como trabalho *técnico* em vez de *adaptativo*.[7] E como Willimon observou recentemente enquanto reflectia sobre o "trabalho técnico" evidente ao longo da sua carreira ministerial, existem deficiências claras nesta abordagem:

> O trabalho técnico que Heifetz definiu como a procura pela aplicação certa da técnica para resolver problemas conhecidos - a nossa aplicação anterior dos discernimentos do movimento de crescimento da Igreja (que apliquei avidamente e um tanto ingenuamente na minha paróquia no centro da cidade no início dos anos 80), a transformação congregacional (aqueles workshops que conduzi nas igrejas durante o final dos anos 80) e o desenvolvimento de liderança (seminários distritais que ajudam o clero a voltar a equipar as suas capacidades de liderança nos anos 90). Para todo o bem nesses esforços... "Eles não nos levaram até onde queríamos ir".
>
> Mais do que resolver problemas e platitudes, precisávamos de conversão de crenças e suposições. Gosto muito do trabalho técnico porque se concentra na acção. Mas, se o que era necessário era uma mudança de crenças e suposições, eu precisava, mais do que um comandante, de ser um aluno mais curioso, um questionador constante e um professor criativo. Isto é o que Heifetz chama de "trabalho adaptativo" - ajudar uma organização a adaptar-se ao seu ambiente com base nos seus objectivos e valores, enfrentando realidades dolorosas e, de seguida, mobilizando novas atitudes e comportamentos... A *mudança adaptativa é uma mudança profunda porque visa a modificação da*

cultura de uma organização, em vez de descartar algumas das suas práticas. (itálicos meus).[8]

Ao ler a avaliação de Willimon, é sensato pensar nas implicações para qualquer tradição que enfatize abordagens principalmente técnicas à eclesiologia e à liderança. No meu contexto norte-americano, esta abordagem pode ser particularmente perigosa, dadas as preferências culturais por modelos de liderança com foco em "recursos especializados" de competência de gestão. Com o "CEO de Jesus" como uma imagem cristológica dominante, André Resner perguntou recentemente: "O que é que impede a Igreja capitalista e voltada para o consumidor de desejar e seleccionar um ministro para funcionar em parte como mestre de cerimónias e animador e em parte como gerente e motivador ao estilo Sonae? "[9] Mas, correndo o risco de provocar uma pequena chatice teológica entre os meus colegas de liderança, a resposta mais curta pode ser que há pouco na eclesiologia funcional de muitos pastores para evitar tal resultado. No entanto, os avisos de outras profissões tornam óbvio que a confiança em abordagens puramente técnicas é inadequada, dada a complexidade dos desafios adaptativos que desafiam as soluções da técnica. Num discurso de graduação da Escola de Medicina de Harvard, o cirurgião Atul Gawande descreveu a mudança da prática médica moderna, na qual os médicos já não podem reter mentalmente todas as informações necessárias ou dominar todas as capacidades necessárias para cuidarem eficazmente dos pacientes. Ele prosseguiu observando que "treinamos, contratamos e pagamos a médicos para serem cowboys [solitários e autónomos] ... [quando é uma corrida de automóveis interdependente e de alto funcionamento] equipas de boxe que as pessoas precisam" ao entrarem no hospital:

> [Precisa de uma capacidade essencial] que deve ter, mas não aprendeu - a capacidade de implementar em escala, a capacidade de fazer com que os colegas ao longo de toda a cadeia de atendimento funcionem para os pacientes como o pessoal nas boxes das corridas. Existe resistência, às vezes resistência veemente, aos esforços que o tornam possível. Em parte, porque o trabalho está enraizado em valores diferentes daqueles que temos tido. Esses valores incluem a *humildade*, um entendimento de que não importa quem é, quão experiente ou inteligente é, vai falhar. (itálicos meus).[10]

Levando a sério estas advertências cautelares, é esta nota essencial de humildade destacada por Gawande que quero levar adiante como a preocupação dominante no resto deste capítulo. Trazendo novamente a partir de distinções anteriores entre o trabalho técnico e adaptativo do líder delineado por Heifetz,[11] Deixe-me sugerir, elaborando outra vez a partir de distinções anteriores de Heifetz entre o trabalho técnico e adaptativo do líder delineado, que os nossos pastores precisam de uma nova metáfora eclesiológica para guiá-los ao longo do conjunto desconcertante de escolhas congregacionais que clamam por atenção e fidelidade.[12] Mas suspeito que uma metáfora verdadeiramente útil também exercerá um contrapeso eclesiológico, ou seja, um senso apropriado de restrição pastoral ao abordar os desafios a serem enfrentados pelos líderes responsáveis por ordenar fielmente a vida congregacional. Pois é a humildade de líderes eficazes, o reconhecimento da nossa propensão para *a arrogância* e exagero que muitas vezes parecemos perder ao presumir que o pastor é, em virtude da ordenação, dotado com o *dom espiritual da Percepção Imaculada*. Sabendo disto, tenho olhado para as Escrituras para encontrar uma metáfora que descreva aquele carácter cristão, representativo da ênfase da santidade que professamos admirar nos nossos pastores. Mas também fico impressionado com o facto de que nem sempre afirmamos aqueles que incorporam os caros valores cruciformes que defendemos. Como David Brooks observa:

> [Quando] lê a biografia de alguém que admira, raramente são as coisas que o deixam feliz que atraem a sua admiração. *São as coisas que eles fizeram para cortejar a infelicidade* - as coisas árduas e miseráveis que eles fizeram que às vezes lhes custaram amigos e despertaram o ódio. É a excelência, não a felicidade que mais admiramos... *Fazer bem o seu trabalho muitas vezes significa ser reprimido... A maioria de nós é egoísta e preocupa-se consigo* mesmo a maior parte do tempo, mas mesmo assim, é verdade que a vida chega a um ponto apenas nesses momentos em que o 'eu' se dissolve nalguma tarefa. *O propósito da vida não é o de se encontrar a si mesmo, é sim o de se perder.* (Todos os itálicos são meus).[13]

Supondo que Brooks esteja certo, é demais esperarmos por uma metáfora bíblica que nos possa ajudar a focar e manter a nossa atenção no cultivo do carácter de um líder?

Deixe-me propor um destes candidatos para a nossa consideração: a chamada lei da realeza narrada em Deuteronómio 17:14-20. A tradução em português da Bíblia Para Todos diz o seguinte:

> Quando chegares à terra que o SENHOR, teu Deus, te vai dar, quando tomares posse dela e nela te instalares vais querer ter um rei, tal como os outros povos que estiverem à tua volta. Mas deves estabelecer como teu rei um dos teus compatriotas que o SENHOR, teu Deus, escolher. De maneira nenhuma deves pôr como teu rei um estrangeiro, que o Senhor não escolheu. De qualquer modo, o rei não deve preocupar-se em ter muitos cavalos, nem mandar gente ao Egito para conseguirem mais cavalos, porque o SENHOR disse que nunca mais caminhassem em direção ao Egito. Também não deve ter muitas mulheres, para não correr o risco de se desencaminhar; nem deve acumular muita prata e muito ouro. E, quando ele estiver instalado no seu trono real, deve mandar fazer uma cópia desta lei, feita sobre o original que está ao cuidado dos sacerdotes levitas. Deve tê-la sempre consigo, para a ler durante toda a sua vida, para aprender a respeitar o SENHOR, seu Deus, para cumprir tudo o que está nesta lei e pôr em prática todos estes preceitos. Não deve sentir-se mais importante que os seus compatriotas, nem desviar-se desses mandamentos para um lado ou para o outro. Desta maneira, tanto ele como os seus sucessores terão longo reinado, à frente do povo de Israel.

Embora este texto muitas vezes se tenha tornado um pára-raios para o debate académico, a função aparente da sua localização dentro da estrutura literária mais ampla de Deuteronómio foi explicada de forma proveitosa por Lohfink e McBride como uma "declaração de política" em relação aos poderes divididos do governo de Israel.[14] Muitos estudiosos também notam "a estrutura literária explícita do livro... [e] a sua auto-apresentação como uma série de discursos mosaicos", dada a inserção de quatro "sobrescritos editoriais" (1:1-5; 4:44-49; 29:1; 33:1).[15] Mas Olson também pensa que a sequência literária de Deuteronómio 12-26 talvez siga a ordem do Decálogo, oferecendo uma meditação sobre os limites do poder humano:

> Os estatutos e ordenanças de 16:18-18:22 partilham com o mandamento de honrar os pais um conjunto básico de valores relativos ao papel e propósito da autoridade, seja exercido num contexto fami-

liar menor (5:16) ou numa comunidade maior ou contexto nacional (16:18-18:22). No antigo Israel, os pais eram os principais detentores de autoridade no contexto familiar e garantiam honra e respeito, mas não eram deuses e não deviam ser adorados... O principal objectivo do *mandamento* em relação aos pais é que as autoridades devem ser honradas. O principal objectivo dos *estatutos e ordenanças* que explicam o mandamento dos pais é que as autoridades devem ser dignas da honra que recebem. A liderança traz responsabilidades. Portanto, Deuteronómio vai além do que o eticista Paul Lehman descreve como a falsa oposição entre a hierarquia e a igualdade para um modelo de "responsabilidade recíproca" envolvendo tanto aqueles que detêm a autoridade como aqueles que são liderados.[16]

Ora, é precisamente esta aparente modéstia e humildade em relação ao exercício do poder humano vislumbrada por este apelo à responsabilidade recíproca que destaca a característica mais óbvia e surpreendente da lei do reinado. Como observa Crüsemann, na vizinhança do antigo Oriente Próximo, um monarca era rotineiramente entendido como mediador entre os reinos terrestre e celestial, e Israel "geralmente participava desta visão", como vemos nos salmos reais.[17] No entanto, algo bem diferente está em vista dentro da lei da realeza. Grant comenta que, embora Israel não estivesse sozinha em oferecer conselhos por escrito ao monarca reinante, a lei do rei permanece extraordinária no contexto do antigo Oriente Próximo em que "não encontramos outros textos antigos que procuram limitar o poder do rei desta forma".[18] A avaliação de Levinson resume o texto:

> [O] parágrafo dedicado ao rei [suprime] apenas aqueles atributos reais que provavelmente representavam a maior fonte de dignidade do monarca. Na verdade, a descrição das funções do rei nesta unidade serve muito mais para prejudicá-lo do que para permitir que ele exerça qualquer autoridade significativa. Após a especificação introdutória de que o rei não deve ser estrangeiro (versículos 14-15), cinco proibições especificam o que o rei *não* deve fazer (versículos 16-17). Resta para o rei um único dever positivo: enquanto se senta recatadamente no seu trono para "ler cada dia da sua vida" do próprio rolo da Torá que delimita os seus poderes (versículos 18-20).[19]

E Knoppers conclui de maneira muito semelhante observando que, além da obrigação de ser o que chamei de leitor designado, esta lei do rei "contém apenas restrições à monarquia e ao poder monárquico, desqualificando os não israelitas de ocupar este cargo e limitando o número dos cavalos de um rei, o número das suas esposas e a quantidade da sua riqueza".[20]

Qual é exactamente a questão desta perspectiva sobre a monarquia de Israel? Dado que a justificativa introdutória para buscar um rei nega efectivamente a identidade distinta do povo de Israel (na medida em que eles estão a fazer o pedido potencialmente duvidoso de ser como os povos que vivem à sua volta),[21] é fácil discernir uma crítica implícita de poder real e prerrogativas dentro do texto.[22] Mas ao explicar estas críticas sobre os procedimentos operacionais padrão dos reis de Israel, Grant cita Christopher J. H. Wright:

> Estas três restrições (versículo 16 e seguintes) são notáveis porque cortam explicitamente o padrão aceite de realeza em todo o antigo Oriente Próximo. O poder militar, através da construção de uma grande força propulsora (conseguido pelo número elevado de cavalos a puxar uma carroça), o prestígio de um grande harém de muitas esposas (frequentemente relacionado com as alianças de casamento internacionais) e o desfrute de grande riqueza (grandes quantidades de prata e ouro) - estas eram as marcas determinantes dos reis dignos desse título. Armas, mulheres e riqueza: porque mais ser rei?[23]

Tal como Grant deixa claro ao equilibrar a razão presumivelmente negativa do pedido de Israel por um rei contra a afirmação que Israel é, todavia, livre para ter o rei que foi *escolhido* por Yahweh, este texto não está realmente focado em saber se há ou não alguma questão real para existir um rei. Em vez disso, a questão crucial do texto é: "Como é que deve ser o rei de Israel?"[24] E vendo que o único mandamento positivo da lei da realeza prevê o monarca internalizando a Torá diariamente como leitor designado, assim como o *Shema* (Deuteronómio 6:4-9) anteriormente chamado para que todos se empenhem na escuta diária ininterrupta de Deus, Nelson chega a uma conclusão elegante: "O rei torna-se o cidadão ideal, um israelita modelo, mais um estudante da lei do que um governante."[25] Ele agora é aquele que personifica a dependência absoluta de Deus, recusando-se a enganar-se pelos apetrechos do poder humano concentrado. Servindo como leitor designado, o rei torna-se um lembrete público e visível da confiança e piedade a que todos os seus súbditos são chamados. Grant conclui:

> É uma imagem poderosa de alguém que está empenhado em fazer

mais do que aprender com o seu "texto atribuído" - ele procura moldar e formar toda a sua vida e perspectiva com base nesse texto. A Torá, de acordo com Deuteronómio 17:14-20, é vital para os relacionamentos verticais e horizontais do rei. Se o rei deve conhecer a bênção de Yahweh (versículo 20), ele deve viver pela Torá. Se se deve relacionar adequadamente com os seus companheiros (versículo 20), deve viver pela Torá. Portanto, vemos que a instrução de Yahweh é absolutamente essencial para todos os aspectos do exercício do governo monárquico pelo rei. Na verdade, podemos observar um princípio de intensificação em acção aqui. O rei deve ser caracterizado por uma atitude tipicamente [Deuteronomista] em relação à Torá, reflectindo o que é esperado de todos os israelitas. De acordo com Deuteronómio, *todas as pessoas* devem absorver a instrução divina no seu ser interior para que as suas vidas e atitudes sejam moldadas por ela (por exemplo, Deuteronómio 6:1-9) ... No entanto, a essência da lei do reinado é que se espera que o rei o faça *ainda mais* - este é o princípio da intensificação. O povo deve seguir, guardar e não esquecer a Torá, mas o rei deve *sobressair-se* nessas áreas.[26]

Dando atenção a estas palavras sobre um rei que personifica a verdadeira *excelência* em servir os seus constituintes como leitor designado de um *livro*, Eugene Peterson recorda-me que "a palavra hebraica para Bíblia é *Miqra*, um substantivo formado a partir do verbo 'chamar', *qara*... [a] Bíblia não é um livro para levar e ler para obter informações sobre Deus, mas uma voz para escutar".[27] Na verdade, estou a afirmar que esta leitura diária, que na verdade é uma *escuta* profunda e humilde, talvez seja uma restrição eclesiológica essencial que pode ajudar a salvar os nossos líderes de si próprios.[28] Podemos certamente ver como Deuteronómio tenta na sua lei do rei conter os apetites avarentos de qualquer monarca que tenta agir de formas que são completamente consistentes com os vizinhos, mas totalmente corrosivas na fidelidade à aliança. Mas talvez a nossa Igreja também se pudesse apropriar desta imagem do leitor designado para reafirmar as prioridades que valorizam a formação do carácter santo acima da mera competência na técnica ou método pastoral. Afinal, podemos duvidar que os nossos pastores possam ser tentados, como os reis, a fazerem o que quer que pareça certo aos seus próprios olhos ao liderar a Igreja?

Questões para Debate

1. No início deste capítulo, o autor sugeriu que os líderes da Igreja às vezes podem sentir algum desconforto em relação às convicções teológicas subjacentes que são fundamentais para a sua "eclesiologia funcional" no ministério. Até que ponto acha que isto é verdade, e que evidências disponíveis o/a levam a chegar a essa conclusão?

2. Da sua própria perspectiva, como avalia a afirmação do autor de que muita atenção dentro da disciplina do que é frequentemente chamado de "teologia prática" está actualmente focada no desenvolvimento de novas *técnicas* de ministério em vez de "questões centrais da vocação pastoral, formação e carácter"?

3. Ao avaliar o seu próprio ministério, como é que a distinção entre o trabalho *técnico* e *adaptativo* informa a forma como avalia a sua experiência e eficácia como líder?

4. O que é que as limitações e as restrições da "lei da realeza" de Deuteronómio 17 lhe sugerem em relação à sua abordagem de liderança actualmente?

5. Que prática(s) deve desenvolver e fortalecer como líder comprometido/a em servir como o tipo de leitor designado/a previsto pela lei do reinado de Deuteronómio 17?

Sugestões para Leitura Adicional

Barnes, Craig M. *The Pastor as Minor Poet: Texts and Subtexts in the Ministerial Life*. Grand Rapids: Eerdmans, 2009.

Brower, Kent E., and Andy Johnson, eds. *Holiness and Ecclesiology in the New Testament*. Grand Rapids: Eerdmans, 2007.

Lischer, Richard. *Open Secrets: A Spiritual Journey Through a Country Church*. New York: Doubleday, 2001.

Neumark, Heidi B. *Breathing Space: A Spiritual Journey in the South Bronx*. Boston: Beacon Press, 2003.

Peterson, Eugene H. *Practice Resurrection: A Conversation on Growing Up in Christ*. Grand Rapids: Eerdmans, 2010.

Willimon, William. *Pastor: A Theology and Practice of Ordained Ministry*. Nashville: Abingdon Press, 2002.

vinte
PASTOREAR PASTORES
UMA TEOLOGIA FUNCIONAL DA SUPERINTENDÊNCIA
Jeren Rowell

Ao regressar de um ano sabático recente, fiquei encantado ao receber esta nota de um pastor que trabalha na equipa de uma das congregações que estão debaixo da minha supervisão:

> Embora não lhe ligue com frequência ou o veja regularmente, fiquei surpreendido com o quanto realmente senti a sua falta durante este ano sabático. Não me tinha apercebido do sentimento de segurança e estabilidade que a sua presença me transmite simplesmente por ser o nosso "pastor de pastores" aqui no distrito.

Além do aumento da minha estima pessoal, esta nota demonstra o que acredito ser o mais essencial sobre o papel dos superintendentes na igreja. Quando os pastores fazem bem o seu trabalho, o valor desse ministério é muito mais profundo do que os serviços prestados a um povo. O âmago da vida pastoral é viver entre um povo, seguindo Jesus de tal forma que o pastor se torne um sinal vivo do Bom Pastor. Quando isto é bem feito, dá vida ao povo de Deus. Da mesma forma, proponho que uma teologia funcional da superintendência, embora necessariamente prática, deve-se estabelecer primeiro neste fundamento de uma teologia pastoral que forneça o tipo de liderança mais verdadeiro para a igreja.

Liderança

Embora a palavra sofra de uso excessivo, a necessidade de liderança é reconhecida em muitas áreas da vida. Em comunidades de todos os tipos, congregações, famílias e até mesmo nos relacionamentos entre apenas duas pessoas, geralmente precisamos de alguém para assumir a liderança. Às vezes, esta liderança é atribuída, mas muitas vezes surge naturalmente. Às vezes, permanece localizada num escritório ou indivíduo, mas regularmente muda de pessoa para pessoa, conforme necessário.

Lembro-me de quando esta compreensão da liderança me ocorreu. Depois de tantos anos, não consigo descrever todos os detalhes, mas lembro-me distintamente dos sentimentos e pensamentos desses momentos. A escola primária era o cenário, talvez a quarta ou quinta classe. Um grupo formado por mim e vários colegas teve de trabalhar juntos. Lembro-me claramente de ter pensado: "alguém precisa de guiar este grupo". Ficou claro para mim que seria um exercício frustrante e fútil se não houvesse algum sentido de liderança, embora tenha a certeza de que não o tenha dito exactamente dessa forma na época. Era uma sensação intuitiva que, numa situação em que várias pessoas buscam cumprir uma missão comum, a liderança é crítica. O meu pensamento seguinte depois de pensar "alguém precisa de guiar este grupo" foi: "porque não eu?". E por isso liderei. Não liderei ao anunciar: "agora sou o líder" ou ao sugerir uma eleição. Acho que liderei simplesmente dando uma estrutura a partir da qual cada participante poderia dar a sua melhor contribuição. Nessa altura, acho que não estava totalmente ciente do que estava a fazer. Estava simplesmente a responder naturalmente aos contextos de formação na minha própria vida (principalmente família e congregação), onde vi e senti o impacto de uma boa liderança.

No meu papel como supervisor (*superintendente* na linguagem da minha família da igreja), tenho frequentemente notado a ansiedade comunal que surge quando uma congregação está sem liderança pastoral. Isto é verdade mesmo em congregações onde a liderança é partilhada e as capacidades de liderança são abundantes. Um componente-chave dos nossos acordos sociais é saber quem pode e dará visão, direcção, correcção e cuidado. No entanto, pensar na liderança na igreja, leva-nos além dos acordos sociais para pensar sobre como o Espírito de Deus reúne e forma o povo de Deus. A história bíblica de Deus a fazê-lo demonstra a natureza crítica da liderança como um componente de comunidades de fé saudáveis. De Abraão a Moisés e a David, e em todo o Novo Testamento, Deus chama e equipa líderes consistentemente como um sinal do Seu amor e cuidado pelo mundo. Portanto, pensar sobre como a liderança deve funcionar na igreja é de facto teológico e também funcional.

Superintendentes na Igreja

Dada a natureza essencial da liderança, é especialmente importante pensar nisso correctamente ao falar sobre como ela funciona na igreja. O nosso fracasso em pensar bem nesta área pode ter contribuído para a adopção moderna de modelos de liderança eclesial enraizados mais no comércio e menos na relação de amor. Muitas vezes, o papel do superintendente na igreja foi concebido e executado em termos práticos à volta de ideias de administração judicial ou gestão de negócios. Começar correctamente com uma teologia funcional sugere que um superintendente deve primeiro saber quem ele ou ela é e o que está a tentar fazer em resposta à chamada de Deus através da igreja. Esta identidade poderia (e sem dúvida que o faz) derivar de várias fontes, mas o foco actual é em como a superintendência funciona numa estrutura teológica wesleyana. Esta maneira de pensar sobre isso coloca as Escrituras no centro de todas as concepções.

William H. Willimon observou recentemente que a Bíblia "raramente se preocupa com os bispos".[1] Isto é verdade em relação a algumas ocorrências no Novo Testamento, mas até uma breve pesquisa dos textos sugere que a ideia *de episkope*, como outras ideias emprestadas da cultura da época, encontra o seu caminho na linguagem da Igreja com aplicação especial. 1 Timóteo 3:1-7 e Tito 1:6-9 dão as descrições mais completas de um superintendente, mas focam-se especialmente no carácter e estilo de vida das pessoas que ocupariam esse cargo. A maioria das outras referências não apenas menciona o papel do superintendente, mas fá-lo de uma forma que pressiona o peso da responsabilidade sobre aqueles que tomariam este lugar de serviço na igreja.[2] Os textos que podem ser mais moldados em termos de teologia da superintendência são aquelas que atribuem a ideia de *episkope* não a um cargo na igreja, nem a um cristão em particular, mas a Deus. 1 Pedro 2:25 usa a palavra em referência ao Jesus crucificado e ressuscitado, dizendo à igreja, "mas, agora, tendes voltado ao Pastor e Bispo da vossa alma[*episkopon*]". Anteriormente nesta passagem, Pedro exorta a igreja, usando uma forma verbal da palavra: "tendo o vosso viver honesto entre os gentios, para que, naquilo em que falam mal de vós, como de malfeitores, glorifiquem a Deus no Dia da visitação, pelas boas obras que em vós observem [*episkopes*]" (versículo 12). Além disso, uma forma verbal é usada em Lucas 19:44 quando Jesus chora sobre Jerusalém, dizendo: "pois que não conheceste o tempo da tua visitação [*episkopes*]". Estes textos dão algum movimento à ideia de *episkope*, uma vez que é usado para descrever supervisores, sugerindo que as acções de *ir, visitar* e *ver* podem ser vistas não apenas em termos de práticas de supervisão e responsabilidade, mas também especialmente em termos de uma supervisão informada pelo movimento inicial de Deus em direcção a nós em amor. Partindo deste reconhecimento, a ideia de uma superintendência *itinerante* parece essencial para uma teologia funcional da superintendência.[3] À medida que Deus Se move para nós em amor, os que foram chamados e encarregados de supervisionar a Igreja de Deus devem mover-se em direcção ao povo de Deus em amor em vez de empregar modelos de liderança que se tornam hierárquicos e respeitosos.

Superintendentes como Pastores

Nas conversas actuais, a ideia da superintendência parece ser justificada deste modo: "bom, até os pastores precisam de um pastor". Isto é certamente verdade. No entanto, é fundamental entender claramente o que isto realmente significa. Sem amarras bíblicas, a ideia de supervisão pode amolecer para uma forma bastante branda de apoio ou endurecer para as noções muito comuns de superintendentes cujo trabalho é pressionar os pastores e as congregações a crescerem mais e a pagarem mais ou a sofrerem o encerramento, sem cerimónia, da igreja local. No meu trabalho como superintendente distrital, certamente senti a minha quota de resistência ao "distrito" (que eventualmente descobri que se referia a mim) quando o papel estava obviamente a ser entendido dessa forma. Também testemunhei uma fusão de suspeitas e um aquecimento da estima quando o papel do superintendente espiritual começou a ser visto como aquele que ajuda a restaurar um sentido de imaginação esperançosa, voltando a articular a rica visão missional para a qual o nosso Senhor nos chamou.

Infelizmente, o ídolo moderno de crescimento da igreja (que muitas vezes tem pouco a ver com missão) colocava os superintendentes como gerentes intermediários que deveriam passar o seu tempo principalmente como consultores organizacionais e administradores de recursos humanos. Estas actividades não são necessariamente más e, às vezes, são muito necessárias num determinado contexto. O problema é quando os superintendentes não são capazes ou não estão dispostos a oferecer muito mais do que isso. No meu próprio estudo recente sobre o relacionamento entre pastores e superintendentes,[4] ficou claro que os pastores desejam profundamente a liderança pastoral da(s) pessoa(s) que foi colocada pela igreja em autoridade sobre eles. Infelizmente, este relacionamento está repleto de perigos, visto que os superintendentes frequentemente exercem os seus ministérios em tempos de conflito entre o pastor e a congregação ou em momentos em que a disciplina deve ser aplicada às acções imprudentes ou pecaminosas de um pastor. Consequentemente, o superintendente encontra-se numa tensão entre a responsabilidade de pastorear o pastor e a igual responsabilidade de cuidar da congregação. Quando as emoções estão ao rubro e os factos fogem do foco, isto pode ser uma espécie de corda bamba na qual o superintendente procura navegar no abismo relacional de uma congregação em conflito.

Sendo assim, o que significa os superintendentes actuarem como pastores? Alguns argumentam que isto não pode ser feito, sugerindo que toda a noção de superintendente como "pastor para os pastores" é inadequada e perigosa. Isto pode ser verdade quando a ideia de pastor vem de noções domesticadas recentes sobre o que os pastores devem ser e fazer. Com isto, pretendo criticar a imagem contemporânea comum do pastor como não muito mais do que um director de experiência, uma espécie de concierge religioso que serve eventos que deslumbram e uma postura empática que acalma a alma perturbada. A postura esperada e as actividades pastorais (como se entende popularmente) são certamente importantes, mas de forma alguma são tudo o que significa ser pastor. A boa vida pastoral e o bom trabalho significam viver a partir do estudo rico e orante das Escrituras para se tornar em toda a vida um sinal da presença do Bom Pastor no meio do povo de Deus. Este sinal vivo é conhecido não apenas pelas actividades de presença, escuta e conselho, mas também especialmente pela capacidade do pastor de articular e modelar uma visão bíblica para o discipulado e a missão.

Os pensamentos sobre esta questão de N. T. Wright, que conhece pessoalmente a vida do episcopado, continuam a desafiar-me no exercício da minha vocação. Ele reconhece e exemplifica no seu próprio trabalho que o papel essencial dos bispos não se encontra na liderança administrativa, mas no estudo e no ensino da Bíblia. Ele observa correctamente que os líderes eclesiais estão frequentemente tão ocupados com as incansáveis tarefas de administração que "embora ainda preguem sermões e talvez até dêem palestras, *não dão à Igreja o benefício de um estudo novo, cuidadoso e orante do texto*".[5] À medida que isto acontece, não só a Igreja é privada desse ensino, mas também a tarefa pastoral sofre com a má modelagem dos seus líderes. Uma teologia verdadeiramente funcional da superintendência deve começar com a identidade central dos superintendentes ou bispos como pastores e não primeiramente como gerentes organizacionais ou directores executivos. Na minha denominação, todos os superintendentes foram pastores locais e a maioria passou directamente do ministério local para a superintendência. Conhecemos os ritmos do trabalho pastoral, especialmente passar cada semana do texto para o sermão. No entanto, no papel de superintendente, esse movimento do estudo bíblico para o ensino e para a proclamação muitas vezes dá lugar às urgências da política e do programa.

Esta não é uma proposição de escolha de um ou outro. Estou simplesmente a argumentar que precisamos que os superintendentes sejam menos *gerentes* e mais *professores*. Quer se trate de uma revisão de igreja/pastor, reunião com uma direcção em transição pastoral, pregação para uma congregação ou orientar os líderes da igreja num período de conflito, o papel do bispo é tentar chamar uma comunidade que ordena a sua vida à volta dos valores e prioridades, não deste mundo, mas do reino de Deus conforme expresso quando o Seu povo vive em conjunto numa aliança de amor abnegado.

Pastorear Pastores

Como já foi observado, a relação entre superintendente e pastor é relativamente complexa. Por outro lado, a maioria das pessoas reconhece como uma questão de bom senso que os pastores também precisam de um pastor. Não é difícil imaginar que até os pastores precisam que alguém os resgate quando o stress se torna insuportável e a vocação corre o risco de se perder. Os bispos e os superintendentes são as pessoas lógicas e legítimas para dar este relacionamento aos pastores locais mas, em grupos denominacionais, a pesquisa expõe que existe uma angústia considerável sobre este relacionamento. Um estudo significativo de pastores feito por Dean Hoge e Jacqueline Wenger observou que "metade dos nossos entrevistados disseram que não podiam falar abertamente com os seus oficiais denominacionais".⁶ Nesse estudo, apenas 39 por cento dos pastores activos actualmente relatam que se sentiam apoiados pelos seus supervisores, enquanto apenas 18 por cento dos que recentemente deixaram o ministério activo se sentiram apoiados. Também observaram que "muitos ex-pastores falam com considerável paixão sobre... a insensibilidade e a falta de apoio que receberam dos oficiais denominacionais".⁷ Richard Gilbert expressou bem esta tensão de confiança relacional que explica em parte a hesitação dos pastores em levarem problemas ao seu supervisor:

> Como é que posso dizer: "Estou cansado deste ministério, as pessoas não cooperam, a minha família está a reclamar e tenho cada vez mais dúvidas sobre a eficácia de Deus na minha vida?" E se disser isto à pessoa errada? *Não ouso contar ao meu bispo ou líder.* Ele/a pode ser meu pastor, pelo menos em teoria, mas como é que esta pessoa pode ser meu pastor se também é meu chefe? (itálicos meus).⁸

Aqui está o problema proverbial. Não importa o quanto um superintendente deseje trabalhar pastoralmente com aqueles que estão sob a sua responsabilidade, não há como escapar do facto de que na maioria dos grupos religiosos existe, em vários graus, uma realidade hierárquica. Além da natureza do relacionamento, há também o árduo trabalho administrativo que normalmente define muito do papel do bispo ou do superintendente. Consequentemente, os pastores que procuram a ajuda dos seus líderes frequentemente procuram pessoas que estão stressadas e sobrecarregadas como eles. Esta observação apenas aprofunda o sentido de urgência para que os superintendentes aprendam como evitar ficar totalmente sobrecarregados com os detalhes e manter o foco primeiramente nas principais tarefas pastorais de oração, estudo das Escrituras e reflexão teológica. Os superintendentes na igreja precisam entender e conduzir o seu trabalho mais a partir de uma teologia pastoral que lembra e prefere o trabalho essencial da direcção espiritual e mantém em perspectiva adequada o trabalho secundário da administração. O verdadeiro trabalho do escritório é lançar uma estrutura bíblica e teológica para o trabalho da igreja, em vez de seguir uma orientação pragmática do consumidor que se preocupa principalmente com o atendimento e com as finanças. Isto não quer dizer que certas métricas e sistemas de prestação de contas às medidas de eficácia da missão não sejam importantes. Willimon apresenta um caso muito forte para isto em *Bishop* e modelou-o na supervisão da sua Conferência Metodista. No entanto, à medida em que os pastores acreditam que estas são as coisas com as quais os superintendentes *realmente* se preocupam, temos o trabalho diante de nós para ajudar a igreja a voltar a imaginar o papel do superintendente como pastor no verdadeiro sentido da palavra.

No meu estudo de pastores e superintendentes, surgiram quatro coisas que os pastores desejam do seu superintendente. Estas qualidades podem ser uma resposta às formas negativas com que os pastores às vezes avaliam o seu relacionamento com o superintendente. Algumas respostas narrativas do estudo ilustram o potencial de crescimento no relacionamento entre pastor e superintendente (SD nestes comentários):

- "O SD parece desligado da vida real e de dar apoio prático."
- "Vejo-o mais como um patrão do que como um amigo; não falo com ele com frequência."
- "O meu SD é óptimo, mas sou responsável; ele está ocupado."
- "Não queria aumentar a carga de stress; ele está ciente da nossa situação; não gosto de reclamar."
- "Tive vergonha e senti que tinha falhado."[9]

Proponho que esta óbvia tensão relacional é real, mas não inevitável. Não precisa de ser assim se e quando os superintendentes recuperarem a verdadeira natureza pastoral do seu trabalho. A questão particular do foco no meu estudo foi a crise de decisão dos pastores em relação à persistência no ministério vocacional activo. Por outras palavras, será que o pastor continuará neste trabalho ou o estrago foi feito e a vocação foi perdida? Independentemente das circunstâncias que precipitam esta decisão, estes momentos na vida de qualquer pastor expõem o que pode ser a oportunidade mais gritante para os superintendentes trabalharem como pastores. Isto é verdade não apenas em termos de expressar cuidado e preocupação, mas especialmente em termos de guiar um pastor no discernimento espiritual através das disciplinas da oração, da leitura cuidadosa das Escrituras e da graça da conferência cristã que começa a trazer uma perspectiva clara e uma nova visão. Então, na prática, os pastores relatam que desejam ou precisam especialmente das seguintes quatro coisas do seu superintendente.[10]

A comunicação é o componente mais desejado no relacionamento entre pastores e superintendentes. Esta categoria expansiva inclui as ideias particulares de comunicação que são regulares, iniciadas pelo superintendente, e tem como motivação evidente uma preocupação com o pastor em vez da promoção da agenda da organização para o crescimento ou sucesso.

A *confiança* está significativamente relacionada à comunicação e tem a ver principalmente com o facto do pastor sentir que tem acesso ao superintendente. Aparece especialmente quando acontece a violação de uma expectativa no relacionamento. Ou seja, o pastor esperava ou presumia coisas sobre como o superintendente poderia responder a uma situação crítica e ficou desapontado porque a resposta foi diferente da que esperava. A preocupação nesta área é primeiramente relacional, mas é também uma preocupação institucional em termos de medo de possíveis consequências negativas se um pastor revelar áreas de luta pessoal ou conflito congregacional.

A assistência na *gestão* de conflitos ou mesmo a intervenção decisiva de um superintendente em tempos de conflito congregacional é o terceiro aspecto chave que os pastores desejam dos superintendentes. No entanto, o que os pastores parecem precisar nesta questão, mais do que simples soluções ou aplicação de políticas, é a presença pastoral de alguém que entende e aprecia o que estes tipos de experiências significam para o pastor, para a família e para a congregação. Outro componente significativo nisto é o que chamo *de preferência igreja-pastor*, que tem a ver com o facto de a congregação ou o pastor receber o melhor apoio do superintendente durante os momentos de desacordo. No meu estudo, vários entrevistados comentaram que, quando confrontados com esta tensão, os superintendentes (pelo menos na visão do pastor) tendiam a ficar do lado da liderança congregacional. Esta questão de tensão é uma oportunidade para os superintendentes fazerem um trabalho pastoral significativo em termos de ensinar aos líderes congregacionais leigos o que *pastor* realmente significa a partir da perspectiva de uma teologia pastoral bíblica. Muito frequentemente, os leigos vêem a tarefa pastoral sobretudo em termos de função organizacional. Pior ainda, as congregações muitas vezes presumem que "contrataram" um pastor e, como tal, é um funcionário da igreja. Deixando de lado as definições legais, esta é uma atitude perigosa para um povo que é chamado a submeter-se à autoridade espiritual, não à de um indivíduo em particular, mas ao ofício pastoral (veja Hebreus 13:17, por exemplo). Os superintendentes têm a obrigação de ensinar a igreja sobre esta questão, ligando o nosso entendimento funcional de pastor a um entendimento claro e bíblico de pastor como um reflexo dos ofícios de Cristo.

Em quarto lugar, o tópico da obtenção de *recursos* é um tema repetido pelos pastores como algo que desejam dos superintendentes. Isto tem a ver com os pastores que desejam oportunidades de educação contínua e mentoria ou coaching que é iniciado e capacitado pela liderança. Os superintendentes estão numa posição forte para encorajar, modelar e facilitar relacionamentos de mentoria, relacionamentos de responsabilização mútua entre pastores e parcerias de recursos entre congregações. Outro componente de obtenção de recursos está localizado na capacidade do superintendente de fornecer estratégias de renovação, como o planeamento e execução de retiros, a conexão dos pastores com os ministérios de retiro e renovação para uso individual ou familiar e a promoção e assistência para os períodos de licença sabática para os pastores e para as suas famílias.

Estes ministérios práticos certamente não são o todo nem mesmo o centro da obra de um bispo, mas começam a construir uma cultura de confiança relacional na qual as obras centrais da supervisão pastoral podem encontrar sustentação. Independentemente de onde os superintendentes possam ter permitido que o seu trabalho fosse formado maioritariamente por responsabilidades administrativas, ou por modelos de negócios de liderança populares, eu espero que mais supervisores recuperem uma estrutura para o cargo que seja biblicamente fundamentada, teologicamente reflexiva e rica em amor de forma relacional. Sob a influência positiva dos superintendentes, que as congregações e pastores sob os nossos cuidados possam viver em conjunto e para o mundo como uma expressão autêntica do reino de Deus.

Questões para Debate

1. Quais são algumas implicações de se pensar no papel dos superintendentes na igreja primeiramente a partir de uma perspectiva bíblica em vez de uma perspectiva organizacional?

2. Em vista da cultura contemporânea e da tradição particular da Igreja, qual é o significado da submissão à autoridade da Igreja? Se esta ideia permanece válida, qual é o seu fundamento?

3. Que resultados positivos para a Igreja é que podem surgir em resposta aos relacionamentos biblicamente informados e saudáveis entre superintendentes e pastores?

Sugestões para Leitura Adicional

The Holy Rule of Saint Benedict. Localizado em http://www.ccel.org/ccel/benedict/rule2/files/rule2.html.

Lathrop, Gordon W. *The Pastor: A Spirituality*. Minneapolis: Fortress Press, 2006.

Richey, R. *Episcopacy in the Methodist Tradition*. Nashville: Abingdon Press, 2004.

Willimon, William. *Bishop: The Art of Questioning Authority by an Authority in Question*. Nashville: Abingdon Press, 2012.

NOTAS

Capítulo 1

1. John Wesley, Sermon 74, "Of the Church," para. 1, in *The Sermons of John* Wesley, Wesley Center Online, http://wesley.nnu.edu/john-wesley/the-sermons-of-john-wesley-1872-edition/sermon-74-of-the-church/.
2. Aproximadamente quarenta mil.
3. Gwang Seok Oh, *John Wesley's Ecclesiology* (Lanham, MD: Scarecrow Press, 2008), xvi-xvii.
4. Wesley, "Of the Church," para. 18. Ele está a citar o Artigo de Fé anglicano.
5. Ibid.
6. Ibid., para. 19.
7. Ibid.
8. Ver Peterson, Brent D. *Created to Worship: God's Invitation to Become Fully Human*. Kansas City: Beacon Hill Press of Kansas City, 2012.
9. Ver Colossenses 3:12-14.
10. Wesley, "Of the Church", para. 20.
11. Ibid., para. 21.
12. Ibid, para. 26-27.
13. Ver Tiago 5:16.

Capítulo 2

1. Thomas Hobbes, *Leviathan* (Cambridge, UK: Cambridge University Press, 1904), 84.
2. *Catechism of the Catholic Church* (Vatican City: Libreria Editrice Vaticana, 1994), 210.
3. Dan Kimball, *They Like Jesus but Not the Church: Insights from Emerging Generations* (Grand Rapids: Zondervan, 2007).
4. Ver Lucas 10:29-37.
5. Marcos 12:41-44 e Lucas 21:1-4.
6. Mateus 5:40.
7. Karl Barth, *Church Dogmatics,* vol. 4, pt. 2 (Louisville, KY: Westminster John Knox Press, 1994), 682.
8. Ibid.
9. Jonathan Trigg, *Baptism in the Theology of Martin Luther* (Leiden, Netherlands: Brill, 1994), 174.
10. Dietrich Bonhoeffer, *Christ the Center* (New York: Harper and Row, 1978), 50-51.
11. Ver Mateus 25:31-46.
12. Ver Mateus 18:12-14 e Lucas 15:3-7.

Capítulo 3

1. "Preambles and Articles of Faith," Official Site of the International Church of the Nazarene, http://nazarene.org/ministries/administration/visitorcenter/articles/display.html (accessed January 7, 2013).

2. *The Catechism of the Catholic Church* (New York: Doubleday/Image Book, 1995, 233 (Article 9, para. 3, I).

3. Dietrich Bonhoeffer, "What Is the Church?" *Berlim: 1932-1933,* vol. 12, ed. Larry I. Rasmussen, trad. Isbel Best e David Higgins (Minneapolis: Fortress Press, 2009), 262.

4. Robert Jenson, *Systematic Theology,* vol. 2, *The Works of God* (New York: Oxford University Press, 1999), 227.

5. David Bentley Hart, *The Beauty of the Infinite: The Aesthetics of Christian Truth* (Grand Rapids: Eerdmans, 2003), 155.

6. Ibid.

7. "Preambles and Articles of Faith," article XI.

8. Karl Barth, *Church Dogmatics,* vol. II.I, secs. 28-30, ed. G. W. Bromiley e TF Torrance (Nova York: T&T Clark, 2009), 13.

9. Ibid., 4.

10. Ibid., 16.

11. Robert Jenson, *Systematic Theology,* vol. 1, *The Triune God* (New York: Oxford University Press, 1997), 65.

12. Para uma excelente exposição da analogia *entis,* ver Erich Przywara's *Analogia Entis: Metaphysics: Original Structure and Universal Rhythm* (Grand Rapids: Eerdmans, 2013).

13. Dietrich Bonhoeffer, *Creation and Fall* (Minneapolis: Fortress Press, 1997), 64-65.

14. Ibid., 67.

15. Pierre Bourdieu, *The Logic of Practice,* trad. Richard Nice (Stanford, CA: Stanford University Press, 1980), 52.

16. Roger D. Haight, *Christian Community in History,* vol. 3: *Ecclesial Existence* (New York: Continuum, 2008), 60.

17. Ibid, 61.

18. Augustine, *The Trinity* (New York: New City Press, 1991), 173.

19. Ibid., 174.

20. Ver Samuel Wells, *God's Companions: Reimagining Christian Ethics* (Malden, MA: Blackwell, 2006).

21. Heuertz, Christopher L., and Christine D. Pohl. *Friendship at the Margins: Discovering Mutuality in Service and Mission.* Downers Grove, IL: IVP, 2010.

22. Jenson, *Systematic Theology,* 2:322.

23. Jenson, *Systematic Theology,* 1:11.

24. Christopher Morse, *The Difference Heaven Makes: Rehearsing the Gospel as News* (Nova York: T&T Clark, 2010), 17.

25. Jenson, *Systematic Theology,* 2:222.

26. John Milbank, *Theology and Social Theory: Beyond Secular Reason,* 2nd ed. (Malden, MA: Blackwell Publishing, 1990, 2006), 389.

27. *Manual,* artigo XI.

Capítulo 4

1. Foram feitas revisões significativas na Assembleia Geral de 2009.

2. A linguagem da Igreja do Nazareno como uma "associação voluntária" não entra no *Manual* até 1928 (28), mas esta linguagem está presente no *Manual* de 1908 quando se fala de

"Igrejas Individuais" - elas são "compostas" de "pessoas regeneradas" que "se tornaram associadas para comunhão e ministérios sagrados" (27). No entanto, a linguagem remonta ao *Manual* Nazareno anterior à fusão de 1898, no qual os primeiros nazarenos declararam-se "associados como Igreja de Deus" (13).

3. A declaração sobre "A Igreja Universal" que serve de preâmbulo para a declaração posterior sobre a igreja permaneceu inalterada de 1908 até hoje: "A Igreja de Deus é constituída por todas as pessoas espiritualmente regeneradas, cujos nomes estão escritos no Céu". Observe que não há referência cristológica aqui. A Igreja é uma comunidade de pessoas que são regeneradas.

Ingersol, Stan. "Christian Baptism and the Early Nazarenes: The Sources that Shaped a Pluralistic Baptismal Tradition," *Past and Prospect: The Promise of Nazarene History* (San Diego: Point Loma Press/Wipf and Stock, 2013).

5. Cf. Jeffrey Knapp, "Throwing the Baby out with the Font Water: The Development of Baptismal Practice in the Church of the Nazarene," *Worship*, 76:3 (May 2002): 225-44.

6. O Artigo de Fé Nazareno sobre o Batismo (XII) diz isso explicitamente: "O baptismo cristão. . . é um sacramento *que significa aceitação dos benefícios* da expiação. . . *proclama a fé* em Jesus Cristo" (32) (itálicos meus).

7. Esta foi a minha própria experiência, e a de muitos dos meus amigos que cresceram na Igreja do Nazareno. Embora pudesse testificar que recebi a salvação aos cinco anos de idade, só muitos anos depois, quando estava "pronto", é que fui incentivado a ser baptizado. Fui finalmente baptizado aos dezoito anos durante o meu primeiro ano no Eastern Nazarene College, apesar de ter sido aceite como membro da igreja, com todos os meus colegas, aos doze anos de idade e até mesmo servido na junta da igreja.

8. Apesar de sua profunda influência no desenvolvimento do cristianismo evangélico, os anabaptistas foram frequentemente marginalizados na história do cristianismo, muitas vezes identificados com a variedade de esquisitices que constituem a chamada Reforma Radical, um termo definitivamente não preferido pelos anabaptistas contemporâneos, muitos dos quais são pacifistas e têm pouco em comum com outros ditos radicais de viés violento e apocalíptico, como Thomas Müntzer e os munsteritas polígamos. Para obter uma história padrão do movimento escrita a partir dessa perspectiva, consulte George Huntston Williams, *The Radical Reformation*, 3rd ed. (Kirksville, MO: Truman State University Press, 2000). Para uma perspectiva mais simpática de quem esteve dentro do movimento, consulte William R. Estep, *The Anabaptist Story* (Grand Rapids: Eerdmans, 1995).

9. Para obter uma introdução ao Pietismo, ver Carter Lindberg, ed., *The Pietist Theologians: An Introduction to Theology in the Seventeenth and Eighteenth Centuries* (Hoboken, NJ: Wiley-Blackwell, 2004). Tive a sorte de ter estudado com Lindberg na pós-graduação.

10. Cf. Arthur Wilford Nagler's *classic Pietism and Methodism: Or, The Significance of German Pietism in the Origin and Early Development of Methodism* (Nashville: Methodist Publishing House, 1918).

11. Ver Ingersol, *Past and Prospect*.

12. É evidente que os primeiros nazarenos se entendiam apenas como uma expressão ou denominação da igreja maior na sua distinção cuidadosa entre "a igreja universal", as "igrejas individuais" e a sua própria denominação particular (1898, 27). Esta exacta distinção continua a ser feita no *Manual* mais recente (2009, 37).

13. O Prefácio do *Manual* diz o seguinte: "O objectivo principal da Igreja do Nazareno é fazer progredir o reino de Deus pela preservação e propagação da santidade cristã" (2009, 5). Esta linguagem não apareceu até à edição de 1985 (5), mas as suas raízes estão na introdução do *Manual* de 1898.

14. Isto não quer dizer que os pietistas e os anabaptistas sejam necessariamente individualistas ou, como discutiremos mais tarde, pensem na Igreja necessariamente de formas

essencialmente não cristológicas, ou coloquem a fé individual à *frente* da Igreja. Na verdade, eles costumam ver a sua chamada à piedade como uma chamada à igreja já existente, daí a ideia da *ecclesiola in ecclesia*. E, há muitos grupos anabaptistas que diriam que alguém *não* é verdadeiramente parte do corpo de Cristo em virtude da fé pessoal, mas que *deve* ser baptizado na igreja.

15. O sociólogo Christian Smith falou da teologia da juventude de hoje - o sector de crescimento mais rápido dos 'não' - em termos de um "deísmo moral terapêutico" para o qual Deus é vagamente uma espécie de amigo pessoal que requer apenas que todos nós sejamos boas pessoas e que Ele está sempre ali para me ajudar quando preciso. Eu ficaria do lado de Drew Underwood, que sugeriu que isso não é realmente deísmo, mas uma espécie de teísmo cristão diluído. Também gostaria de sugerir que está profundamente enraizado na eclesiologia da igreja dos crentes. Para ver o trabalho de Smith, ver especialmente Christian Smith e Melina Lundquist Denton, *Soul Searching: The Religious and Spiritual Lives of American Teenagers* (New York: Oxford University Press, 2005). A resposta de Underwood pode ser encontrada em "Moralistic Therapeutic... Theism?" *Springfield Deism Examiner* (9/22/2011).

16. Cr. Reuben Welch, *We Really Do Need Each Other: A Call to Community* (Grand Rapids: Zondervan, 1981). Welch foi um dos primeiros dentro da Igreja do Nazareno a perceber os profundos perigos da nossa eclesiologia excessivamente individualista, embora o seu trabalho também trai algumas das mesmas suposições sobre a natureza fundamental da Igreja como essencialmente um instrumento para o crescimento de cristãos individuais.

17. Durante o auge da controvérsia ariana, parece que quase toda a população do Império Romano foi apanhada nos debates, na qual se podia até encontrar pessoas comuns a debater se a relação entre Pai e Filho era uma *homoousias* (de uma substância) ou *homoiousias* (de substância semelhante).

18. Este é um dos principais pontos de divergência entre os cristãos orientais e os ocidentais e porque é que cada um tem a sua própria versão do Credo Niceno. A igreja oriental afirma que o Espírito Santo "procede do Pai", enquanto que a ocidental - incluindo católicos e protestantes - afirma que o Espírito Santo "procede do Pai *e do Filho*", identificando assim mais explicitamente um papel cristológico e cristocêntrico para o Espírito.

19. A colega e estudiosa do Novo Testamento Kara Lyons-Pardue sugeriu-me esta imagem durante uma conversa pessoal sobre a eclesiologia paulina. Uma questão semelhante é feita por Jesus quando Ele Se chama a Si mesmo de "videira" e os crentes de "ramos" em João 15:5. Não há vida à parte do corpo de Cristo, a Igreja.

20. Gosto de dizer aos meus alunos que, quando se trata da salvação, temos o nosso papel, mas Deus faz 99,99999999999999999 porcento do trabalho!

21. Cf. O pequeno lindo livro de John A. T. Robinson *The Body: A Study in Pauline Theology* (Philadelphia: Westminster John Knox Press, 1977).

22. Esta foi a convicção central sobre a natureza fundamental da Igreja na maior parte da sua história, mesmo entre anabaptistas e pietistas. Embora não esteja absolutamente certo disto, acredito que o primeiro teólogo significativo a pensar o contrário sobre a Igreja foi Friedrich Schleiermacher, o pai do liberalismo protestante. A magistral teologia sistemática de Schleiermacher, *A Fé Cristã*, começa com concepções sobre a natureza da Igreja extraídas da reflexão filosófica sobre (o que ele considera) a natureza universal da experiência humana. Schleiermacher foi, é importante notar, filho do pietismo alemão, mas foi também, de outras formas, filho tanto do Iluminismo como do movimento romântico. A minha sensação é que ao procurar fundamentar toda a teologia cristã na experiência universal (embora experiência comunitária), Schleiermacher deu uma contribuição significativa para desalojar a eclesiologia tradicional do seu enraizamento na auto-revelação de Deus em Jesus Cristo - isto é, a cristologia. Dito de outra forma, a teologia tornou-se um empreendimento de baixo para cima (antropocêntrico), em vez de cima para baixo (cristocêntrico) e a eclesiologia de uma perspectiva de baixo para cima

parece uma associação de crentes, enquanto que a perspectiva de cima para baixo é o corpo de Cristo.

23. Ver, por exemplo, Hans Küng, *The Church* (Garden City, NY: Image Books, 1976), 266-74.

24. Rob L. Staples sugeriu-o a mim pela primeira vez quando era seu aluno no Nazarene Theological Seminary em 1991. Cf. *Outward Sign and Inward Grace: The Place of the Sacraments in Wesleyan Spirituality* (Kansas City: Beacon Hill Press of Kansas City, 1991).

25. João Wesley não enfatizou esta questão de forma mais forte do que no seu sermão "The Scripture Way of Salvation" - a salvação vem *somente* pela graça através da fé!

26. Veja especialmente o capítulo 9 de Brent Peterson.

Capítulo 5

1. Isto é especialmente verdade para a tradição mais reformada. Como a Igreja do Nazareno assumiu a teologia reformada na forma de fundamentalismo, a sua pneumatologia, diria eu, sofreu.

2. Embora apoie as tentativas do feminismo de "des-masculinizar" a Divindade, eu rejeitaria veementemente a identificação do Espírito Santo como a expressão "feminina" de Deus, pois se for entendido num modelo ocidental, serve simplesmente para re-subordinar a feminilidade e, consequentemente, as mulheres.

3. É crucial para Wesley e para os wesleyanos referir que este segundo aspecto do arrependimento só é possível *após* a fé e somente através da assistência de Deus. Caso contrário, ligaríamos inadequadamente a salvação aos nossos próprios esforços pela justiça. É apenas a graça, através da fé, que permite que nos arrependamos neste segundo sentido.

4. Isto pode ser resumido usando o conceito de Wesley da "analogia da fé". Cada passagem deve ser interpretada à luz do todo e à luz das doutrinas específicas de: pecado original, justificação e novo nascimento, e santidade interior e exterior. Wesley não seria desviado por outras questões ao encontrar o significado e o propósito das Escrituras; embora comente certamente sobre essas outras questões, ele mantém fortemente que o propósito das Escrituras é a revelação de Deus à humanidade sobre a natureza de Deus - através de eventos do Antigo Testamento e na encarnação, crucificação e ressurreição de Cristo - e sobre a intenção de Deus de nos salvar e restaurar à imagem de Deus, que se expressa na santidade, no amor perfeito.

5. Uma nota pessoal: quando pergunto aos meus alunos porque é que lêem a Bíblia, muitas respondem que é um acto de obediência. É raro ouvir qualquer expressão que se assemelhe à nutrição espiritual ou que o Espírito Santo actualmente inspire os seus corações e os ligue a Deus. Para eles, a Bíblia tem as respostas certas e diz-nos no que devemos acreditar. Há pouca compreensão da formação espiritual obtida com as Escrituras.

6. Eu afirmaria que o sacrifício sem primeiro experimentar a obra libertadora em Deus, que nos dá um eu verdadeiramente renovado, pode reforçar as estruturas de opressão. E ainda assim, um eu renovado pode derramar-se numa vida sacrificial. Para mais elaboração neste ponto, veja o meu livro Singleness *of Heart: Gender, Sin, and Holiness in Historical Perspective* (Scarecrow, 2001).

7. Serviria-nos bem se cada nazareno fosse obrigado a ler o livro de Donald Dayton, *Discovering an Evangelical Heritage*, onde ele traça esse incrível envolvimento do povo de santidade em questões como o abolicionismo, os direitos das mulheres e a defesa dos pobres.

8. Stanley Hauerwas é um exemplo dessa voz.

Capítulo 7

1. Retirado de Kevin Corcoran, ed., *Church in the Present Tense* (Grand Rapids: Brazos Press, 2011). Estou ciente de que oscilo entre a igreja como "isso" (um objeto colectivo) e "ela"

(um sujeito colectivo).

2. H. Richard Niebuhr, *Christ and Culture* (New York: Harper, 1956).

3. Correlacionalismo aqui significa levar a verdade do Evangelho a uma cultura particular, o que frequentemente requer algum tipo de trabalho de "tradução". Por outras palavras, a verdade não muda, mas a linguagem e as estratégias de comunicação podem precisar de mudar para transmitir a sua mensagem com eficácia.

4. Claro que a descrição abreviada do preconceito teológico de Wesley significa que ele também é formado pelas Escrituras, tradição (mediada de formas particulares por pessoas e tradições particulares), razão (na medida possível) e experiência (cuidadosamente entendida e protegida por evidências e testemunhos frutíferos).

5. Ver Diogenes Allen and Eric O. Springsted, *Philosophy for Understanding Theology* (London: Westminster John Knox Press, 2007), capítulos 12-13. As marcas a seguir são uma síntese desenvolvida a partir da leitura de uma série de fontes e pensadores. A lista de leituras recomendadas aponta as leituras mais úteis para compreender as marcas à medida que as estou a desenvolver.

6. Ver Stanley Grenz, *A Primer on Postmodernism* (Grand Rapids: Eerdmans, 1996), e James KA Smith, *Who's Afraid of Postmodernism?* (Grand Rapids: Baker Academic, 2006).

7. Ver Scot McKnight, "Scripture in the Emerging Movement" in *Church in the Present Tense,* para obter um debate sobre isto; 105-22, especialmente 111-14.

8. Para uma análise interessante da escuta, veja Aaron Perry, "The Phenomenological Role of Listening in Shaping the Church into a Leading Community", em *Wesleyan Theological Journal* 47, 2 (2012), 165-78.

9. Há - em algumas versões do pensamento pós-moderno - uma ênfase na teologia apofática como resultado de tal humildade epistémica. Uma reflexão que há mais coisas que não conseguem ser ditas do que o contrário. Não o estou a desenvolver aqui mas estou inclinado a pensar que um equilíbrio útil pode ser alcançado entre o kataphatic e o apophatic à medida que a teologia é atraída para falar de/sobre/com Deus.

10. Anthony Thiselton, *The Two Horizons: New Testament Hermeneutics and Philosophical Description* (Exeter, UK: Paternoster, 1980).

11. HG Gadamer, *Truth and Method,* 2ª rev. ed., trad. J. Weinsheimer e DG Marshall (Nova York: Crossroad, 2004).

12. Helen Cameron, Deborah Bhatti, Catherine Duce, James Sweeney e Clare Watkins, *Talking About God in Practice: Theological Action Research and Practical Theology* (Londres: SCM, 2010), 54.

13. Para uma explicação completa das vozes, ver Cameron, et al., *Talking about God in Practice,* parte 2, cap. 4

14. Ver John D. Caputo, *What Would Jesus Deconstruct?* (Grand Rapid: Baker Academic, 2007), para obter um bom exemplo deste tipo de compreensão da desconstrução.

15. É claro que estou ciente de que há um sentido em que outros argumentam de forma igualmente forte a favor da fragmentação. Ou seja, múltiplas identidades mantidas em formas hermeticamente seladas como manifestas (por exemplo) no Facebook ou em vários blogs ou igrejas online. Não estou a argumentar contra isso, mas estou a sugerir que apenas à medida que a ênfase na totalidade e no testemunho integral é desenvolvida pela Igreja como uma marca de envolvimento pós-moderno, é que a Igreja terá a capacidade de se opor às legiões mais fragmentadas, mas poderosas, do império.

16. Ver Kimball, *They Like Jesus but Not the Church*; David Kinnaman, *unChristian* (Grand Rapids: Baker Books, 2007); Graham Tomlin, *The Provocative Church* (London: SPCK, 2002).

17. É possível que esta área seja a que demonstra mais plenamente que as marcas pós-modernas são inseparáveis da riqueza relativa, educação e normas culturais ocidentais. As pessoas que

são vítimas, que morrem à fome, são violadas, ou vivem a fugir, não têm o luxo do Sabat, cuidar do outro quando se está a passar fome torna-se num atalho para a morte mútua e a sobrevivência significa ter de provavelmente cortar a última árvore.

18. Suspeito que aqui os nossos contextos enquadrarão as nossas considerações de forma muito diferente. No cenário americano, Wallis, Hauerwas e McLaren falam dessa forma. No cenário do Reino Unido, Murray, Williams, Tomlin, Cray e outros consideram o que isto significa para a Igreja estabelecida.

Capítulo 8

1. É importante reconhecer que ninguém chega às Escrituras ou ao estudo da adoração sem pressuposições. Apesar dos meus melhores esforços para as ler em comunidade e ouvir leituras alternadas, chego como um cristão ocidental, caucasiano, do sexo masculino. Esta realidade não descarta a minha leitura, mas convida para mais conversas e reflexões entre outros pastores, liturgistas, músicos e outros.

2. O uso do termo *ecclesia* ao longo deste trabalho vai referir-se aos "chamados para fora". A identidade da ecclesia, enraizada e alicerçada em Deus, diferencia-os para viver o caminho de Deus no mundo. Este não é um movimento em direcção à exclusividade. Em vez disso, à medida que a ecclesia dá testemunho de Deus no mundo, toda a criação é convidada para a vida de Deus.

3. James F. White, *Introduction to Christian Worship*, 3rd ed. (Nashville: Abingdon Press, 2000), 68.

4. Ver Filipenses 2:5-11. O uso do hino kenosis por Paulo descreve o movimento de esvaziamento de Cristo. Humildade, obediência e sacrifício marcam a vida de Cristo e estas devem ser as marcas da sua Igreja. A natureza sacrificial do auto-esvaziamento é mais evidente na Eucaristia.

5. Peterson, *Created to Worship*, 32.

6. John Wesley, Preface to *Sermons on Several Occasions*, vol. 1 (1746), sec. 5, in *The Bicentennial Edition of the Works of John Wesley* (Nashville: Abingdon, 1984—), 1:104-5, hereafter cited as *Bicentennial Edition*.

7. Samuel E. Balentine, *The Torah's Vision of Worship* (Minneapolis: Fortress Press, 1999), 123.

8. Eugene Peterson, *Practicing Resurrection: A Conversation on Growing Up in Christ* (Grand Rapids: Eerdmans, 2010), 89.

9. O papel e a função dos sacramentos serão considerados noutro capítulo. É convicção do autor que os sacramentos tornam visível o invisível ao nomear a crença da Igreja sobre a acção de Deus no mundo em nome do Seu povo. Nas tradições sacramentais inferiores, a adoração requer um profundo compromisso com a leitura e com a interpretação das escrituras cristãs. O texto bíblico deve centralizar a comunidade de adoração.

10. O seguinte resumo foi extraído de White, *Introduction to Christian Worship*, 22-23.

11. White, *Introduction to Christian Worship*, 23-24.

12. John Wesley, *The Works of John Wesley*, ed. Thomas Jackson, 14 vols. (Kansas City: Beacon Hill Press of Kansas City, 1978), 10:102, doravante citado como *Works* (Jackson).

13. Ver o capítulo de Lester Ruth "A Rose by Any Other Name" in *The Conviction of Things Not Seen: Worship and Ministry in the 21st Century* (Ada, MI: Brazos Press, 2007).

14. Uma terceira classificação introduzida por Ruth identifica a conexão denominacional de uma congregação. Algumas são congregações independentes. Este elemento convida aqueles que mantêm uma conexão denominacional a nomearem esta afiliação e a darem voz ao compromisso denominacional/teológico em como a história de Deus é lembrada na adoração. A voz desta afiliação denominacional/teológica parece cada vez mais importante na ausência de um livro formal de adoração.

15. Ruth, "A Rose by Any Other Name," 47.

Capítulo 9

1. James F. White, *The Sacraments in Protestant Practice and Faith* (Nashville: Abingdon, 1999), 109.

2. Ver Peterson, *Created to Worship*, 151-53. Aqui, discuto como os sacramentos são um mandamento e uma promessa de Deus, onde Ele transforma as acções comuns de tomar banho e comer para ajudar as pessoas a tornarem-se plenamente mais humanas como uma participação na futura vinda do reino de Deus.

3. Wesley, Sermon 16, "The Means of Grace," sec. 1.1, in *Sermons I*, in *Bicentennial Edition*, 1:378.

4. Mildred Bangs Wynkoop, *A Theology of Love: The Dynamic of Wesleyanism* (Kansas City: Beacon Hill Press of Kansas City, 1972).

5. Ver Randy Maddox, *Responsible Grace* (Nashville: Abingdon Press, 1994). Maddox sugere que toda a estrutura teológica de João Wesley pode ser vista através das lentes da graça de Deus chegando às pessoas, cortejando-as e capacitando-as para responder ao poder de cura de Deus.

6. Wesley, Sermão 74, "Of the Church", sec. 16, in *Sermons III*, in *Bicentennial Edition*, 3:51. A respeito desta afirmação, a nota de rodapé 28 assinala que se trata "da primeira metade da primeira frase do art. XIX que, por sua vez, tinha sido emprestado do art. VIII da Confissão de Augsburgo (1530)."

7. Ole Borgen, *John Wesley on the Sacraments* (Grand Rapids: Francis Asbury Press of Zondervan Publishing House, 1985), 96.

8. Wesley, "An Earnest Appeal to Men of Reason and Religion," sec. 76, in *Addresses, Essays, Letters*, in *Works* (Jackson), 8:31.

9. Howard Snyder, *The Radical Wesley and Patterns of Church Renewal* (Downers Grove, IL: InterVarsity, 1980), 74.

10. Wesley, "Large Minutes 1744 to 1789," sec. Q.3, in *Works* (Jackson), 8:299.

11. Ver Wesley, Sermon 121, "Prophets and Priests," sec. 8, in *Bicentennial Edition*, 4:78; e A Letter to Mr. Hall, December 27, 1745, in *Bicentennial Edition*, 20:110.

12. Ver Wesley, "A Treatise on Baptism," sec. I.1, em *Works* (Jackson), 10:188.

13. Ibid.

14. Ver Staples, *Outward Sign and Inward Grace*, 119-200.

15. Ibid, 130.

16. Ver Actos 2:38 e Romanos 6:3.

17. Ver Romanos 6:4-5.

18. Wesley, "A Treatise on Baptism," sec. I.4, in *Works* (Jackson), 10:189.

19. Michael G. Witczak, *The Sacrament of Baptism: Lex Orandi Series* (Collegeville, MN: Liturgical Press, 2011), 5.

20. Com a celebração do que é o baptismo infantil, considerar o que o baptismo infantil não é também pode ser útil. Consulte o meu livro *Created to Worship*, 159-69, para uma conversa mais completa sobre o baptismo infantil.

21. Wesley, Sermon 101, "The Duty of Constant Communion," sec. II.5, in *Bicentennial Edition*, 3:432.

22. Para uma discussão mais completa sobre presença, sacrifício e missão, ver *Created to Worship*, 184-200.

Capítulo 10

1. Avery Dulles, *Models of the Church* (Garden City, NY: Doubleday, 1974).

2. Richard P. McBrien, *Church: The Continuing Quest* (New York: Newman, 1970), 11, citado em Dulles, *Models of the Church*, 71-72.

3. Wesley escreveu esta entrada no seu diário em 28 de Julho de 1757 (*Works* [Jackson], 2:420).

4. Stuart Andrews, *Methodism and Society* (London: Longman Group, 1970), 37.

5. Wesley, "Minutes of Several Conversations Between the Rev. Mr. Wesley and Others," in *Works* (Jackson), 8:310.

6. John Wesley, *Explanatory Notes upon the New Testament* (1754; repr., Kansas City: Beacon Hill Press of Kansas City, 1981), Acts 6:2.

7. "XIX. Of the Church", *The Book of Common Prayer*, 870 (New York: Seabury Press, 1979). Quando João Wesley produziu um livro de orações para a Igreja Metodista na América, reteve a primeira parte deste artigo quase literalmente, mas excluiu inteiramente a secção que falava dos erros da Igreja em Roma. Não era para indicar que Wesley pensava que aquela igreja *não tinha* erros, mas sim um reflexo do seu "espírito católico" que procurava a unidade da igreja.

8. Para consultar o texto da Confissão de Augsburg, ver Philip Schaff, *The Creeds of Christendom,* 4ª ed. (New York: Harper & Brothers, 1919), 3:3-73.

9. Para uma discussão mais aprofundada das diferentes visões, consulte James N. Fitzgerald, "Weaving a Rope of Sand: The Separation of the Proclamation of the Word and the Celebration of the Eucharist in the Church of the Nazarene," Ph.D. diss. (Nashville: Vanderbilt University, 1999), 3-12.

10. Wesley, "An Earnest Appeal to Men of Reason and Religion," in *Works* (Jackson), 8:31.

11. Ibid, 8:30.

12. Wesley, A letter to Charles Wesley, August 19, 1785, in *Works* (Jackson), 13:254. Ele também repete esta distinção entre a *essência* e a *propriedades* em "A Farther Appeal to Men of Reason and Religion," *Works* (Jackson), 8:76.

13. Enquanto estava na Geórgia, Wesley recusou-se a baptizar uma criança porque os pais queriam baptizá-la por derramamento e Wesley disse que as rubricas só permitiam esse modo de baptismo se a criança fosse fraca. Ele também insistiu em rebaptizar dissidentes antes de permitir que tomassem a Eucaristia e recusou dá-la ao ministro luterano Johann Bolzius por ele não ter sido baptizado por um ministro com ordenação episcopal. Ver *Bicentennial Edition,* 18:157; *Journal,* 1:370. Mais tarde, Wesley pediu desculpa a Bolzius (1749) e ainda mais tarde falou sobre ser "libertado" "desse zelo pela Igreja" (secção 1.4-5 e nota de rodapé 17, na *Bicentennial Edition,* 3:582-83).

14. Wesley, "Prophets and Priests," in the *Bicentennial Edition,* 4:79.

15. Albert Outler, ed., *John Wesley* (New York: Oxford University Press, 1964), 307.

16. Adrian Burdon, *The Preaching Service, the Glory of the Methodists: A Study of the Piety, Ethos, and Development of the Methodist Preaching Service* (Bramcote, Nottingham: Grove Books, 1991).

17. *Minutes of the Methodist Conferences* (London: Conference Office, 1812), 1:58.

18. Dulles, *Models of the Church, p.* 78.

19. Ibid., 71.

20. Ibid., 79.

21. Hughes Oliphant Old, *The Reading and Preaching of the Scriptures in the Worship of the Christian Church,* vol. 1: *The Biblical Period* (Grand Rapids: Eerdmans, 1998), 7.

22. Dulles, *Models of the Church,* 77.

23. Nos *Manuais* publicados em 1908 e 1911, estas três declarações estavam no início da secção que tinha o título "Parte I: A Igreja". Eles precederam a "Declaração Aprovada da Crença" e a "Declaração Doutrinária". Em 1915 e em 1919, as declarações sobre "A Igreja Universal" e "As Igrejas Individuais" foram incluídas no final da Declaração Doutrinária. Imediatamente após isso, mas sob um título separado, estava a declaração sobre "A Igreja do Nazareno".

24. Em 1923, a Assembleia Geral aprovou uma constituição pela primeira vez, e a "Declaração Doutrinária" tornou-se nos "Artigos de Fé". A constituição que foi aprovada pela assembleia incluiu as três declarações sobre a igreja como Artigos de Fé XVI, XVII e XVIII. *Journal of the Sixth General Assembly of the Church of the Nazarene* (1923), 284.

25. Quando o *Manual* de 1923 foi publicado, as três declarações sobre a igreja foram retiradas dos Artigos de Fé e foram colocados num título separado, logo antes da Declaração Aprovada de Fé mais curta. Não existe exactamente nenhum registo de quem foi a decisão editorial de eliminar as declarações dos Artigos de Fé, mas essa mudança provavelmente reflectiu melhor a natureza das declarações como elas existiam. Não eram tanto declarações doutrinárias sobre a natureza da Igreja, mas eram sim uma declaração da razão de ser da Igreja do Nazareno e uma justificação para o denominacionalismo.

26. *Manual* (1989), 35.

27. Ibid.

Capítulo 11

1. John Westerhoff, "A Discipline in Crisis," *Religious Education* 74:1 (1979), 13.

2. John Westerhoff, *Learning Through Liturgy* (New York: Seabury Press, 1978), 285.

3. Para uma discussão mais aprofundada sobre os meios da graça, que inclui formação, discernimento e transformação, consulte Dean Blevins, "John Wesley and the Means of Grace: An Approach to Christian Education," Ph.D. diss., Claremont School of Theology (Ann Arbor, MI: UMI, 1999).

18. Wesley, "The Means of Grace," in *Bicentennial Edition*, 1:381.

5. Dean G. Blevins e Mark A. Maddix, *Discovering Discipleship: Dynamics of Christian Education* (Kansas City: Beacon Hill Press of Kansas City, 2010), 86. Ver também Blevins, *John Wesley and the Means of Grace*.

6. Blevins and Maddix, *Discovering Discipleship*, 87.

7. Charles R. Foster, *Congregational Education: The Future of Christian Education* (Nashville: Abingdon Press, 1994), 70-76.

8. Para uma leitura mais completa, veja Mark A. Maddix, "John Wesley and a Holistic Approach to Christian Education", *Wesleyan Theological Journal* 44:2 (Fall 2009): 76-93.

9. Wesley, Sermon 95, "On the Education of Children," in *Bicentennial Edition*, 3:352.

10. Wesley, "A Treatise on Baptism," in *Works* (Jackson), 10:188-201.

11. Wesley, Sermon 45, "The New Birth," in *Works* (Jackson), 6:74.

12. John Wesley Prince, *Wesley on Religious Education: A Study of John Wesley's Theories and Methods of the Education of Children in Religion* (New York: Methodist Book Concern, 1926), 96.

13. Ibid.

14. Ibid., 87-88.

15. David I. Naglee, *From Font to Faith: John Wesley on Infant Baptism and the Nurture of Children* (New York: Peter Lang, 1987), 228-37.

16. Ver Mark A. Maddix, "John Wesley's Small Groups: A Model of Christian Community," *Holiness Today* (November-December 2009), 20-21.

17. D. Michael Henderson, *A Model for Making Disciples: John Wesley's Class Meeting* (Nappanee, IN: Evangel Publishing House, 1997).

18. John Westerhoff, *Living the Faith Community: The Church that Makes a Difference* (Minneapolis: Winston Press, 1985), p. 23.

19. Ibid., 25.

20. Ibid., 85.

21. Debra Dean Murphy, *Teaching that Transforms: Worship as the Heart of Christian Education* (Grand Rapids: Brazos, 2004), 10.

22. Wesley, Sermon 51, "The Duty of Constant Communion," sec. I.3, in *Works* (Jackson), 7:148.
23. Sandra Schneiders, "Biblical Spirituality," *Interpretation* 56.2 (2002):137.
24. Marva M. Dawn, *Reaching Out without Dumbing Down: A Theology of Worship for the Turn-of-the-Century Culture* (Grand Rapids: Eerdmans, 1995), 211.
25. Murphy, *Teaching that Transforms*, 145.
26. Ver Mark A. Maddix and Richard Thompson, "Scripture as Formation: The Role of Scripture in Christian Formation," in *Wesleyan Theological Journal* 46(1) (Spring 2011), 134-49.
27. Blevins and Maddix, *Discovering Discipleship*, 88.
28. Ver Maddix and Thompson, "Scripture as Formation."
29. Blevins and Maddix, *Discovering Discipleship*, 91-92.
30. Ibid., 91.
31. Para um debate mais completo, ver Mark A. Maddix and Jay R. Akkerman, eds., *Missional Discipleship: Partners in God's Redemptive Mission* (Kansas City: Beacon Hill Press of Kansas City, 2013).
32. Henry Abelove, *The Evangelist of Desire: John Wesley and the Methodists* (Stanford, CA: Stanford University Press, 1990), 8.
33. Ibid., 9.
34. Ibid.

Capítulo 12

1. Richard P. Heitzenrater, *Wesley and the People Called Methodists* (Nashville: Abingdon Press, 1995); Henry H. Knight III, *The Presence of God in the Christian Life: John Wesley and the Means of Grace* (Metuchen, NJ: Scarecrow Press, 1992), 92-95.
2. David Lowes Watson, *The Early Methodist Class Meetings* (Nashville: Discipleship Resources, 1985/1987), 68-91.
3. Heitzenrater, *Wesley and the People Called Methodists*, 33-95.
4. Rupert E. Davies, Introduction to *The Methodist Societies: History, Nature, and Design*, in *Bicentennial Edition*, 9:11.
5. Ibid., 10-11.
6. Ibid., 12; Watson, *Early Methodist Class Meetings*, 93-133.
7. Watson, *Early Methodist Class Meetings*, 93-94.
8. Heitzenrater, *Wesley and the People Called Methodists*, 122-23, 146, 180.
9. Wesley, "Of the Church" in *Bicentennial Edition*, 3:48-52.
10. Ibid., 46.
11. Wesley, Sermon 92, "On Zeal" in *Bicentennial Edition*, 3:313-14.
12. Wesley, "Of the Church" in *Bicentennial Edition*, 3:53-56.
13. Blevins and Maddix, *Discovering Discipleship*, 78-80; Matthaei, *Making Disciples*, 19-54.
14. Gregory S. Clapper, *John Wesley on Religious Affections* (Metuchen, NJ: Scarecrow Press, 1989); Randy Maddox, "Reconnecting the Means to the End: A Wesleyan Prescription for the Holiness Movement", *Wesleyan Theological Journal* 33, 2 (1998): 29-66.
15. Blevins, *John Wesley and the Means of Grace*.
16. Dean G. Blevins, "Practicing the New Creation: Wesley's Eschatological Community Formed by the Means of Grace", *Asbury Theological Journal* 57, no. 2 and 58, no. 1 (Fall 2002/Spring 2003), 81-104.
17. Clifford W. Dugmore, *Eucharistic Doctrine in England from Hooker to Waterland* (London: SPCK, 1942), 41.
18. Wesley, "The Means of Grace", in *Bicentennial Edition*, 1:381.

19. Wesley, *Journal*, in *Journals and Diaries*, eds. W. Reginald Ward and Richard P. Heitzenrater, in *Bicentennial Edition*, 18:218-20, 19:116-18, 20:131-39. Ver também W. Stephen Gunter, *The Limits of Love Divine: John Wesley's Response to Antinomianism and Enthusiasm* (Nashville: Kingswood Books, 1989), 83-117.

20. *The Book of Common Prayer and Administration of the Sacraments and Other Rites and Ceremonies of the Church* (England, 1663; Ann Arbor, MI: UMI, 1986), microfilm; Albert Outler, Introduction to *John Wesley: Sermons*, in *Bicentennial Edition*, 1:377; Edward H. Sugden, ed., *Wesley's Standard Sermons* (London: Epworth Press, 1921), 1:242. Outler observa que a fonte original da contribuição foi provavelmente o bispo Edward Reynolds de Norwich, que ele descreve como "um ex-não-conformista e com ainda algo de 'puritano' na sua teologia".

21. David Lowes Watson, *Covenant Discipleship: Christian Formation through Mutual Accountability* (Nashville: Discipleship Resources, 1991), 43-58.

22. Heitzenrater, *Wesley and the People Called Methodists*, 175-76; Wesley, "Minutes of Several Conversations between the Rev. Mr. Wesley and Others," in *Works* (Jackson), 8:322-24.

23. Wesley, "Minutes of Multiple Conversations", in *Works* (Jackson), 8:323.

24. Dean Blevins, "Faithful Discipleship: A Conjoined Catechesis of Truth and Love," in *Considering the Great Commission: Evangelism and Mission in the Wesleyan Spirit*, eds. W. Stephen Gunter and Elaine Robinson (Nasville: Abingdon Press, 2005), 197-210; Wesley, *Journal* extract, Thursday, February 21, 1740, in *Journals and Diaries*, in *Bicentennial Edition*, 19:139. Na sua disputa com os morávios, Wesley escreve no seu diário: "Tive uma longa conversa com pessoas a quem estimo muito no amor, mas ainda não conseguia entender uma questão: 'Franqueza cristã e clareza de palavras'. Eles imploraram por reserva e proximidade de conversa que eu não poderia de forma alguma conciliar com a direcção de São Paulo, 'pela manifestação da verdade, para nos recomendarmos à consciência de cada homem aos olhos de Deus'".

25. Wesley, "Earnest Appeal to Men of Reason and Religion," in *Bicentennial Edition*, 11:67-68; "A Farther Appeal to Men of Reason and Religion part I," in *Bicentennial Edition*, 11:189.

26. Thomas R. Albin, "An Empirical Study of Early Methodist Spirituality", in *Wesleyan Theology Today*, ed. Theodore Runyon (Nashville: Kingswood Books, 1985), 275-90.

27. Randy L. Maddox, "Social Grace: The Eclipse of the Church as a Means of Grace in American Methodism," in *Methodism in Its Cultural Milieu*, ed. Tim Macquiban (Oxford, UK: Applied Theology Press, Westminster College, 1994), 131-34.

28. Lester Ruth, *Early Methodist Life and Spirituality: A Reader* (Nashville: Kingswood Books), 257-59.

29. Mary Elizabeth Moore, *Teaching as a Sacramental Act* (Cleveland, OH: Pilgrim Press, 2004), 153-69.

30. John W. Drakeford, *People to People Therapy, Self Help Groups: Roots, Principles, and Processes* (San Francisco: Harper and Row, 1978), 3-24.

31. Paul Wesley Chilcote, *Recapturing the Wesleys 'Vision* (Downers Grove, IL: InterVarsity Press, 2004), 45-52.

32. Paul N. Markham, *Rewired: Exploring Religious Conversion* (Eugene, OR: Pickwick Books, 2007).

33. Charles R. Foster, *Educating Congregations: The Future of Christian Education* (Nashville: Abingdon Press, 1994); C. Ellis Nelson, ed., *Congregations: Their Power to Form and Transform* (Atlanta: John Knox Press, 1988); John Westerhoff, "Fashioning Christians in Our Day," in *Schooling Christians: "Holy Experiments" in American Education*, eds. Stanley Hauerwas and John Westerhoff (Grand Rapids: Eerdmans, 1992).

34. Blevins e Maddix, *Discovering Discipleship*, 106-12.

35. Ibid., 197-99.

36. Philip Pfatteicher, *The School of the Church: Worship and Christian Formation* (Valley Forge, PA: Trinity Press International, 1995); Murphy, *Teaching that Transforms*, 117-219.

37. Blevins, "Practicing the New Creation"; Dean Blevins, "On Earth as (if) It Were in Heaven: Practicing a Liturgical Eschatology", *Wesleyan Theological Journal 40*, no. 1 (Spring 2005), 69-92.

38. Dean Blevins, "A Wesleyan View of the Liturgical Construction of the Self", *Wesleyan Theological Journal 38*, no. 2 (Fall 2003), 7-29.

39. Drakeford, *People to People Therapy*, 10-20; Henderson, *Model for Making Disciples*, 83-126. Drakeford enfatiza o relacionamento, afirmando que as sociedades metodistas fornecem uma estrutura para associações, enquanto que as reuniões de classe proporcionam uma mudança de comportamento, as bandas são oportunidades para serem motivadas e as bandas penitentes são para a recuperação. Henderson segue uma estrutura educacional em que as sociedades concentram-se na aprendizagem cognitiva, reuniões de classe sobre aprendizagem comportamental, faixas sobre mudança afectiva e bandas penitentes novamente na recuperação.

40. Watson, *Covenant Discipleship*.

41. Drakeford, *People to People Therapy*, 18-19; Henderson, *Model for Making Disciples*, 121-25.

42. Chilcote, *Recapturing the Wesleys' Vision*, 55-63.

43. Foster, *Educating Congregations*, 51-62; Donald E. Miller, *Story and Context: An Introduction to Christian Education* (Nashville: Abingdon, 1987), 103-82.

44. Foster, *Educating Congregations*, 62-67.

45. Watson, *Covenant Discipleship*, 69-74.

46. Blevins and Maddix, *Discovering Discipleship*, 245-46.

47. Craig Dykstra e Dorothy C. Bass, "Times of Yearning, Practices of Faith", em *Practicing Our Faith*, 2ª ed., Ed. Dorothy C. Bass (San Francisco: Jossey-Bass, 1997, 2010), 6-7.

48. Ibid., 7-9.

49. Murphy, *Teaching that Transforms*, 209-16; Alexander Schmemann, *For the Life of the World: Sacraments and Orthodoxy* (Crestwood, NY: St. Vladimir's Seminary Press, 1973).

18. Wesley, "The Means of Grace," in *Bicentennial Edition*, 1:394.

Capítulo 14

1. Walter Brueggemann, *Peace* (St. Louis: Chalice, 2001), 13.

2. Carol J. Dempsey, *Justice: A Biblical Perspective on Justice* (St. Louis: Chalice, 2008), 98.

3. Desmond Tutu, *No Future Without Forgiveness* (New York: Image/Doubleday, 1999), 31.

Capítulo 16

1. Ver Richard P. Thompson, "Gathered at the Table: Holiness and Ecclesiology in the Gospel of Luke," in *Holiness and Ecclesiology in the New Testament*, ed. Kent E. Brower and Andy Johnson (Grand Rapids: Eerdmans, 2007), 76-94.

2. Ver o comentário sobre 2 Timóteo 3:16 em John Wesley, *Explanatory Notes upon the New Testament* (London: Epworth, 1958), 794: "O Espírito de Deus não inspirou apenas uma vez aqueles que as escreveram, mas continuamente inspira, auxilia sobrenaturalmente, aqueles que as lêem com fervorosa oração." Cf. Richard P. Thompson, "Inspired Imagination: John Wesley's Concept of Biblical Inspiration and Literary-Critical Studies," in *Reading the Bible in Wesleyan Ways: Some Constructive Proposals*, ed. Barry L. Callen and Richard P. Thompson (Kansas City: Beacon Hill Press of Kansas City, 2004), 62-65.

3. Esta questão do desenvolvimento do pensamento mantém-se se alguém considera as cartas de Éfeso e Colossenses como tendo sido escritas por um autor deutero-paulino (como fazem a maioria dos estudiosos da Bíblia) ou pelo apóstolo Paulo. No entanto, o tempo estendido

disponível na primeira opção torna essa possibilidade a mais provável, como será indicado mais adiante neste texto.

4. Ver, por exemplo, Peter Lampe, "Theological Wisdom and the 'Word About the Cross': The Rhetorical Scheme in I Corinthians 1—4," *Interpretation* 44, no. 2 (Apr. 1990): 117-31; e Victor Paul Furnish, *The Theology of the First Letter to the Corinthians*, New Testament Theology (Cambridge, UK: Cambridge University Press, 1999), 28-48.

5. Ver James DG Dunn, *The Theology of Paul the Apostle* (Grand Rapids: Eerdmans, 1998), 537-40. Deve-se notar que Paulo não está sozinho entre os escritores do Novo Testamento ao tomar emprestada a linguagem *ekklēsia* para se referir à Igreja como povo de Deus, visto que o livro de Actos se apropria de forma similar a esta terminologia. Ver Richard P. Thompson, *Keeping the Church in Its Place: The Church as Narrative Character in Acts* (New York: T&T Clark International, 2006), esp. 241-48.

6. Um entendimento comum do significado literal de *ekklēsia* como "chamados para fora" ou aqueles que foram chamados para se separar (ou seja, do mundo) assume erroneamente que o prefixo/preposição *ek* ("fora") conota separação quando, neste caso, a ênfase estará provavelmente na origem da chamada.

7. Cf. Paul D. Hanson, *The People Called: The Growth of Community in the Bible* (San Francisco: Harper and Row, 1986), 69-78.

8. Furnish, *Theology of the First Letter to the Corinthians*, 32-33.

9. Menenius Agrippa contou esta famosa fábula pela primeira vez no meio de um impasse volátil entre os aristocratas e os plebeus no século V a. C. A história é sobre as mãos, a boca e os dentes do corpo de um homem a revoltarem-se contra a barriga. Visto que as mãos, a boca e os dentes consideravam injusto que dessem tudo ao estômago e que o estômago não fizesse nada além de desfrutar da sua provisão, eles conspiraram para o submeter à fome. Mas enquanto o faziam, estes membros, bem como o resto do corpo, também ficavam gravemente enfraquecidos. Sendo assim, ficou claro para todo o corpo que até a barriga tinha uma tarefa importante a cumprir. Por causa da sabedoria de Agripa, o povo entendeu os paralelos entre a história e a sua terrível situação e a crise foi evitada (Tito Lívio, *História* 2.32; e Dionísio de Halicarnasso, *Antiguidades Romanas* 6.38). Cf. também Platão, *República* 5.462c-d; e Aristóteles, *Política* 5.2.7. Ver Margaret M. Mitchell, *Paul and the Rhetoric of Reconciliation: An Exegetical Investigation of the Language and Composition of 1 Corinthians* (Louisville, KY: Westminster/John Knox, 1991), 157-64.

10. Ver Eckhard J. Schnabel, "The Community of the Followers of Jesus in 1 Corinthians," in *The New Testament Church: The Challenge of Developing Ecclesiologies*, ed. John Harrison and James D. Dvorak, McMaster Biblical Studies Series (Eugene, OR: Wipf and Stock, 2012), 117-18; e Furnish, *Theology of the First Letter to the Corinthians*, 90-91.

11. Ver Dunn, *Theology of Paul the Apostle*, 558-59.

12. Ver Richard B. Hays, *The Moral Vision of the New Testament: A Contemporary Introduction to New Testament Ethics* (San Francisco: HarperSanFrancisco, 1996), 35.

13. Ver, por exemplo, Wesley, "A Plain Account of Christian Perfection," in *Works* (Jackson), 9:420. Cf. Wynkoop, *A Theology of Love;* Diane Leclerc, *Discovering Christian Holiness: The Heart of Wesleyan-Holiness Theology* (Kansas City: Beacon Hill Press of Kansas City, 2010), 273-87.

14. Wesley, Preface to *Sermons on Several Occasions*, in *Bicentennial Edition*, 1:104-5.

15. Esta declaração reconhece diferenças de perspectiva em relação à autoria de Efésios e Colossenses (isto é, se Paulo ou talvez um dos seus seguidores escreveu estas cartas). No entanto, independentemente da posição particular a respeito da sua autoria (sejam paulinas ou deutero--paulinas), essas perspectivas concordam que as duas cartas originaram-se *depois* de 1 Coríntios e reflectem desenvolvimentos posteriores em pensamento e uso.

Capítulo 17

1. Barbara Brown Taylor, *The Preaching Life* (Boston: Cowley Publications, 1993), 25.

2. O *Manual da Igreja do Nazareno* declara: "Todos os cristãos devem considerar-se ministros de Cristo e procurar conhecer a vontade de Deus acerca das suas próprias oportunidades de serviço." (parágrafo 500 [Kansas City: Nazarene Publishing House, 2009], 183).

3. A raiz grega de liturgia, *leitourgia*, significa trabalho ou serviço do *laos*, o povo.

4. Ver Stephen Charles Neill e Hans-Ruedi Weber, eds., *The Layman in Christian History* (Philadelphia: Westminster, 1963), 33.

5. Snyder, *Radical Wesley and Patterns for Church Renewal*, 3.

6. Nos termos do século XVIII, "conferenciar" referia-se a duas ou mais pessoas que se reuniam para discutir e discernir sobre assuntos de interesse mútuo. A conferência cristã era uma referência a Mateus 18:20, confiando que onde dois ou mais estivessem reunidos, o Espírito de Cristo estaria presente para edificar e guiar.

7. Hoje, as igrejas Metodistas Unidas continuam a eleger "líderes leigos" que representam a congregação em todas as direcções e nas funções distritais. O clero permanece itinerante e a liderança de longo prazo fica oficialmente com o líder leigo.

Capítulo 18

1. Willimon, *Pastor*, 33.

2. Ibid., 44.

3. Ver Actos 2:17-21.

4. Uma das expressões mais claras do poder do Espírito Santo é considerar os Doze nos Evangelhos em comparação com Actos. Enquanto ainda havia lutas, o poder do Espírito Santo é evidente. Hoje, a Igreja nunca deve negligenciar a importância e a necessidade do Espírito em tudo o que faz.

5. Lutero afirma: "Quem quer que saia da água do baptismo pode orgulhar-se de já ser presbítero, bispo e papa consagrado, embora, é claro, não seja apropriado que qualquer pessoa deva exercer tal ofício... Não há diferença verdadeira e básica entre leigos e presbíteros... Excepto por uma questão de cargo e trabalho, mas não por uma questão de status" ("To the Christian Nobility of the German Nation," *Luther's Works*, vol. 44, trad. Charles M. Jacobs e James Atkinson [Philadelphia: Fortress Press, 1966], 129).

6. Ver Peterson, *Created to Worship*, 157-58.

7. Willimon, *Pastor*, 28.

8. Ver Números 3:1-20; 8:1-26.

9. Willimon, *Pastor*, 29.

10. Ver Efésios 4:4-6.

11. Em muitos lugares, Paulo afirma a generosidade dos *carismas* de Deus dados ao corpo para muitos ministérios fora os que os líderes episcopais na Igreja são encarregues dos líderes episcopais na Igreja. (Para alguns exemplos, veja Romanos 12:4-8; 1 Coríntios 16:1-3; 12:4-31; 2 Coríntios 5:18-21).

12. Ver Morris Pelzel, *Ecclesiology: The Church as Communion and Mission* (Chicago: Loyola Press, 2002), 37-41.

13. Willimon, *Pastor*, 32.

14. Wesley, February 6, 1740, *Journal and Diaries II*, 19:138. Actually, John was incorrect; it is the Anglican article 19. The Methodist Article of Religion 13 "Of the Church" was adopted virtually verbatim with the Church of England's Article 19 "Of the Church." O artigo 19 afirma: "A Igreja visível de Cristo é uma congregação de homens fiéis, na qual a pura Palavra de Deus é pregada e os sacramentos são devidamente ministrados de acordo com a ordenança de Cristo em todas as coisas que necessariamente são necessárias para o mesmo. Assim como a Igreja de

Jerusalém, as de Alexandria e de Antioquia erraram; assim também a Igreja de Roma errou, não apenas na sua forma de viver e nas cerimónias, mas também em questões de fé". O Artigo 13 Metodista declara: "A Igreja visível de Cristo é uma congregação de homens fiéis na qual a pura Palavra de Deus é pregada, e os sacramentos são devidamente administrados de acordo com a ordenança de Cristo, em todas aquelas coisas que necessariamente são indispensáveis.

15. Ver 1 Coríntios 15:3-5.

Capítulo 19

1. Junta de Superintendentes Gerais, Igreja do Nazareno, "Nazarene Future Report: A Sustainable System of Global Mission"—"Statement of Ecclesiology"; registos denominacionais disponíveis em http://nazarene.org/files/docs/BGS%20NAZARENE %20FUTURE%20REPORT%20February%202013%20-%20English.pdf (acedido a 11 de Junho de 2013).

2. Para o benefício dos líderes globais da igreja que servem além do meu contexto pastoral imediato, estou aqui a criticar a forma como a agenda de discipulado de muitas congregações norte-americanas é facilmente sequestrada pelo marketing de massa bem financiado de livros religiosos, filmes e outras produções multimédia que pretendem fortalecer as credenciais em relação à "relevância cultural" do nosso ministério. Também se pode argumentar que a vida da igreja evangélica norte-americana é dominada pela influência descomunal das *megaigrejas* que exploram as tendências do tempo, ampliando a eficácia de tais campanhas de marketing. Para revisões sobre a relevância e o impacto das mega-igrejas, consulte Scott L. Thumma, "The Kingdom, the Power, and the Glory: The Megachurch in Modern American Society" (Ph.D. diss., Emory University, 1996); e Nancy L. Eiesland, *A Particular Place: Urban Restructuring and Religious Ecology in a Southern Exurb* (New Brunswick, NJ: Rutgers University Press, 2000). Para consultar debates sobre essas dinâmicas na megaigreja mais influente da América do Norte, consulte Kimon Howland Sargeant, "Willow Creek and the Future of Evangelicalism" (Ph.D. diss., University of Virginia, 1996); Gregory A. Pritchard, "The Strategy of Willow Creek Community Church: A Study in the Sociology of Religion" (Ph.D. diss., Northwestern University, 1994); e James Mellado, "Willow Creek Community Church" (estudo de caso de 1991 para a Harvard Business School preparado sob a supervisão do Professor Leonard A. Schlesinger, revisto em 23 de Fevereiro de 1999; Harvard Business School Publishing, Boston).

3. Para a origem desta analogia de "doces", os leitores são encaminhados a João Wesley, *Letter on Preaching Christ*, London; 20 de Dezembro de 1751. Nesta carta, Wesley reclama sobre o impacto a longo prazo da assim chamada pregação do Evangelho que está a negligenciar os aspectos essenciais da formação em santidade: "Ora, isto é exactamente o que afirmo: Que os pregadores do Evangelho, assim chamados, corrompem os seus ouvintes; viciam o seu gosto, de modo que não podem saborear a sã doutrina; e estragam o seu apetite, de modo que não podem transformá-lo em alimento; eles, por assim dizer, alimentam-se de *doces*, e o vinho do reino até lhes parece ser bastante insípido. Eles *dão-lhes cordialidades* sobre cordialidades, o que os torna todos vida e espírito para o presente; mas enquanto isso, o seu apetite é destruído, de forma que eles não conseguem reter nem digerir o leite puro da palavra." Para mais comentários sobre esta carta e o seu significado para as sociedades metodistas em desenvolvimento, ver Heitzenrater, *Wesley and the People Called Methodists*, 185. Dada a minha própria experiência ministerial inicial após o mandato de 37 anos do pastor fundador numa congregação com 2.600 membros, posso afirmar as preocupações de Wesley a respeito da influência formativa da pregação com esta observação: *ao longo do tempo, a forma da pregação do pastor* (e podemos acrescentar, as ênfases centrais do ministério desse pastor) *moldará decisivamente a fé da congregação, para o bem ou para o mal.*

4. Um tratamento perspicaz do desastre resultante deste tipo de super estimulação congregacional vem do romancista Georges Bernanos, cujo jovem padre e narrador comenta que a

sua paróquia está "entediada", mas sempre "em movimento". Ver Georges Bernanos, *The Diary of a Country Priest*, trans. Pamela Morris (New York: Carroll and Graf, 1983), 1-2.

    5. Ao escutar recentemente o jornalista Michael Pollan, ouvi-o sugerir que uma primeira regra para reformar a dieta desastrosa que os norte-americanos desenvolveram na prática da sua abordagem industrializada da agricultura pode ser reduzida a uma proposta aparentemente simples, mas profunda: *comer apenas comida de verdade!* Por analogia, pergunto-me sobre o nível em que podemos ser capazes de ajudar as nossas congregações saciadas e auto-indulgentes simplesmente afastando-nos da programação habilmente comercializada que diminui o "valor nutricional" de uma dieta mais equilibrada da Palavra, Mesa e vidas redentoras de sacrifício. Ver Michael Pollan, *The Omnivore's Dilemma: A Natural History of Four Meals* (New York: Penguin Press, 2006).

    6. Citarei um único exemplo desta tendência: a recente colaboração editorial entre a Leadership Network e a Jossey-Bass, que até agora gerou 46 títulos com o objectivo de fornecer uma "liderança inovadora" para uma práxis ministerial mais eficaz. Tendo servido como pastor principal em grandes igrejas em duas denominações diferentes, tenho profunda gratidão e respeito pelo apoio académico e recursos que me foram oferecidos durante as minhas quase três décadas de associação com a Leadership Network. Esta associação de pastores empreendedores de mega igrejas procura generosamente "ajudar os líderes da inovação a navegarem no futuro, explorando, juntos, novas ideias para encontrarem aplicação nos seus próprios contextos únicos". Mas qualquer revisão detalhada da nova literatura sobre liderança publicada como resultado desta aventura conjunta também deve demonstrar de forma convincente que a atenção desses "parceiros de pensamento" da mega igreja está fortemente voltada para questões de técnica e método de ministério, em vez de questões centrais de vocação pastoral, formação e carácter. A Declaração da Missão da Leadership Network está disponível em http://leadnet.org/about/page/mission (acedido a 6 de Junho de 2013).

    7. Ver Ronald A. Heifetz, *Leadership Without Easy Answers* (Cambridge, MA: Harvard University Press, 1994); and Ronald Heifetz, Alexander Grashow, and Marty Linsky, *The Practice of Adaptive Leadership* (Boston: Harvard Business School Publishing, 2009).

    8. William H. Willimon, *Bishop: The Art of Questioning Authority by an Authority in Question* (Nashville: Abingdon Press, 2012), 130.

    9. André Resner Jr., "Eighth Sunday after the Epiphany, Year A—Second Lesson: 1 Corinthians 4:1-5", *The Lectionary Commentary: Theological Exegesis for Sunday's Texts*, vol. 2, *Acts and the Epistles*, ed. Roger E. Van Harn (Grand Rapids: Eerdmans, 2001), 179.

    10. Atul Gawande, "Cowboys and Pit Crews," *New Yorker* (May 26, 2011); disponível online em http://www.newyorker.com/online/blogs/newsdesk/2011/05/atul-gawande-harvard-medical-school-commencement-address.html (visitado a 11 de junho de 2013).

    11. Para um debate conciso que distinga entre trabalho adaptativo e técnico, ver Heifetz, *Leadership Without Easy Answers*, 73-76.

    12. O problema para muitos ministros não é que faltem métodos e técnicas que gostaríamos de experimentar nas nossas congregações, *mas que as fontes de autoridade eclesiológica para discernimento e implementação dentro dos nossos ministérios são frequentemente empobrecidas.* Como resultado, a concentração de poder que ocorre à medida que as nossas igrejas crescem (e à medida que os nossos mandatos pastorais aumentam) torna mais fácil realizar quase tudo o que podemos imaginar, *mesmo que não o devêssemos fazer!* Para uma discussão da dinâmica sociológica à medida que as congregações se tornam *funcionalmente difusas* em vez de *funcionalmente específicas,* particularmente dentro das igrejas norte-americanas, consulte R. Stephen Warner, *New Wine in Old Wineskins: Evangelicals and Liberals in a Small-Town Church* (Berkeley, CA: University of California Press, 1988), 63. Warner observa que à medida que as igrejas se tornam

funcionalmente difusas, o ónus da prova recai sobre aqueles que excluiriam uma actividade potencial como ilegítima, uma vez que a instituição "tenderá a absorver actividades que são viáveis dados os recursos disponíveis". Podemos chamar esses resultados de *metástases* de trabalho técnico imprudente.

13. David Brooks, "It's Not About You", *New York Times, 30* de maio de 2011; disponível em http://www.nytimes.com/2011/05/31/opinion/31brooks.html?_r=0 (Acedido em 11 de Junho de 2013).

14. Ver Norbert Lohfink, "Distribution of the Functions of Power: The Laws Concerning Public Offices in Deuteronomy 16:18-18:22," e S. Dean McBride Jr., "Polity of the Covenant People: The Book of Deuteronomy," in *A Song of Power and the Power of Song: Essays on the Book of Deuteronomy,* ed. Duane L. Christensen, vol. 3 of *Sources for Biblical and Theological Study* (Winona Lake, IN: Eisenbrauns, 1993), 336-54 and 62-77.

15. Patrick D. Miller, *Deuteronomy* (Louisville, KY: John Knox Press, 1990), 10. Como Miller explica noutro lugar, a apresentação de Deuteronómio como um "evento de discurso" ostensivamente expressado por Moisés tem grande importância para os intérpretes do texto: "Os versículos introdutórios do livro, reforçados constantemente pelo resto dos capítulos, dizem efectivamente aos leitores de qualquer época: Leia estas palavras conforme a instrução do Senhor ensinada e explicada pelo profeta Moisés *e assim saberá que força e autoridade eles devem ter*" (itálicos meus). Ver Patrick D. Miller, "'Moses My Servant': The Deuteronomic Portrait of Moses," in *A Song of Power and the Power of Song,* 307.

16. Dennis T. Olson, *Deuteronomy and the Death of Moses: A Theological Reading* (Minneapolis: Fortress Press, 1994), 80-81. Para obter uma avaliação mais modesta dessa correspondência percebida, veja também Georg Braulik, "The Sequence of the Laws in Deuteronomy 12-26 and in the Decalogue," in *A Song of Power and the Power of Song,* 321.

17. Frank Crüsemann, *The Torah: Theology and Social History of Old Testament Law,* trans. Allen W. Mahnke (Minneapolis: Fortress Press, 1996), 234. Para obter uma revisão de como estas expectativas reais se alinham com o contexto imediato do antigo Oriente Próximo, consulte Ronald E. Clements, "The Book of Deuteronomy," in *The New Interpreter's Bible,* vol. 2 (Nashville: Abingdon Press, 1998), 426; e Gary N. Knoppers, "The Deuteronomist and the Deuteronomic Law of the King: A Reexamination of a Relationship," *Zeitschrift für die Alttestamentliche Wissenschaft,* vol. 108, no. 3 (1996), 329. Além disso, seis características da ideologia real partilhada por Israel e os seus vizinhos em todo o antigo Oriente Próximo são descritas em Bernard M. Levinson, "The Reconceptualization of Kingship in Deuteronomy and the Deuteronomistic History's Transformation of Torah," *Vetus Testamentum,* vol. 51, nº 4 (2001), 511-34.

18. Jamie A. Grant, *The King as Exemplar: The Function of Deuteronomy's Kingship Law in the Shaping of the Book of Psalms* (Atlanta: Society of Biblical Literature, 2004), 192.

19. Bernard M. Levinson, *Deuteronomy and the Hermeneutics of Legal Innovation* (New York: Oxford University Press, 1998), 141.

20. Knoppers, "The Deuteronomist and the Deuteronomic Law of the King", 330-31.

21. Para avaliações da natureza preocupante deste pedido por um rei, ver David M. Howard, "The Case for Kingship in Deuteronomy and the Former Prophets," *Westminster Theological Journal,* vol. 52, no. 1 (Spring 1990), 107; e Gerhard von Rad, *Deuteronomy,* trad. Dorothea Barton (Philadelphia: Westminster Press, 1966), 118-20.

22. Ver, por exemplo, J. A. Thompson, *Deuteronomy* (Downers Grove, IL: InterVarsity Press, 1974), 205; JG McConville, *Deuteronomy* (Downers Grove, IL: InterVarsity Press, 2002), 293; e Mark E. Biddle, *Deuteronomy* (Macon, GA: Smith & Helwys Publishing, 2003), 289.

23. Grant, *King as Exemplar,* 201.

24. Ibid., 197.

25. Richard D. Nelson, *Deuteronomy* (Louisville, KY: Westminster John Knox Press,

2002), 222.

26. Grant, *King as Exemplar*, 207-8.

27. Eugene H. Peterson, *Practice Resurrection: A Conversation on Growing Up in Christ* (Grand Rapids: Eerdmans, 2010), 33.

28. Numa recente palestra ministrada para a classe de plebeus na Academia Militar dos Estados Unidos em West Point, William Deresiewicz traça uma distinção significativa entre *realização* e *liderança:* "Ser um líder, questionei-me, significa apenas ser realizado, ser bem-sucedido? Obter um A faz de si um líder? Acho que não. Grandes cirurgiões cardíacos ou grandes romancistas podem ser óptimos no que fazem, mas isso não significa que sejam líderes. Liderança e aptidão, liderança e realização, liderança e até excelência têm de ser coisas diferentes, caso contrário, o conceito de liderança não tem sentido... Temos uma crise de liderança na América porque o nosso poder e a riqueza avassaladores, conquistados nas anteriores gerações de líderes, tornaram-nos complacentes, e durante muito tempo temos treinado líderes que só sabem manter a rotina. Respondem a perguntas, mas não sabem como fazer; cumprem metas, mas não sabem como defini-las; pensam em *como* fazer as coisas, mas não pensam se vale a pena fazê-las em primeiro lugar. O que temos agora são os maiores tecnocratas que o mundo já viu, pessoas que foram treinadas para serem incrivelmente boas numa coisa específica, mas que não têm interesse em nada além da sua área de especialização. O que não temos são líderes. O que *não* temos, por outras palavras, são *pensadores*. Pessoas que podem pensar por si mesmas... multitarefa... não é apenas não pensar, mas também prejudica a sua capacidade de pensar. *Pensar significa concentrar-se numa coisa durante o tempo suficiente para desenvolver uma ideia a esse respeito*. Não aprender as ideias de outras pessoas ou memorizar um conjunto de informações, por mais que às vezes seja útil. Desenvolver as suas próprias ideias. Resumindo, pensando por si mesmo. Você simplesmente não o pode fazer em rajadas de 20 segundos de cada vez, constantemente interrompido por mensagens do Facebook ou tweets do Twitter, ou ao mexer no seu iPod ou ao assistir algo no YouTube... Então, porque é que ler livros é melhor do que ler tweets ou publicações no feed? Bem, às vezes não é. Às vezes, precisa deixar o seu livro, nem que seja para pensar no que está a ler, no que *pensa* sobre o que está a ler. Mas um livro tem duas vantagens sobre um tweet. Primeiro, a pessoa que o escreveu pensou sobre isso com muito mais cuidado. O livro é o resultado da *sua* solidão, da *sua* tentativa de pensar por si mesmo. Em segundo lugar, a maioria dos livros é antiga. Isto não é uma desvantagem: é exactamente isso que os torna valiosos. Eles opõem-se à sabedoria convencional de hoje simplesmente porque não são *de* hoje. Mesmo que apenas reflictam a sabedoria convencional da sua época, eles dizem algo diferente daquilo que se ouve sempre. Mas os grandes livros, aqueles que encontra num programa de estudos, aqueles que as pessoas continuam a ler, não reflectem a sabedoria convencional da sua época. *Dizem coisas que têm o permanente poder de perturbar os nossos hábitos de pensamento*" (itálicos meus). Ver William Deresiewicz, "Solitude and Leadership," em *The American Scholar* (Spring 2010); disponível online em http://theamericanscholar.org/solitude-and-leadership/ (acedido a 24 de Dezembro de 2010).

Capítulo 20

1. Willimon, *Bishop*, 12.

2. Observe especialmente a acusação de Paulo aos anciãos de Éfeso em Actos 20:28.

3. Russell E. Richey fez um excelente trabalho com esta ideia, incluindo *Episcopacy in the Methodist Tradition* (Nashville: Abingdon, 2004).

4. Jeren Rowell, "Clergy Retention in the Church of the Nazarene, the Role of the District Superintendent in Clergy Decision Making Regarding Persistence in Active Vocational Ministry," dissertação de doutoramento não publicada (Bourbonnais, IL: Olivet Nazarene University, 2010).

5. N. T. Wright, *Scripture and the Authority of God* (New York: HarperCollins Publishers, 2005), 137 (itálicos meus).

6. Dean R. Hoge and Jacqueline Wenger, *Pastors in Transition: Why Clergy Leave Local Church Ministry* (Grand Rapids: Eerdmans, 2005), 99.

7. Ibid., Ix.

8. Richard B. Gilbert, "Healing the Holy Helpers, Healthy Clergy for the Third Millennium", doctoral diss. (Oxford, UK: Oxford University, 2003), 47.

9. Rowell, "Clergy Retention in the Church of the Nazarene", 82-83.

10. Estes são resumos dos resultados da pesquisa no meu estudo de pastores e superintendentes mencionado anteriormente.

www.ingramcontent.com/pod-product-compliance
Lightning Source LLC
Chambersburg PA
CBHW051647040426
42446CB00009B/1015